新时代卓越中学数学教师丛书

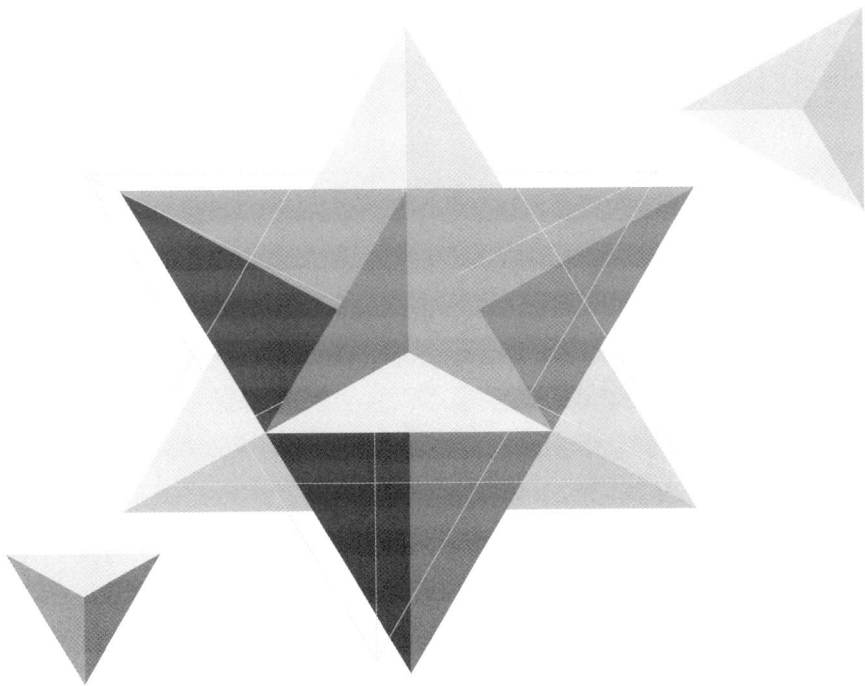

Teaching and Learning of Mathematical
Modeling in Senior High School

高中数学建模教与学

张倬霖　　著

华东师范大学出版社
·上海·

图书在版编目(CIP)数据

高中数学建模教与学/张倬霖著.—上海:华东师范大学出版社,2021
ISBN 978-7-5760-2234-6

Ⅰ.①高… Ⅱ.①张… Ⅲ.①数学模型-教学研究-高中 Ⅳ.①G633.602

中国版本图书馆 CIP 数据核字(2021)第 231371 号

高中数学建模教与学
GAOZHONG SHUXUE JIANMO JIAO YU XUE

著　　者　张倬霖
策划编辑　李文革
责任编辑　平　萍
审读编辑　周　鸿
责任校对　董　亮　时东明
装帧设计　刘怡霖

出版发行　华东师范大学出版社
社　　址　上海市中山北路 3663 号　邮编 200062
网　　址　www.ecnupress.com.cn
电　　话　021-60821666　行政传真 021-62572105
客服电话　021-62865537　门市(邮购)电话 021-62869887
地　　址　上海市中山北路 3663 号华东师范大学校内先锋路口
网　　店　http://hdsdcbs.tmall.com

印 刷 者　常熟市文化印刷有限公司
开　　本　787×1092　16 开
印　　张　13.5
字　　数　226 千字
版　　次　2021 年 12 月第 1 版
印　　次　2021 年 12 月第 1 次
书　　号　ISBN 978-7-5760-2234-6
定　　价　43.00 元

出 版 人　王　焰

(如发现本版图书有印订质量问题,请寄回本社客服中心调换或电话 021-62865537 联系)

序

  上教版高中数学新教材遵循了《普通高中数学课程标准（2017 年版 2020 年修订）》（以下简称《标准》）的基本理念，贯彻"少而精""简而明"的原则，关注数学的育人价值，落实立德树人的根本任务，将数学学科核心素养的理念贯穿在教材的结构、内容和表达中，在基于《标准》的基础上，兼顾了上海特色。上教版高中数学新教材的编写与设计更符合学生的认知规律，关注数学学科中的大观念、大问题，按学科的发展主线对教学内容进行设计，注重数学知识的承前启后和体系的完整性。

  教材作为实现数学课程目标、发展学生核心素养的教学资源，其变革将对教师的日常教学工作产生巨大影响。如何根据新教材的特点，以激发学生学习数学的兴趣和动力为途径，给学生以数学的整体性体验，提升学生的数学素养，是教师在使用新教材过程中的重要任务。《高中数学建模教与学》一书是以高中数学建模概述、数学建模教学设计、课堂教学实践为切入点，以案例和评价为抓手，有效实现上教版高中数学新教材上述任务的力作。作者张倬霖是上海市行知中学数学教研组组长、第四期"上海市攻关计划"成员、宝山区首席教师、宝山区高中数学研修团队领衔人。长年的一线教学工作，使其对上海高中数学教学体系有着完整且丰富的实践经验，对新课标和新课程有深入的研究。

  此外，本书从高中数学新教材的变革特点出发，以全局观的视角审视教学内容，研究教材使用的方法，关注教师在高中数学建模教与学中可能遇到的困难和问题，在对《标准》精心解读的基础上，明确《标准》对单元教学任务的要求，使得教学活动的开展能够严格遵循《标准》、遵循教材，为实现整个高中阶段数学教育的根本任务而服务。在对教学内容进行认真分析、了解知识的承前启后和结构体系的基础上，明确教学的重点和难点，同时关注高中数学新教材的变革与创新之处，为教师更深入地理解教材设计意图并更加顺利地使用教材提供帮助；关注数学知识的整体架构，以单元教学设计作为教学设计的上位设计，对单元教材教法、学生情况、单元教学目标、单元活动设计等方面进行分析研究,进而指导单元中的课时教学设计;以课时细化教学设计呼应单元教学设计,为落实单元总体教学目标提供实际操作手段的同时,也为一线教师开展日常教学提供有力参考;关注单元教学评价,将过程性评价与阶段性评价有机结合,明确评价内容、评价要点及评价方式;关注教材中的探究与实践内容的落实,以核心问题和活动案例的方式进行分析与设计,并为一线教师开展相应的教学活动提供参考.

在高中数学新教材推出的同时,本书的及时出版必能给广大一线教师提供非常有益的指导和帮助.

王卿文

上海大学数学系二级教授

中国高等教育学会教育数学专业委员会理事长

目　录

附录　学生作品

第一章　高中数学建模概述

数学是一门科学.它的研究对象是数量关系和空间形式,具有抽象性、严谨性和广泛应用性等特点.数学抽象是指通过对数量关系与空间形式进行抽象,得到数学研究对象,也就是指抽取同类数学对象的共同的、本质的属性或特征,舍弃其他非本质的属性或特征的思维过程.如一头大象、一支铅笔、一条小溪、一块石头等这些生动形象的物体,从数学的角度看,它们都是数字1,其本质并没有什么区别.数学的严谨性要求数学结论的叙述必须精炼、准确,而对结论的推理论证和系统安排都要求既严格、又周密.数学的广泛应用又说明了数学无处不在,例如,解方程(组)可以被用于购物优惠券的选择与使用;三角函数可以被用于建筑物高度的测量;数列可以被用于房屋贷款;均值定理可以被运用于包装设计等等,这些都在说明数学源于对现实世界的抽象,它来源于生活,并且为人们的生产、工作和社会活动在定量方面向层次发展奠定了基础.

数学是一门语言.它包含数字、字母、符号、式子、图形等形式,由运算和推理串联,这些语言形式是数学思维的载体.分析实际情境蕴含的问题,用数学的语言将其表达出来,从而抽象成一个数学问题,通过运算和推理求解这个数学问题,再通过检验得到问题的解,有助于学生自主学习的开展和数学能力的提升,这也是数学建模的过程.

随着科学技术的发展,人们经常使用模型的思想来认识世界和改造世界,例如,通过3D地图导航规避拥堵路段确定行车路线;通过降噪数学模型使图像变得更加清晰;通过气压、雨量、风速等资料建立的数学模型为预报天气做出贡献;决策部门根据生产和销售的数学模型制定方案等.因此,建立数学模型,也即数学建模,是沟通实际问题与数学工具的一座必不可少的桥梁.

对于初学者来说,数学建模是一个比较难驾驭的内容,它的处理手法灵活,对学生数学抽象、逻辑推理、直观想象、数学运算、数据分析等各方面的素养要求高,但同时也为学生提供了自主学习的空间,有助于学生体验数学和日常生活的联系,体验数学在解决实际问题中的价值和作用,体验综合运用知识和方法解决实际问题的过程,增强应用意识,发展学生的创新意识和实践能力.

第一节　数学建模的内涵与发展

让我们从开关电灯说起,用手按一下开关,电灯就亮了,再按一下,电灯就被关上了.这显然不是数学建模,它只是我们生活中操控电灯所呈现的现象,如果把关灯的状态记作 0,把开灯状态记作 1,那么根据刚才的操作,就有:$0+1=1,1+0=0$,我们可以称其为"逻辑和",虽然看上去有些奇怪,但在实际背景下,这样定义加法就很合理.再看开关电灯这件事情,它表现的是一个数学原型,是人们在现实世界里关心、研究,或者从事生产、管理的实际对象.当我们用 0、1 以及它们之间的运算来表示开灯和关灯,就形成了数学模型.由此可见,数学模型是对实际问题的一种数学表述,具体而言,数学模型是对一个特定的对象,为了一个特定目标,根据特有的内在规律,做出一些必要的简化假设,再运用适当的数学工具,得到一个数学结构.其中,数学结构可以是数学公式、算法、表格、图示等多种形式.

再举一例,印度传说中有一则关于棋盘和麦粒的问题:宰相达依尔向印度舍罕王进献了非常好玩的国际象棋游戏,国王玩得高兴,要重重地奖赏达依尔,当国王问他要什么奖赏时,这位宰相表示希望大王给他的奖赏是:在这个棋盘的第 1 格放 1 个麦粒,第 2 格放 2 个麦粒,第 3 格放 4 个麦粒,第 4 格放 8 个麦粒.依次放下去,每次都乘以 2.放满整个棋盘的 64 个格子就可以了,当人们把一袋一袋的麦子搬来开始计数时,国王才发现:就是把全世界的麦粒全拿来,也满足不了那位宰相的要求.那么,宰相要求得到的麦粒到底有多少呢?这个简单又有趣的故事即为数学原型.据题意可知国王要赏赐给宰相的麦粒数量为:$1+2+2^2+2^3+2^4+\cdots+2^{63}$,故事的本质是数列求和问题,这就是数学模型.

数学建模是基于数学思维运用模型解决实际问题的综合实践活动,它的过程可以概括为:在实际情境中通过分析探寻其中的数量关系,提出与数学相关的问题,利用抽象概括建立数学模型,通过运算推理求解模型,然后把求解和分析所得的结果与实际现象、数据比较,检验模型的合理性和实用性.如果结果与实际不符,就应该修改、补充假设,重新建模,有些模型可能要经过几次反复,不断完善,直到检验结果获得某种程度上的满意为止.这一过程可以用框图表示如下:(如图1-1-1)

一般来说,数学建模的内涵包含三个要素:一是对现实问题的数学抽象,二是用数学语言表达问题,三是用数学方法构建模型解决问题.

　　所谓对现实问题进行数学抽象,这里的抽象不是针对数学概念及概念之间的关系,而是用数学的概念、原理和思想方法,从事物的具体背景中抽象出一般规律,并用数学语言表达为数学问题,这是一个"用数学的眼光观察世界"并发现和提出问题的过程.需要注意的是,在同一个背景下,可以从不同角度发现和提出不同问题.

　　用数学语言表达问题可以从以下几个角度分析:

　　第一是分析问题、建立模型.这里对问题的分析,不仅局限在数学上,还需要调动其他学科的知识

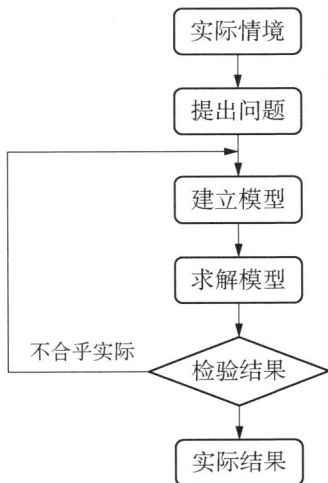

图 1 - 1 - 1

或生活经验,常常还需要查阅资料,以数学与现实问题及相关学科知识相融合的方式,确定影响问题的关键因素和相关因素,找到合适的数学概念、原理来描述相应问题的数学规律,进而做出模型假设,这是一个"用数学的思维思考世界"的过程.

　　第二是确定参数、计算求解.参数的确定需要以高质量的数据为基础,收集数据常常是数学建模活动的重要一环.数据的来源,一是从网络、教科书或其他书籍资料上获得,二是通过亲自地测量、实验等获得.利用数据确定假设模型中的参数,通过计算求解得出数学模型,这个过程中体现出与数据分析、数学运算、逻辑推理等素养的直接关联.

　　第三是检验结果、改进模型并解决问题.一般而言,通过有限的数据信息确定的参数取值、求解出的数学模型不一定能完全描述相应现实问题的规律,因此需要根据问题的实际意义检验结果,利用其他信息对模型做出"微调"、完善.另外,因为现实问题的影响因素复杂多变,存在许多偶然因素,因此任何数学模型都有其适用范围,这个范围需要根据模型的假设前提、初始条件对现实问题中事物变化的影响以及对模型中参数的某些限制等方式给出.显然,这个过程中体现出与数据分析、直观想象、逻辑推理等核心素养的直接关联.

　　从上述分析可以看到,理解数学建模素养的内涵,可以聚焦在如下几个关键点:面对现实问题,经历完整过程,构建数学模型,从而发展"四能"(发现和提出问

题的能力、分析和解决问题的能力），达到"三会"（会用数学的眼光观察世界、会用数学的思维思考世界、会用数学的语言表达世界）.

数学原型是数学模型的根源，数学模型是运用数学方法将原型的某一部分信息减缩、提炼而构成的原型替代物. 从数学原型中建构数学模型的过程就是数学建模. 数学建模是从实际情境中建构模型的活动，它是对现实问题进行数学抽象、用数学语言表达问题、用数学方法构建模型解决问题的过程.

数学建模自古有之，两千多年前创立的欧几里得几何、魏晋时期刘徽所著的《海岛算经》、17 世纪笛卡儿发明的坐标系等都是数学建模史上的成功典范. 早期的数学建模尚处于无意识的状态，真正作为有意识的活动得到人们关注则是在 20 世纪 60 和 70 年代，数学建模作为课程进入到一些西方大学之中，受此影响，我国的几所大学在 20 世纪 80 年代初将数学建模引入课堂. 数学建模的早期发展是以竞赛的方式逐渐普及的，起源于美国. 1983 年美国普特南大学首次举办数学建模竞赛，1985 年起每年举办一次美国大学生数学建模竞赛，我国从 1989 年开始参赛. 1992 年 11 月底，中国工业与应用数学学会举行了我国首届大学生数学建模联赛，从此，数学应用、数学建模方法、数学建模教学的热潮迅速波及到中学，经过 20 多年的发展，数学建模已成为利用数学知识解决实际问题的绝好的切入点，也是培养学生数学能力、创新意识的有效途径，还为学生自主学习、合作探究提供了机会与平台.

上海是我国最早进行中学数学建模的城市. 1991 年 10 月，举办了"上海市首届'金桥杯'中学生数学知识应用竞赛"的初赛，1992 年 3 月举行了决赛. 以后每年举办一次，主要对象是高中学生. 北京于 1993 年到 1994 年成功举办了"北京市首届'方正杯'中学生数学知识应用竞赛"，有两千多人参加了竞赛. 同时，举办者开始尝试让中学生写数学建模的小论文. 2000 年 8 月，第七届全国数学建模教学与应用会议上第一次有中学教师参加. 2001 年 7 月 29 日至 8 月 2 日，第十届国际数学建模教学与应用会议在北京举行. 会议的主题是"数学建模与数学教育"，我国的一些中学教师在会上作了有关中学数学建模的报告，引起了与会者的强烈反响. 教育部 2003 年颁布的《普通高中数学课程标准（实验稿）》把数学建模纳入其中，明确指出"高中阶段至少应为学生安排一次数学建模活动"，这标志着数学建模正式进入我国高中数学教学，也是我国中学数学应用与建模发展的一个里程碑. 2017 年颁布的《普通高中数学课程标准（2017 年版）》全面实施数学建模教学，数学建模和数学探究活动成为高中数学课程的四条主线之一,同时数学建模也成为学生应具备的高中数学六大核心素养之一.所有这些都表明了数学建模的教学和学习,将成为提升学生综合素质,助力学生树立理想信念和社会责任感,提高终身学习、自主发展和沟通合作能力的不可或缺的因素.

第二节　数学建模的意义与作用

在时代飞速发展的今天,高新技术的发展离不开数学的支持,尤其是随着电子信息技术的飞速发展,数学在其他领域渗透的深度和广度也与日俱增,作为联系数学和实际问题桥梁的数学建模也越来越受到人们的重视,我们可以从以下几个方面来看数学建模的意义.

1. 数学建模是工程技术、高新技术中必不可少的工具.

数学建模的普遍性和重要性不言而喻,如在机械、电机、土木、水利等工程技术领域中,虽然它们已经有了比较成熟的基本模型,但随着新技术、新工艺的不断发展和涌现,提出了许多需要用数学方法解决的新问题.高新技术的发展离不开数学的支持,如信息技术、生物技术、新材料技术、新能源技术、空间技术和海洋技术等,它们除了学科本身,还要用到数学与计算机科学,并把它们统一地作为工具,在它们支持下的建模和模拟是经常使用的有效手段.比如说密码学,现在是一个很重要的学问,而这个重要的学问现在就可以用数论工具、统计工具等建立模型来处理.所以说,在当今高科技与计算机技术日新月异且日益普及的社会里,没有良好的数学素养已无法实现创新与突破,高新技术本质上也是一种数学技术.

2. 数学建模是新领域、多学科研究与发展的基础,是推动数学发展的动力.

数学在它发展的历史阶段与各个进程中,一直是跟物理、天文的发展紧密联系在一起的,到了现代,尤其是 20 世纪、21 世纪,数学除了依然对物理、天文起着非常重要的作用,它还在诸如经济、人口、生态、地质、城市建设、资源管理等多领域渗透,逐渐形成了经济数学、数学生态学、数学地质学等新的领域,它们往往横跨多个学科.当用数学方法研究这些领域中的定量关系时,数学建模就成为首要的、关键的步骤,同时也成为这些学科发展与应用的基础.举一例,银行需要有一定的储备金,任何客户来取钱时,银行必须要有现金给人家,但是银行又不能放非常多的现金,否则不能产生任何效益,所以这就变成了数学问题,储备金要足够,但是又希望它最少,这实际上是一个数学最优化问题.

再举一例(如图1-2-1),有三座城市A、B、C,假设这三座城市是等距的,这个距离是100公里,现要把这三座城市连起来,如何设计道路使通行路程最短.有同学会不假思索地认为用直线将城市A和城市B连接再连接到城市C(如图1-2-2),从而得到最短距离是200公里.我们稍微想一想,其实A、B、C三座城市构成了等边三角形,取等边三角形的中心D,就像在三座城市中间加一座虚拟城市,只要把它们连在一起(如图1-2-3),这样的距离是$100\sqrt{3} \approx 173.2$公里,就比刚才短得多了.当然,这是最简单的情况,如果城市数量N大于3,且不是等距分布,那问题就复杂得多,它既是数学中也是计算机科学中的难题.

图1-2-1

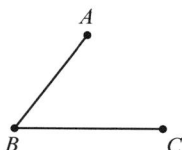
图1-2-2

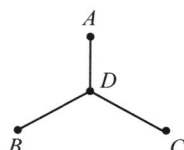
图1-2-3

3. 数学建模有助于激发学生学习数学的兴趣,培养创新意识,提升学生各方面的能力.

数学建模是一个将实际问题用数学的语言、方法,去近似刻画、建立相应数学模型并加以解决的过程.数学建模问题涵盖了生活现象、社会热点、学科关联等多方面问题,参加数学建模活动丰富了学生的课外生活,并且为了能得到最适合的数学模型,学生需要从多角度、多维度、多层面开展研究.例如对食堂排队问题的分析:

案例1 食堂排队问题(片断)

问题呈现 在学校,由于种种原因,午间食堂排队等候打饭的时间十分漫长,这导致许多学生因为没有耐心排队等待,转而选择到小卖部买零食和汉堡等诸如此类的食物果腹或者干脆不吃午餐.这对学生的身体健康有极大的害处,甚至还会给学校造成本不该出现的麻烦和损失.那么,怎样才能使学生排队时间尽量短,以吸引他们在食堂用餐呢?

问题分析 为了设计合适的数学模型解决问题,需要对现实情境展开分析,食堂出现排队长、等候时间久的现象,和食堂所开放的打饭窗口数量、阿姨盛饭的速度、点菜的速度、食堂运营成本等诸多因素有关.

数据调查:经过 2 周的调查,学生发现:

① 学校现共有 7 个打饭窗口,大约有 1 200 名学生;

② 学生到达时间不确定,但有大致规律;

③ 每个食堂工作人员至少需要花 10 秒时间给一个学生盛饭;

④ 食堂提供 A、B 两种套餐,学生只需报出套餐编号,无需点菜;

⑤ 多数学生等待超过 10 分钟即没有耐心继续排队,转而选择别的途径;

⑥ 基本上所有拿到饭的同学都能找到座位;

⑦ 学生中午下课时间是 12:05,12:25 以后,没有学生再进食堂;

⑧ 操场离食堂的距离较近,而且平均每天上午最后一节课有 1—2 个班级上体育课,每个班级的学生数量为 40—45 人;

考虑到,要想缩短排队时间必须增开窗口.但是,每增开一个窗口,每天都需多支付一定的清洁费用和工作人员的工资.所以在增开窗口、缩短时间的同时,我们必须考虑每增开一个窗口的成本.据询问得:

① 每个窗口需要两名工作人员,每名工作人员的工资为 100 元/天;

② 每个窗口所需清洁费用约为 250 元/天;

③ 每个窗口的饭菜平均分配且数量充足,一份饭菜的成本为 5 元,售价为 8 元.

以上学生所做的问题分析是他们以小组合作的形式开展探究的,选题是根据校园里的现象确定的,对于数据的调查,结合了时间、经济、现状等多方面的因素进行考虑.学生主动探索问题,可见他们对数学产生了兴趣;在分析问题时考虑到方方面面的因素,其实已经在潜移默化地培养他们的创新精神和创造力;在解决问题的过程中,他们还要经历数学抽象、数据分析、模型构建、逻辑推理和数学运算等多重环节,这也提升了分析问题和解决问题的能力;求得的结果要经过实际检验,学生也将在此过程中感受到数学的严谨之美.

4. 数学建模打破了传统教学模式,促进了教学改革.

传统的教学模式常见于教师单项传输知识,尽管有时教师也会设计探究问题,让学生思考讨论,但是还是难以跳出教师设计课堂,学生参与其中的困境,这其实还是一种被动的学习方式.数学建模教学则打破了传统的教学模式和习惯,数学建模探究活动的特点是从实际情境中发现问题,通过数学的方法构建模型解决问题,当得出结果后进行检验,并且改进模型,最终解决实际问题.数学建模的教学,需要营造自主学习的环境,让学生走出课本,走出传统的习题演练,这些演练使学生进入生活和生产的实际中,也使学生体验到充满生命力的数学.在几何体的体积和表面积的教学中,笔者尝试了一次数学建模教学:

案例2　包饺子

情境呈现　家里包饺子的时候,有时包的饺子个数多,有时包的饺子个数少,这是因为所包饺子的大小不同所致.某次,家里打算用2斤面粉和2斤馅料包100个饺子,结果馅料做多了,但是面粉的量没有变,那么为了把馅料全包完,是应该包馅多的大饺子,还是馅少的小饺子呢? 如果要包大饺子,且打算用这2斤面粉制作50只大饺子,那么这50只大饺子能包多少馅料?

师:包饺子也有大学问.请大家认真读题,读懂情境所表达的意思,仔细思考,我们可以从哪些角度展开分析? 要解决包饺子的问题,首先要把它和数学概念联系起来,你认为包饺子中蕴含了怎样的数学问题?

(将学生分成4人一组,在教师简单提示之后,给学生1天的时间,让学生探寻求解问题的方法,再在课堂上分享解法)

◆ **学生展示一** ◆

情境分析　虽然一下难以确定应该包大饺子,还是小饺子,但是已经知道了100个饺子能包2斤馅料,所以利用比例关系,先计算出50只饺子能包多少馅料,再判断应该包大饺子还是小饺子.

构建模型　假设50只饺子能包 x 斤馅料.所以可以建立饺子个数和所包馅料之间的关系: $\dfrac{100}{50} = \dfrac{2}{x}$.

求解模型　解方程得, $x = 1$(斤). 所以,50只饺子只能包1斤馅料,但是实际情况是馅料多了,所以我们必须要多包一些饺子才可以,而多包些饺子就得少放馅料,所以要包小饺子才合适.

生:我认为这组同学的解法存在问题.大饺子包的馅多,但饺子皮也要大些,也就是用的皮也多.刚才的同学用比值关系来计算馅料是基于所包的饺子大小一致的基础上的,而情境是需要我们讨论包大饺子还是小饺子,可见饺子的大小未必一致,所以刚才的做法不合理.我们组的解法是这样的:

◆ 学生展示二 ◆

情境分析 因为大饺子能包更多的馅料,所以直观感觉应该包大饺子,但是大饺子的馅多,皮也多,所以我们需要建立馅料和面皮之间的数量关系.

构建模型 面皮和面料之间的数学关系可以用物体的体积和表面积来构造,用 V 和 S 分别表示大饺子馅的体积和面皮的面积,v 和 s 分别表示小饺子馅的体积和面皮的面积,根据实际情况可以做出如下合情假设:

假设1:一个大饺子的面皮可以做成 n 个 $(n > 1, n \in \mathbf{N})$ 小饺子的面皮;

假设2:所有饺子的面皮一样厚,所有饺子的形状是一样的;

假设3:饺子馅的形状可以看做是球体,但是对于一般形状的饺子,可以引入所谓的"特征半径",用 R 和 r 分别表示大饺子馅和小饺子馅的半径.

由假设1可知 $S = ns$,也就是1个大饺子就能包 n 个小饺子,所以我们只需要比较 V 和 nv 哪个大.

求解模型:由假设3可得

$$V = k_1 R^3, \ S = k_2 R^2 (k_1 > 0, \ k_2 > 0) \Rightarrow \frac{\sqrt[3]{V}}{\sqrt{S}} = \frac{\sqrt[3]{k_1}}{\sqrt{k_2}}, 简记为 V = kS^{\frac{3}{2}}.$$

$$v = k_1 r^3, \ s = k_2 r^2 (k_1 > 0, \ k_2 > 0) \Rightarrow \frac{\sqrt[3]{v}}{\sqrt{s}} = \frac{\sqrt[3]{k_1}}{\sqrt{k_2}}, 简记为 v = ks^{\frac{3}{2}}.$$

所以,$V = kS^{\frac{3}{2}} = k(ns)^{\frac{3}{2}} = n^{\frac{3}{2}} ks^{\frac{3}{2}}$,即 $V = \sqrt{n}(nv)$,$(n > 1, \ n \in \mathbf{N})(*)$.

因此,$\dfrac{V}{nv} = \sqrt{n} (n > 1, \ n \in \mathbf{N})$,也就是包大饺子所用的馅料和包 n 个小饺子所用的馅料之比是 $\sqrt{n} (n > 1, \ n \in \mathbf{N})$,由于这个比值大于1,所以包大饺子用掉的馅料更多,故选择包大饺子更合适.

接下来,回答"100个饺子能包2斤馅料,50只饺子能包多少馅料"的问题. 因为饺子数量从 100 个变成 50 个, 也就是 2 个小饺子的面皮合成了 1 个大饺子的面皮, 即 $n=2$, 根据模型可得, 1 个大饺子所包的馅料是 2 个小饺子所包馅料的 $\sqrt{2}$ 倍.

案例反思 1. 案例 2 最大的特点是学生的自主探究, 从情境分析, 到模型构造求解, 再到解决问题、撰写报告, 整个过程都是由学生完成的. 教师在数学建模教学的课堂中所起到的作用与传统教学有很大区别, 在本教学案例中, 教师提出了问题情境, 当学生小组合作探究遇到问题时, 教师从旁指引, 为学生提供必要的技术支持和学科指导.

2. 扎实的学科知识和数学抽象能力是数学建模问题中必不可少的. 就案例 2 而言, 要构建饺子面皮和饺子馅料的数量关系, 需要将其抽象成球的表面积和体积, 这其实是一个比较困难的过程, 需要在平时的教学中做好积累和渗透.

3. 数学建模没有确定的答案, 而是取决于所选模型是否合理. 案例 2 针对饺子的面皮和馅料做了一些合情假设, 例如饺子皮的厚度是一样的, 饺子的形状是一样的. 实际上, 还可能有这样的情况, 饺子越大面皮越厚, 那么是否可以重新建模得出 V 和 nv 之间的关系呢?

4. 通过对案例 2 的研究发现, 包饺子的问题可以类比解决一些生活中的常见问题. 如超市里购物时同款产品是买大包装, 还是小包装? 学生可以结合亲身经历, 对此问题加以讨论和回答.

第三节　数学建模的过程与方法

建模的对象是一个客观实体, 而建模过程是一个认识、探索和刻画这个客观实体的主观过程. 数学建模在中国自古有之, 我们不妨先看一个远古的传说,《易》中记载:"古者包牺氏之王天下也, 仰则观像于天, 俯则观法于地, 观鸟兽之文与地之宜, 近取诸身, 远取诸物, 于是始作八卦, 以通神明之德, 以类万物之情."这段文字描述的是华夏民族人文先始伏羲(又名包牺)为大自然建模的过程: 他上观天文, 下察地理, 研究生物的习性和与之适宜的环境, 收集远近各种物证, 用八种简单却寓意深刻的符号概括天地万物, 从而创造了八卦, 以解释自然规律. 图 1-3-1 的中圈表示太极, 用"—"表示阳, 用"——"表示阴, 这两个符号组成了八种形式, 即图中的三叠线段就是"八卦". 这个模型影响深远,至今在我们的生活中仍有不可动摇的地位. 伏羲创造八卦的过程就是数学建模的过程,这也许是我国最早的数学模型了.

时至今日,数学建模早已经渗透到生产实践、社会民生、科技前沿等方方面面. 无论是自然科学还是社会科学,本质上都可以通过数学建模来进行描述和求解,我们可以通过数学符号和语言建立模型使得现实事件服从数学规律.

图 1-3-1

在开展数学建模活动时,可以先找到问题的一个突破点,再由简入繁. 具体来说,对于一个复杂的建模对象,我们是很难一步到位的,所以需要抓住其主要矛盾建模,舍弃部分次要因素,如果解模的结果不能通过模型检验,就需要返回模型假设,仔细思考什么因素被简化了,然后调整假定,再把更多的因素考虑进来. 例如,案例 1 中的食堂排队问题,在第二节里,我们已经完成了对问题的分析,接下来我们继续对它展开探究:

1. 构建模型

通过对情境的分析,我们提出如下合理的假设:

① 不存在因无空位就餐而流失顾客的情况;

② 饭菜平均分配且充足,不存在因无饭菜供应而流失顾客的情况;

③ 学生对饭菜无偏好,各窗口人数平均;

④ 没有插队等现象,排队过程符合先到先得的规律.

2. 符号说明

表 1-3-1

定义	含义	单位
x	第 x 个到达的人	个
t	自 12:05 起第 t 分钟	分钟
n	开设窗口数	个
$f_n(x)$	开设 n 个窗口时学生到达时间	分钟
M_n	开设 n 个窗口时增加的费用	元
M'_n	开设 n 个窗口时学生流失损失的费用	元

定义	含义	单位
M	总损失	元
$P_n(x)$	开设 n 个窗口时学生 x 等待时间	分钟

3. 求解模型

（1）到达学生人数的大致规律

由于学生到达时间间隔不定,我们试图找出一段时间内学生到达人数的大致规律.

我们发现,12:05 下课,一些上体育课的班级因操场离食堂较近而能在较短时间到达.平均每天都有 1~2 个这样的班级.12:25 以后,没有学生再进食堂.所以我们把 12:05~12:25 这段时间分为 5 段,并统计出了每段时间内某一个窗口到达学生的人数(如下表 1-3-2).

表 1-3-2

时间段	人数(人)	总人数(人)	每分钟内平均到达人数(人)
12:05~12:09	17		
12:09~12:13	86		
12:13~12:17	49	170	8.5
12:17~12:21	13		
12:21~12:25	5		

根据以上数据,我们画出了柱状图并用光滑曲线连接(如图 1-3-2).

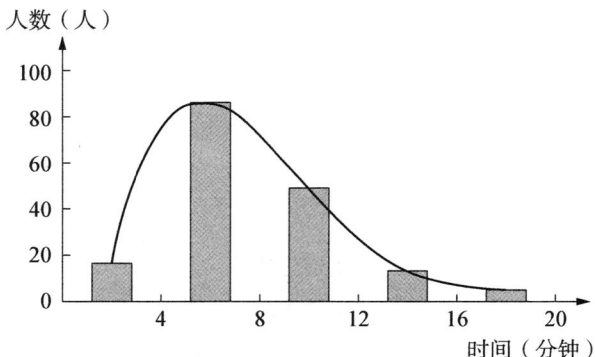

图 1-3-2　各时间段内到达人数

可以看出:12:05～12:09 这段时间内人流较小且稀疏,每个学生都几乎不用等待,故前四分钟可以忽略不计;12:09～12:17 这段时间内,人流量大且到达频率高,有可能会产生等待时间;而 12:17～12:21 这四分钟有可能会因为之前八分钟的学生滞留而产生等待时间.至于最后 12:21～12:25 这四分钟,只有 5 人到达,之前的高峰时间也已过去,很明显学生不可能会排队等待.所以我们主要考虑 20 分钟内处于中间的 12 分钟.

(2) 每个学生到达时间的函数图像(开设 7 个窗口时的情况)

我们画出了每个学生到达时间的函数图像,如图 1-3-3 所示.

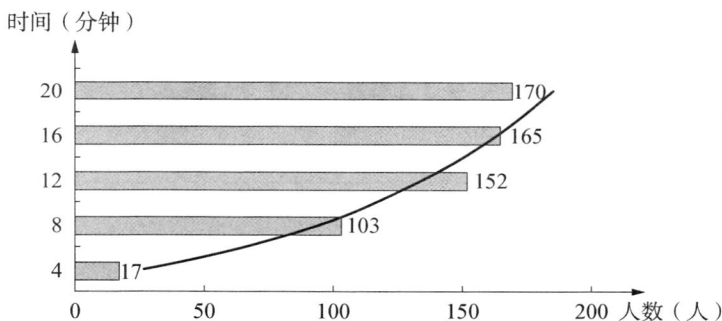

图 1-3-3　开设 7 个窗口时每个学生到达时间

发现它符合指数函数的图像特征.通过使用最小二乘法拟合,我们得出了函数方程:

$$f_7(x) = \exp\left(\frac{x+6}{61}\right) + 2.$$

从中,我们得出

$$P_7(x) = \frac{1}{6}(x-1) - f_7(x).$$

通过计算 $P_7(x) > 10$ 可以算出等待超过 10 分钟的人数为 26.

$$M_7 = 0,$$
$$M_7' = 7 \times 26 \times 8 = 1\,456,$$
$$M = M_7 + M_7' = 0 + 1\,456 = 1\,456,$$

即开设 7 个窗口一共会损失 1456 元.

（3）控制变量（开设 7 个以上窗口时的情况）

① 开设 8 个窗口

若增加到 8 个窗口，每个时间段到达每个窗口的人数与开设 7 个窗口时成一定的比例关系，由此我们列出了表 1 - 3 - 3：

表 1 - 3 - 3

时间段	人数(人)	总人数(人)	单位时间内平均到达人数(人)
12:05～12:09	15		
12:09～12:13	76		
12:13～12:17	43	150	7.5
12:17～12:21	11.5		
12:21～12:25	4.5		

我们画出了每个学生到达时间的函数图像（如图 1 - 3 - 4），

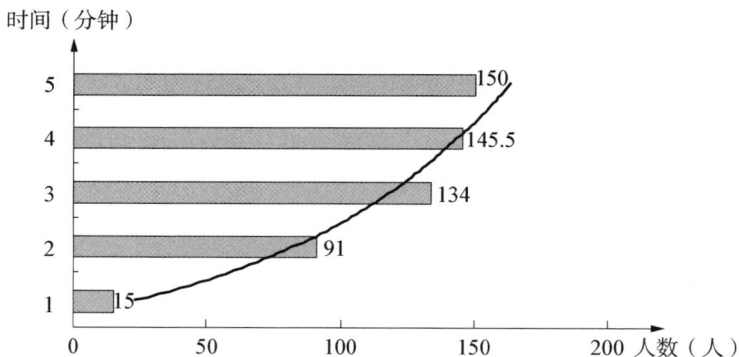

图 1 - 3 - 4　开设 8 个窗口时每个学生到达时间

通过使用最小二乘法拟合，我们得出了函数方程：

$$f_8(x) = \exp\left(\frac{x-43}{37}\right) + 2$$

从中，我们得出

$$P_8(t) = \frac{1}{6}(x-1) - f_8(x).$$

通过计算 $P_8(t) > 10$ 可以算出等待超过 10 分钟的人数为 9.

$$M_8 = 2 \times 100 + 250 = 450,$$

$$M_8' = 8 \times 9 \times 8 = 576,$$

$$M = M_8 + M_8' = 450 + 576 = 1026,$$

即开设 8 个窗口一共会损失 1026 元.

② 开设 9 个窗口

若增加至 9 个窗口,每个时间段到达每个窗口的人数仍与开设 7 个窗口时成一定的比例关系(如表 1-3-4).

表 1-3-4

时间段	人数(人)	总人数(人)	单位时间内平均到达人数(人)
12:05~12:09	13.3		
12:09~12:13	67.3		
12:13~12:17	38.3	133	6.65
12:17~12:21	10.1		
12:21~12:25	4		

我们画出了每个学生到达时间的函数图像(如图 1-3-5).

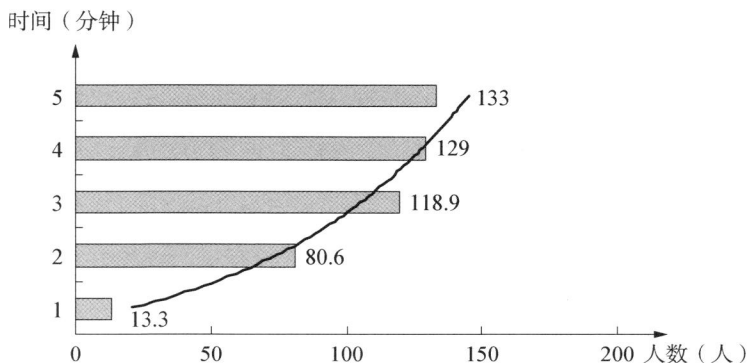

图 1-3-5　开设 9 个窗口时每个学生到达时间

通过最小二乘法拟合,我们得出了函数方程:

$$f_9(x) = \exp\left(\frac{x-7}{43.5}\right) + 2.$$

从中,我们得出

$$P_9(t) = \frac{1}{6}(x-1) - f_9(x).$$

通过计算 $P_9(t) > 10$ 可以算出等待超过 10 分钟的人数为 0. 即没有学生等待超过 10 分钟.

$$M_9 = 2 \times (2 \times 100 + 250) = 900,$$
$$M_9' = 9 \times 0 \times 8 = 0,$$
$$M = M_9 + M_9' = 900 + 0 = 900,$$

即开设 9 个窗口一共会损失 900 元.

由于开设 9 个窗口时,每个学生等待时间都不超过 10 分钟,不存在流失顾客的情况,所再增加窗口只是徒增人工费和清洁费,所以不必要再讨论开设 10 个窗口的情况.

从上述三种窗口开设方式中,我们可以看出:开设 9 个窗口时,费用损失最少.

4. 检验模型

虽然得出了结论,但这个结论并不具普遍性. 通过观察学生到达情况的图像,以及查阅参考理论书籍,我们发现排队论中的泊松分布适用于研讨此类问题(如图 1-3-6).

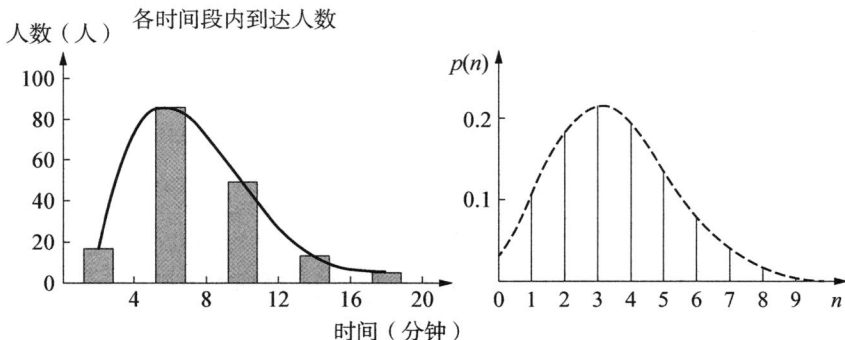

图 1-3-6 学生到达情况的泊松分布图像

5. 模型改进

结合以上分析,引用已经得出的数学模型,验证结论的科学性,并得出一个普遍的公式.

泊松分布的公式为:$P\{X=t\}=\mathrm{e}^{-\lambda}\dfrac{\lambda^t}{t!}$,$\lambda>0$(单位:秒).

其中,λ 是参数,表示单位时间内到达的学生平均人数;t 是变量,表示自起始时间起的第 t 分钟.

在以上几张表格中,我们已经算出了开设 7、8、9 个窗口时的参数,分别为

$$\lambda_7=8.5;\lambda_8=7.5;\lambda_9=6.65.$$

由此,我们得出可以普遍应用的公式,如下:

$$P(X=t)=\left[\left(\int_0^t\frac{\lambda^t}{t!}\mathrm{e}^{-\lambda}\cdot\frac{1\,200}{n}\mathrm{d}t\right)-1\right]\times10-60t$$

$$(\lambda、n\ 是常数,其中\ n\ 是开设窗口数)$$

$\dfrac{\lambda^t}{t!}\mathrm{e}^{-\lambda}\cdot\dfrac{1\,200}{n}$ 是单位时间内到达的学生人数,对其求积分,表示 t 时刻之前一共到达的人数,

$\left[\left(\int_0^t\dfrac{\lambda^t}{t!}\mathrm{e}^{-\lambda}\cdot\dfrac{1\,200}{n}\mathrm{d}t\right)-1\right]\times10$ 为 t 时刻等待人数盛饭所用时间.

由此可得,$P_7(X=t)>10$ 时,即等待超过十分钟的学生数为 31.

同理可得 $P_8(X=t)>10$ 时,即等待超过十分钟的学生数为 7.

$P_9(X=t)>10$ 时,即等待超过十分钟的学生数为 0.

经过比较,易得,已存公式与我们得出的结论互相印证.可以证明我们的结论符合应用实际.并且我们推广出了一个普遍的公式:

$$P(X=t)=\left[\left(\int_0^t\frac{\lambda^t}{t!}\mathrm{e}^{-\lambda}\cdot\frac{N}{n}\mathrm{d}t\right)-1\right]\times10-60t.$$

其中,λ 是参数,表示单位时间内平均到达的人数;n 表示开设窗口数;N 表示人数总数.

上式可求得 t 时刻到达的学生所需等待的时间.

通过对食堂排队问题的求解,我们可以感受到现实对象和数学建模的关系.数学建模的过程是将现象加以归纳和抽象的过程,只有当数学建模的结果经受住

现实对象的检验时,才可以用来指导实际. 从另一个角度来看,数学建模其实是完成从实践到理论再到实践的循环.

当然,对于初学者,特别是中学生而言,要掌握数学模型,最好的办法是实践,开始阶段不要急于去求解过于复杂的,甚至是工业上的、科学上的模型. 在我们的现实生活中就有许多值得我们思考的问题,它们是我们学习生活中的好材料.

第二章　高中数学建模要求与实施

随着数学课程改革的不断深入,高中数学建模能力的培养成为我们在教育教研工作中的重点之一.究其原因,是因为中学生可以在数学建模活动中体会到数学在社会实践中的应用,并且数学建模不仅需要学生具备扎实的数学基础、广博的学科知识、严谨的数学思维、灵动的数学感知,还需要具备良好的合作精神、坚忍不拔的意志,以及熟练的信息技术技能.严士健教授在"数学教育应面向 21 世纪而努力"的报告中指出:我国中学生所学的数学知识与学生的日常生活及他们具有的其他知识和经验联系太少,致使应付高考几乎是他们学习数学的唯一目的,几乎没有将数学应用于实际的意识,就是升入大学以后,对数学及其他科学与实际生活联系与应用问题也很少有兴趣,无疑会给他们以后的工作发展造成阻碍.可见,数学建模活动是非常有必要的,我们非常有必要针对中学生数学建模能力的水平和现状,研究符合普通学生数学建模能力发展的实践活动和教学案例.

第一节　课程标准的要求

数学建模是对现实问题进行抽象,用数学的语言表达问题、用数学方法构建模型解决问题的素养,是高中数学六大核心素养之一.它是在数学学习和应用的过程中逐步形成和发展的,是学生通过数学学习逐步形成的关键能力.

数学建模活动和数学探究活动是运用数学知识解决问题的一类综合实践活动,也是高中阶段数学课程中重要的内容.《普通高中数学课程标准(2017 年版2020 年修订)》(以下简称《标准》)中指出,其主要内容包括:在实际情境中从数学的视角发现问题、提出问题,分析问题、构建模型,确定参数、求解计算,检验结果、改进模型,最终解决实际问题.通过对数学建模过程的阐述,可以发现,数学建模活动将学生从传统的题海中解放出来,将数学应用意识植根于数学学习之中,让学习变得生动活泼,帮助学生树立敢于质疑、善于思考、严谨求实的科学精神.数学建模教学也使得数学的素质教育变得更加具象.例如,上教版《普通高中教科书数学必修第四册》中"车辆转弯时的安全隐患"问题,首先需要发现在大型车右转时易引发交通事故的原因中,很大一部分是由于"内轮差"导致,这是从数学的视角发现问题;计算大型车辆转弯时的内轮差有多大,为什么会损害人或物,这是提出问题;通过实地考察、查阅资料等各种方法,确定选择设计合适的数学模型,进而求解这个模型,这是分析问题、构建模型、求解问题的过程,当然其中还需要对模型修正和改进.学生在这个问题的求解过程中,经历了对社会问题的关注,经历了生命教育的洗礼,通过数学建模给出理论上的推断,为行人和司机带来警示.所以说,数学建模问题不仅仅是纯粹的数学问题,它涵盖了方方面面诸多元素,对学生的终身发展和数学德育教育的开展都起着不可替代的作用,我想,这就是数学建模活动的魅力所在.

《标准》对高中数学建模的特点和学习的建议可以归纳如下:

第一,"问题"是数学建模的关键.高中数学建模的问题通常来自于日常生活、生产实践、社会现象、其他学科等多方面.同时,解决问题时所涉及的知识、思想和方法主要与高中数学课程有关.例如,用三角函数刻画事物周期的变化;用一元二次函数解释停车距离的问题;用等差、等比数列解释购房贷款问题;用立体几何知识处理包饺子的问题,等等.

第二,数学建模是数学应用的重要形式.数学建模搭建了数学与外部世界联系的桥梁,学生要了解和体会解决实际问题的全过程,感受数学的实用价值.数学建模是应用数学解决实际问题的基本手段,也是推动数学发展的动力.

第三,数学建模素养和其他学科素养既相互独立、又相互交融,是一个有机的整体.从实际情境中提出数学问题,可以提升学生数学抽象素养,建立模型、求解模型又渗透了逻辑推理、数学运算、数据分析、直观想象等多方面素养的培养.

第四,在数学建模活动中,应学会通过查询资料等手段获取信息,养成团结协作、合作交流的习惯,结合信息技术活动的良好的情感体验.

基于以上几点,再结合《标准》的要求和建议,我们可以尝试从生活实际问题、社会热点问题、实践活动方式等方面来提升数学建模能力.

案例3　　分油问题的求解与拓展

问题呈现　在山西民间,有一个人们经常提及的问题:3斤的葫芦7斤的罐,10斤的油篓分一半.

提出问题　实际上,这个民间问题表达的意思是:有一个能装10斤油的油篓装满了油,只有两个容器,一个能装 3 斤油的葫芦容器和一个能装 7 斤油的罐子.现在要把 10 斤油分出一半来(也就是 5 斤),问该怎么分?

分析问题　要把 10 斤油分一半出来,只需要将 7 斤的油倒出 2 斤即可,问题转化为,怎么量出 2 斤油? 考虑到装满 2 次 3 斤油的葫芦可以称量出 6 斤油,所以,第一步,将 10 斤油倒入能装 7 斤油的罐子,这样 10 斤油的篓子里还剩 3 斤;第二步,将 7 斤油倒入能装 3 斤油的葫芦里,这样 7 斤油的罐子里还剩 4 斤;第三步,将葫芦里的 3 斤油倒入能装 10 斤油的篓子里;第四步,将 7 斤油的罐子里的 4 斤油倒入能装 3 斤油的葫芦里,这样 7 斤油的罐子里还剩 1 斤;第五步,将 3 斤油倒入能装 10 斤油的篓子里,这样篓子里就有了 9 斤油;第六步,将 7 斤油罐子里剩的 1 斤油倒入能装 3 斤油的葫芦里;第七步,将 10 斤油篓子里剩下的 9 斤油倒入能装 7 斤油的罐子里,这样 10 斤油的篓子里还剩下 2 斤油(这样我们就称出来 2 斤油!);第八步,将 7 斤油倒入能装 3 斤油的葫芦里,于是 7 斤油的罐子里还剩余 5 斤油,所以我们称量出了 5 斤油.

构建模型　考虑到每次分油可能会出现的情况,我们可以做如下假设:

① 假设 1:油倒满容器正好是指定的装油重量;

② 假设 2:每次分油都没有油的损耗;

记 x、y、z 分别表示装 10 斤油的篓子、7 斤油的罐子、3 斤油的葫芦里还剩余的油,例如,向量 $(x,y,z)=(10,0,0)$ 表示的是初始状态(第 0 步):10 斤油的篓子里有 10 斤油,装 7 斤油的罐子和装 3 斤油的葫芦都是空的.

求解模型　结合以上分析,可以将规则表示如下:

$(10,0,0) \rightarrow (3,7,0) \rightarrow (3,4,3) \rightarrow (6,4,0) \rightarrow (6,1,3) \rightarrow (9,1,0) \rightarrow (9,0,1) \rightarrow (2,7,1) \rightarrow (2,5,3)$

这样,我们就把 10 斤油分出了一半.

检验模型　我们可以通过实际操作分油的过程来检验上述模型是否正确,建议将油换成水,将篓子、罐子和葫芦换成量筒,这样更符合学习习惯.

模型优化　对于本题的求解,做了如下的考虑:要分装 5 斤油,关键是要分出 2 斤油,所以,所做的操作都是在向如何分出 2 斤油迈进,显然 9－7＝2,所以要得到 2 斤油,可以先得到 9 斤油,再一次逆推从而得出了解题方案.仔细观测后发现,只需要考虑 7 斤油的罐子和 3 斤油的葫芦可以怎么装出 5 斤油. 用 y、z 分别表示装 7 斤油的罐子、3 斤油的葫芦里的油. 向量 $(y,z)=(0,0)$ 表示初始状态下 7 斤油的罐子、3 斤油的葫芦里都没有油, 向量 $(y,z)=(5,0)$ 表示的是问题最终的目标状态.

考虑到, 无论初始状态怎么样, 我们总能将所有的油倒进 10 斤的油篓, 不使用到 7 斤油的罐子和 3 斤油的葫芦. 又无论目标状态是 $(5,0)$、$(4,1)$、$(3,2)$、$(2,3)$ 中的任何一个, 我们总能将 3 斤的油葫芦中的油倒入装 7 斤的油罐子里, 因此, 我们将问题的起始和目标状态简化如下.

分别用 A、B、C 表示装 10 斤油的篓子、7 斤油的罐子、3 斤油的葫芦, 由此, 建立如表 2-1-1 所示规则:

表 2-1-1

序号	规则 (y, z)	解释
1	若 $y<7$, 则 $(y,z)=(7,z)$	B 没装满时把它装满
2	若 $z<3$, 则 $(y,z)=(y,3)$	C 没装满时把它装满
3	若 $y>0$, 则 $(y,z)=(0,z)$	B 不空时把油全部倒回 A
4	若 $z>0$, 则 $(y,z)=(y,0)$	C 不空时把油全部倒回 A
5	若 $y>0$ 且 $y+z\leqslant 3$, 则 $(y,z)=(0,y+z)$	如果 B 和 C 的油的总量不超过 3 斤, 那么把油全部倒入 C
6	若 $y>0$ 且 $y+z\leqslant 7$, 则 $(y,z)=(y+z,0)$	如果 B 和 C 的油的总量不超过 7 斤, 那么把油全部倒入 B
7	若 $y>0$ 且 $y+z>7$, 则 $(y,z)=(7,y+z-7)$	如果 B 和 C 的油的总量大于 7 斤, 那么 B 中装满后, 用 C 装 B 中剩余的油
8	若 $y>0$ 且 $y+z>3$, 则 $(y,z)=(y+z-3,3)$	如果 B 和 C 的油的总量大于 3 斤, 那么 C 装满后, 用 B 装 C 中剩余的油

反思小结、拓展提升　日常生活是数学建模问题的源泉之一, 现实生活中的许多问题可以通过建立数学模型加以解决, 例如合理负担出租车车费问题、红绿灯管控问题、住房问题等, 本案例也是其中的一个经典案例.

查阅资料发现, 分油问题的姊妹问题还有:

① 日本分油问题: 有一个装满油的 8 公升容器, 另有一个 5 公升及 3 公升的空容器各一个, 且三个容器都没有刻度, 试将此 8 公升油分出 4 公升油.

② 法国著名数学家泊松年轻时研究过的一道题: 某人有 12 品脱美酒,

想把一半赠人,但没有 6 品脱的容器,而只有一个 8 品脱和一个 5 品脱的容器,问怎样才能把 6 品脱的酒倒入 8 品脱的容器中.

③ 我国的韩信分油问题:韩信遇到两个路人争执不下,原因是两人有装满 10 斤的油罐和两个 3 斤、7 斤的空油罐,无法平均分出两份,每份 5 斤油. 韩信是如何解决这个难题的?

④ 史泰因豪斯在《数学万花筒》中的表述:有装有 14 千克酒的容器,另外有可装 5 千克酒和 9 千克酒的容器,要把酒平分,该如何办?

⑤ 别莱利曼在《趣味几何学》中表述:一只水桶,可装 12 杓水,还有两只空桶,容量分别为 9 杓和 5 杓,如何把大水桶的水分成两半?

解决这类问题除了案例中的尝试法之外,还有很多其他方法,比如不定方程法.

我们注意到这类题有几个共同的特点:

(1) 三个容器 N_1、N_2、N 按容积由小到大排列,分别为自然数 N_1、N_2、N;得到的油 M 是小于 N 的自然数;

(2) 两个较小容器的容积数 N_1、N_2 互素(不是互素的要简单一些);

(3) 由于容器没有刻度,倒油过程中,较小容器总需要倒空或者填满;

(4) 小容器倒油的次数 X、Y 是整数,最后需要得到的油 M 也是正整数;

(5) 在小容器里得到数量较少的油,如容器 N_1 得到小于等于 N_1 的油;容器 N_2 得到大于 N_1 小于等于 N_2 的油,所以分油的实质是一个求解二元一次不定方程的解的过程.

方程列为 $N_1 \cdot X + N_2 \cdot Y = M$,这里 X 和 Y 取正值,也可取负值. 正值表示倒满某个小容器的次数且首先将此容器倒满,负值表示从满油小容器倒出的次数. 如果方程有多解,需要寻找一个最优解,X 和 Y 的绝对值越小,表明倒油的次数越少,表明这是一个最优解(最优化问题,将在以后的章节中加以介绍). 有了这个解,就可以用来帮助我们完成分油过程. 中间倒油的过程则是为了满足某个较小容器倒满或者清空而倒来倒去.

案例 3 为我们介绍了高中数学建模的基本过程:在实际情境中从数学的视角提出问题、建立模型、求解模型、检验结果、改进模型、最终解决实际问题.《标准》

为我们提供了不同学业水平要求下的数学建模学习要求(如表2-1-2),下表中的水平一是高中毕业应达到的要求;水平二是高考的要求;水平三是大学自主招生的参考.

表2-1-2

水平	质量描述
水平一	能够解决简单的数学应用问题;知道数学建模的过程包括:提出问题、建立模型、求解模型、检验结果、完善模型;能够在熟悉的实际情境中,模仿学过的数学建模过程解决问题. 　　能够在交流的过程中,结合实际情境解释相关的抽象概念;能够用运算的结果、借助或引用已有数学建模的结果说明问题.
水平二	能够在关联的情境中,抽象出一般的数学概念和规则,确定运算对象和随机对象,发现问题并提出或转化为数学问题;能够在新的情境中选择和运用数学方法解决问题. 　　能够选择合适的数学模型表达所要解决的数学问题,理解模型中参数的意义,知道如何确定参数、建立模型、求解模型;能够根据问题的实际意义检验结果、完善模型、解决问题. 　　能够在关联的情境中,经历数学建模的过程,运用数学语言,表述数学建模过程中的问题以及解决问题的过程和结果,形成研究报告,展示研究过程. 　　能够用模型的思想说明问题.
水平三	能够在综合的情境中,发现其中蕴含的数学关系,用数学的眼光找到合适的研究对象,用恰当的数学语言予以表达,并运用数学思维进行分析,提出数学问题. 　　能够在现实世界中发现问题,运用数学模型的一般方法和相关知识,创造性地建立数学模型,解决问题;能够针对不同的问题,综合或创造性地运用概率统计知识,构造相应的概率或统计模型,解决问题. 　　能够运用数学语言,清晰、准确地表达数学论证和数学建模的过程和结果. 　　能够运用数学建模的结论和思想阐述科学规律和社会现象;能够合理地运用数学语言和思维进行跨学科的表达和交流.

　　如上表,《标准》将数学建模的学业质量划分为三个水平,从四个方面进行了描述,也就是:情境与问题、知识与技能、思维与表达、交流与反思,这些方面分别对应必修课程结束、选择性必修课程结束、选修课程结束时,对学生数学建模素养的达成提出的要求,是学业质量的主要内容.

第二节　高中数学建模课程现状和建议

一、高中数学建模教学现状

随着科学技术的进步和社会进程的飞速发展,数学学科的不可替代性越来越显现,数学模型也被越来越广泛地应用于各个方面.随着上世纪 80 年代大学生数学建模竞赛举办开始,数学建模已经作为数学基础课程进入大学课堂,受到了普遍的关注.2017 年教育部发布数学学科核心素养,明确中学生应具备理性思考和问题解决的能力.《普通高中数学课程标准(2017 版)》首次提出将数学建模作为中学生必备的数学核心素养,并且将数学建模活动与数学探究活动课作为必修和选择性必修课程纳入高中数学.然而数学建模于高中数学教学而言,毕竟是新的事物,数学建模课程教学的现状可以梳理如下:

1. 虽然近些年关于高中数学建模的比赛开展得如火如荼,诸如:美国高中生数学建模大赛、中学生数学建模竞赛、上海市中学生数学知识应用竞赛、"登峰杯"全国中学生数学建模竞赛等,但是,服务于课堂的高中数学建模课程呈现曲高和寡的状态.目前,虽然每年已经开始定期举办专业的中学生数学建模作品创新与竞赛活动,有的学校也开设了数学建模类的课程,但是面向的群体是有限的,参赛的对象大多是数学学习能力较强的学生,并且开设数学建模活动与数学探究活动课程的学校以及开展数学建模教学的教师数量不多.大多数学校对于数学建模教学尚处于观望和困惑之中,观望是想观察其他学校怎么做? 做了又能给数学教学等带来什么样的提升? 困惑在于不知道应该怎么教、教什么? 也不知道数学建模可能怎么考、考什么? 这无疑给数学建模教学的全面开展带来了很大的阻力.

2. 高中数学教师缺乏数学建模相关素养和课堂实践经验.一大批的中学教师在大学期间并没有接受过这方面的教育,对数学建模概念、建模意识、建模意义都很模糊.2003 年教育部颁布的《普通高中数学课程标准(实验版)》首次把数学建模纳入其中,明确指出"高中阶段至少为学生安排一次数学建模活动",这标志着数学建模正式进入我国高中数学教学,这也是我国中学数学应用与建模发展的一个里程碑.然而,从另一个角度也说明了数学建模进入高中教师视野只有不到 20 年的时间,真正以教材形式出现在高中数学课堂教学之中的时间短之又短,以上教版《普通高中教科书数学必修第四册》为例,2020 年第一版,2021 年进入课堂教学.因此,各地各部门以报告、讲座、论坛、公开课等多种形式开展培训,为教师创造各种条件,也为提升教师的数学建模意识、素养和教学能力做好服务.

3. 教师对数学建模的认知和意识还有不足,对数学建模的认同度不高.很多教师经常有这样的疑问,"数学建模可以在中学教吗? 该怎么教呢?"数学建模当然可以在中学教,正如《标准》中所强调的,教师可以在中学数学建模的教学中,让学生亲历将实际问题抽象成数学模型并进行解释的应用过程,进而使学生获得对数学知识理解的同时,在思维能力、情感态度与价值观等多方面得到进步和发展.所以中学阶段,数学建模教学策略之一就是从实际问题出发,引导学生挖掘其中的数学本质,并以小组合作的方式开展数学建模活动.例如,骑自行车上学,对某些学生而言几乎是每天都要经历的事情,你能从中发现它和数学的联系吗? 仔细思考,这样的问题可以有很多,比如,你能估算出自己的车速吗? 你能用骑自行车的方式,测量从家到学校的距离吗? 我们可以测出自行车轮的直径,计算出在固定时间里骑行的距离或者骑行固定的距离所耗的时间,从而建立数学模型、计算结果、检验结果,当然其中还需要一些不可少的假设,诸如假设骑行速度保持不变,骑行过程没有停顿(没有受到红灯或其他因素的干扰)等,那么当学生利用数学知识,将这些问题抽象成数学问题时,就是在开展数学建模活动.因此,在数学建模的教学中,教师首先要有敏锐的数感,并能将这份感觉传递给学生,这里的传递通常是通过"师生活动"达成的,久而久之,学生自然能养成用数学的眼光看世界、用数学的思维思考世界、用数学的语言表达世界的习惯和能力.

4. 从评价方式看,适合数学建模的评价体系还不健全,在高考的压力面前,学生也不愿花费精力进行建模.对于利用数学知识求解实际问题的考察,目前依旧停留在应用题的阶段,而对于数学建模的考察还是多见于竞赛之中,竞赛通常 2—4 人一组,在规定的时间内(一般是 3 天左右)共同完成,其间可以查阅任何资料,利用各种软件、互联网等,唯一的限制是不与队外的同学、老师讨论赛题.显然,这样的机制是无法复制到只有 2 个小时的数学考试之中的.目前高中阶段对数学建模类的考察还是以应用题的形式进行的.虽然它们都是为了培养用数学解决实际问题的能力,可是数学应用问题并不是数学建模问题,两者之间既有区别又有联系:

(1) 数学建模问题来自于实际,具有较大的开放性,问题中的条件往往不够充分,需要学生去收集数据、整合信息;数学应用题则是针对某个特定的知识、为了理解和应用而人为设置的,问题条件较为理想化,往往直接将背景中的数量关系符号化、或做简单的假设就可以根据问题建立起数学模型,其重点在于抽象和模型求解.应用题问题已经完成了从实际问题中提炼和加工的过程,问题中给出的条件通常是充分的,而且问题比较明确,学生只需要根据已知条件建立、求解数学模型就可以了.我们以"冲洗蔬菜上的残留农药"为例,比较数学应用问题和数学建模问题之间的区别.

数学应用问题　用水清洗一堆蔬菜上残留的农药,对用一定量的水清洗一次的效果作如下假定:用 1 个单位量的水可洗掉蔬菜上残留农药量的 $\frac{1}{2}$,用水越多洗掉的农药量也越多,但总还有农药残留在蔬菜上.设用 x 单位量的水清洗一次以后,蔬菜上残留的农药量与本次清洗前残留的农药量之比为函数 $f(x)$.设 $f(x)=\frac{1}{1+x^2}$.现有 $a(a>0)$ 单位量的水,可以清洗一次,也可以把水平均分成 2 份后清洗两次,试问用哪种方案清洗后蔬菜上残留的农药量比较少? 说明理由.

问题分析　由题意,已知 $f(x)$ 表示蔬菜上残留的农药量与本次清洗前残留的农药量之比,因此要判断选择哪种方案清洗后蔬菜上的残留比较少,只需要计算两种方式清洗下残留的农药量与本次清洗前残留的农药量之比,比值越小残留量越小,从而选择比较法来求解问题.

问题解析　设仅清洗一次,残留在蔬菜上的农药量为 $f_1=\dfrac{1}{1+a^2}$,清洗两次后,残留的农药量为 $f_2=\left[\dfrac{1}{1+\left(\frac{a}{2}\right)^2}\right]^2=\dfrac{16}{(a^2+4)^2}$,则 $f_1-f_2=\dfrac{a^2(a^2-8)}{(a^2+1)(a^2+4)^2}$;于是,当 $a>2\sqrt{2}$ 时,清洗两次后残留的农药量较少;当 $a=2\sqrt{2}$ 时,两种清洗方法具有相同的效果;当 $0<a<2\sqrt{2}$ 时,一次清洗残留的农药量较少.

数学建模问题　用水清洗一堆蔬菜上残留的农药,现在有 a 单位的水,有两种冲洗方案:一种是将 a 单位的水一次冲洗;另一种是分两次冲洗,每次冲洗用水 $\frac{a}{2}$ 单位.已知 1 单位的水冲洗一次,可使蔬菜上残留农药为原来的 $\frac{1}{2}$,问哪种冲洗方法可使蔬菜上残留的农药量比较少?

问题分析　由情境分析可知,用于冲洗的水越多,洗掉的农药也越多,但总还有残留农药在蔬菜上;冲洗的次数越多,洗掉的农药也越多;求解本题的关键在于建立残留农药与冲洗用水量之间的函数模型.

构建模型　为了表述方便,不妨设用 x 单位量的水清洗一次以后,蔬菜上残留的农药量与冲洗前农药残留量之比是 $f(x)$.可以知道,函数 $f(x)$ 随着 x 的增大而减小,且 $f(0)=1$,$f(1)=\frac{1}{2}$.由于已知的信息不足以确定残留农药与冲洗用水量之间的函数关系,所以可以根据上述性质,假设某些函数关系加以讨论.

模型一:$f(x) = \dfrac{1}{1+x^2}$

模型二:$f(x) = \dfrac{1}{1+x}$

问题求解的方法和应用问题中的解法类似,此处就不再赘述.

模型检验 事实上,即使函数相同,自变量范围不同得到的结论也可能不同.当然,还可以是其他形式的函数,这些都要通过实际情境来检验.

(2)"假设"是数学建模过程中必不可少的一部分,这是为了抓住问题的本质,忽略次要因素,使问题更加明确.想象力、洞察力、判断能力以及经验在模型假设中起着重要的作用.而应用题的已知条件是给定的,往往不需要假设.

例如,斐波那契数列:1,1,2,3,5,8,13,….我们都知道,斐波那契数列的递推关系是:$f(1)=1$,$f(2)=1$,$f(n+2)=f(n+1)+f(n)$,$n \in \mathbf{N}^*$.该递推关系就是斐波那契数列的数学模型.众所周知,斐波那契数列来自于斐波那契在1202年撰写的《算盘全书》,书中有很多有趣的故事,其中一则是有趣的兔子问题:若一对成年兔子,一雌一雄,每个月可以生一对小兔子,那么一年之后共可有多少对兔子? 为了说明这个问题,我们需要做一些规范,所以做出了如下的假设:

假设 1:所有的兔子都是在每个月的第一天后就出生,这样每到一个月的月初,兔子就增加一个月的月龄;

假设 2:每次只生一对小兔子;

假设 3:每次出生的小兔子都是一雌一雄;

假设 4:兔子在考虑的时间范围内不会死亡.

正是在这样的假设之下,模型的构建才变得明确,因此才有了现在的斐波那契数列.

(3)从问题的结果来看,两者都要经过检验,如果结果和实际不符,就需要修改模型或列式.还有,数学建模的答案会根据分析假设以及选择的模型不同而不同,也就是说数学建模的答案是开放的.应用题则不一样,它的答案是确定的.

例如,如图 2-2-1,想要测量公园中荷花池旁 A、B 两棵树之间的距离,实线部分是小路,其余部分是池水或者种植了绿化不方便行走,由于条件限制工作人员无法直接测量,你有好办法吗?

方法 1:假设荷花池旁的 A、B 两棵树附近的小路是直线型的,那么可以构造四边形 $ABCD$(如图 $2-2-2$),易测得边 AD、DC、CB 的长度,利用测角工具测量所需角,结合解三角形的知识,从而求出 AB 的长度.

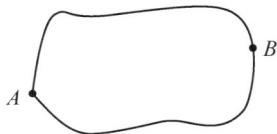

图 2 - 2 - 1

方法 2:假设荷花池旁的 A、B 两棵树附近的小路是直线型的,在小路的一侧选取点 C(如图 $2-2-3$),测量 AC 的距离以及 $\angle BCA$ 和 $\angle CAB$ 的大小,结合解三角形的知识,从而求出 AB 的长度.

图 2 - 2 - 2

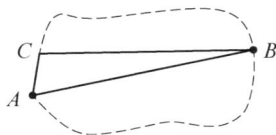

图 2 - 2 - 3

方法 3:假设有一根足够长的绳子,一端系在 A,沿小路绕行至 B,将另一端系在 B 处并拉紧绳子,我们知道,由于重力的作用,绳子 AB 会形成一条曲线,这条曲线就是悬链线,其函数解析式是 $y = a\cosh\dfrac{x}{a}$,于是利用数学的方法就可以求得 AB 之间的距离.

（4）从结论的表达形式上看,数学建模问题需要写成报告文章,应用题则只需要写出答案.

（5）从求解的步骤来看,数学应用问题的解题步骤如图 $2-2-4$ 所示.可见,数学应用问题是数学建模问题的一部分,而且数学建模问题比数学应用问题更能反映日常生活和生产实际,对学生各方面的要求更高.

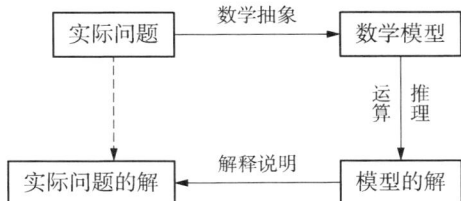

图 2 - 2 - 4

二、高中数学建模教学建议

高中教学正在改革,从中学阶段开始学习数学建模是非常必要的,这可以将中学数学的教学和大学的要求衔接起来.没有广博的数学知识和严格的思维训练,便很难用数学建模解决实际问题,因此,数学建模活动是在反哺数学学科知识的掌握.高中数学课程涉及的数学建模内容,是对数学模型的初步接触和建模过程的初步尝试.那么,怎样将数学建模融入高中数学教学之中呢?

首先,高中数学建模教学内容的选择起点宜低不宜高.中学阶段还处于学生形成数学概念、提高数学能力、提升数学素养的阶段,对大多数学生而言,数学建模的学习还处于懵懂期.所以不宜拔高中学数学建模的学习要求,应控制教学的容量和难度.例如,可以对应用题做简单的拓展,改变题目的条件结论进行变式,将问题一般化,联系实际,将之前给定的数据结合实际情况复杂化,并给出一般的解决方案,逐渐形成一般的数学建模求解过程.

案例 4　从数学应用题到数学建模题

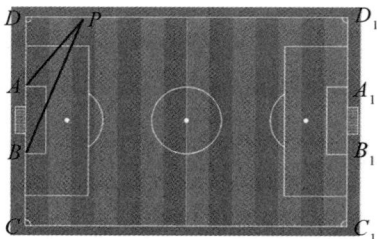

图 2 - 2 - 5

问题呈现　现有一长为 100 码,宽为 80 码,球门宽为 8 码的矩形足球运动场地,如图 2 - 2 - 5 所示,其中 CD 是足球场地边线所在的直线,球门 AB 处于所在直线的正中间位置,足球运动员(将其看做点 P)在运动场上观察球门的角 $\angle APB$ 称为视角.当运动员带球沿着边线 DD_1 奔跑时,设点 P 到底线的距离为 $PD = x$ 码,试求当 x 为何值时,$\angle APB$ 最大.

问题分析　本题是历史悠久的足球员射门问题,要求得 $\angle APB$ 最大,只需 $\tan\angle APB$ 最大,利用 $\tan\angle APB = \tan(\angle DPB - \angle DPA)$,将其展开后表示为关于 x 的函数,利用基本不等式求得最值.

问题解析

$$\tan\angle APB = \tan(\angle DPB - \angle DPA) = \frac{\tan\angle DPB - \tan\angle DPA}{1 + \tan\angle DPB \cdot \tan\angle DPA}$$

$$= \frac{\dfrac{44}{x} - \dfrac{36}{x}}{1 + \dfrac{44}{x} \cdot \dfrac{36}{x}} = \frac{8x}{x^2 + 1\,584} = \frac{8}{x + \dfrac{1\,584}{x}} \leqslant \frac{8}{2\sqrt{x \cdot \dfrac{1\,584}{x}}} = \frac{8}{24\sqrt{11}} = \frac{\sqrt{11}}{33},$$

当且仅当 $x = \dfrac{1\,584}{x}$，即 $x = 12\sqrt{11}$ 时，$\tan\angle APB$ 取得最大值 $\dfrac{\sqrt{11}}{33}$，

又 $y = \tan x$ 在 $\left[0, \dfrac{\pi}{2}\right)$ 上单调递增，$\therefore$ 当 $\tan\angle APB$ 取得最大值时，

$\angle APB$ 最大，

$\therefore x = 12\sqrt{11}$，$\angle APB$ 取得最大值 $\arctan\dfrac{\sqrt{11}}{33}$.

变式 1（调整设问） 现有一长为 100 码，宽为 80 码，球门宽为 8 码的矩形足球运动场地，如图 2-2-5 所示，其中 CD 是足球场地边线所在的直线，球门 AB 处于所在直线的正中间位置，足球运动员（将其看做点 P）在运动场上观察球门的角 $\angle APB$ 称为视角. 当运动员带球沿边线奔跑时，何时起脚射门命中率最大？

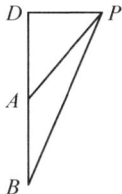

图 2-2-6

问题分析 由题意可知，欲使射门的命中率最大，只需要视角 $\angle APB$ 最大. 而要求 $\angle APB$ 的最大值，就需要将 $\angle APB$ 放在某个三角形中，又因为运动员是沿边线奔跑，所以可以假设运动员奔跑的轨迹是与底线垂直的直线，于是在直角三角形 BDP 中（如图 2-2-6），$\angle APB = \angle DPB - \angle DPA$，设 $PD = x$ 码，则 $\tan\angle APB = \tan(\angle DPB - \angle DPA) = \dfrac{\tan\angle DPB - \tan\angle DPA}{1 + \tan\angle DPB \cdot \tan\angle DPA}$，以下解法同上.

变式 2（调整条件） 足球运动员带球沿边线奔跑，问他的最佳射门位置在何处？

问题分析 本情境和原题相比，缺少了很多直观信息，所以首先需要收集数据信息，然后作出合理的假设. 查阅资料可知，国际标准足球场的长宽尺寸要求：场地长度 100～110 米，宽度 64～75 米，球门必须放置在每条球门线的中央，球门柱和地面垂直，之间的距离是 7.32 米，从横梁的下沿至地面的距离是 2.44 米，两根球门柱和横梁都是圆柱

形,横截面直径不超过 12 厘米. 所谓最佳射门位置就是在运动场上观察球门的角 $\angle APB$ 最大时候的位置. 基于以上几点,作出如下合情假设:

假设 1:足球运动员是在符合国际标准尺寸的足球场上踢球;

假设 2:该运动员从带球奔跑到起脚射门时没有受到其他运动员的干扰和阻拦;

假设 3:该运动员带球奔跑的轨迹是直线;

假设 4:由于国际标准足球场的长宽尺寸是一个区间,简便起见,假设足球场的长为 a 米,宽为 b 米;

假设 5:球门柱和横梁的直径忽略不计.

模型建构 如图 2-2-7,在直角三角形 BDP 中,设 $PD=x$ 码,则

$$\tan\angle APB = \tan(\angle DPB - \angle DPA) = \frac{\tan\angle DPB - \tan\angle DPA}{1 + \tan\angle DPB \cdot \tan\angle DPA},\ 以下$$

模型求解的方法同上.

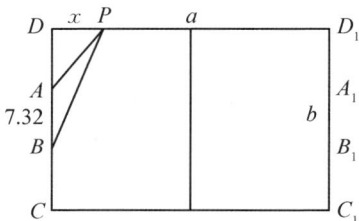

图 2-2-7

变式 3(修改模型) 实际上运动员在带球奔跑时,会和边线相距一段距离,则该运动员在离边线距离为 d 的直线上向对方球门进攻时,他的最佳射门位置在何处呢?

问题分析 如图 2-2-8,只要用 $AD-d=\dfrac{b-7.32}{2}-d$ 代替变式 2 中的 AD,求解方法不变.

变式 4(模型修改) 如果足球运动员是沿一条和边线成某一个角度的斜线进攻(如图 2-2-9),他在何处射门最有利?

问题分析 在之前假设的前提下,如图 2-2-10,以 C 为原点建立平面

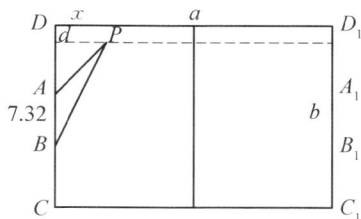

图 2-2-8

直角坐标系,设运动员(记作点 $P(x,y)$)进攻奔跑所在直线为 $y=kx+t(k>0)$,为方便运算,设 $CB=m$,$CA=n$,其中 $n>m>t>0$,欲求 $\angle APB$ 的最大值.

模型构建

$$\tan\angle APB=\left|\frac{k_{PB}-k_{PA}}{1+k_{PB}\cdot k_{PA}}\right|=\left|\frac{\dfrac{n-m}{x}}{1+\dfrac{y-m}{x}\cdot\dfrac{y-n}{x}}\right|$$

$$=\frac{(n-m)x}{x^2+(y-n)(y-m)}(n>m>t>0),$$

将 $y=kx+t$ 代入上式得,

$$\tan\angle APB=\frac{(n-m)x}{x^2(1+k^2)+k(2t-m-n)x+(t-m)(t-n)}$$

$$=\frac{n-m}{x(1+k^2)+\dfrac{(t-m)(t-n)}{x}+k(2t-m-n)}$$

$$\leqslant\frac{n-m}{2\sqrt{(1+k^2)(t-m)(t-n)}+k(2t-m-n)}.$$

当且仅当 $x=\sqrt{\dfrac{(t-m)(t-n)}{1+k^2}}$ 时,可以达到最佳射门位置.

变式5(模型修改)　通常球场上运动员带球奔跑的路线不是直线,那么运动员在球场区域内射门到球门 AB 的最佳射门点的轨迹是什么呢?

问题分析　当运动员奔跑到视角最大的位置时即为最佳射门点,所求的轨迹就是这些最佳射门点所在的曲线.

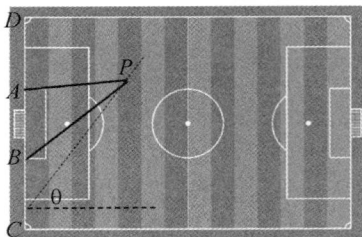

图 2-2-9

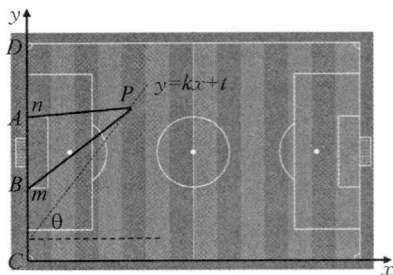

图 2-2-10

模型建构 为了便于计算,以球门柱 AB 中点 O 为坐标原点建立平面直角坐标系(如图 2-2-11),记 $OA=c$,则 $OB=-c$(其中 $c=3.66$ 米),设 $P(x, y)$,其中 $0 < x \leqslant a$,$-\dfrac{b}{2} \leqslant y \leqslant \dfrac{b}{2}$.

$$\tan\angle APB = \left| \frac{k_{PB} - k_{PA}}{1 + k_{PB} \cdot k_{PA}} \right| = \left| \frac{\dfrac{y+c}{x} - \dfrac{y-c}{x}}{1 + \dfrac{y+c}{x} \cdot \dfrac{y-c}{x}} \right|$$

$$= \left| \frac{2cx}{x^2 + y^2 - c^2} \right| = \left| \frac{2c}{x + \dfrac{y^2 - c^2}{x}} \right|.$$

如图 2-2-12 所示.

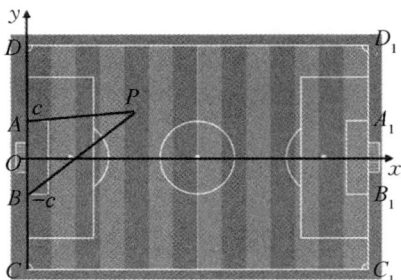

图 2-2-11

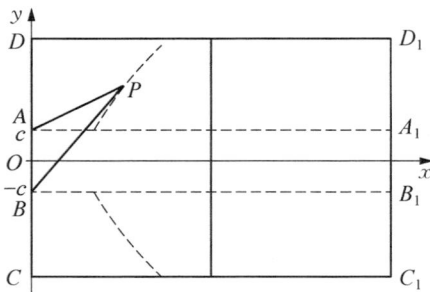

图 2-2-12

① 当 $|y| > |c|$ 时,由均值不等式可知当 $x = \dfrac{y^2 - c^2}{x}$ 时,即 $y^2 - x^2 = c^2$,也就是最佳射门点的轨迹是以 $(0, \pm\sqrt{2}c)$ 为焦点的双曲线的一部分;

② 当 $|y|=|c|$ 时，$\tan\angle APB=\dfrac{2c}{x}$ 是 $(0,a]$ 上的减函数，所以离球门柱越近越容易射进球门；

③ 当 $|y|<|c|$ 时，$\tan\angle APB$ 是 $(0,a]$ 上的减函数，所以离球门越近越容易射进球门.

案例反思　第一，模型的改进还可以从多种不同角度思考，例如足球运动员的反应速度，在射门时足球可能产生的旋转等. 通过对应用题的改编与设计，引领学生进入数学建模的探究活动之中，和学生共同经历数学建模的过程、体会其中的方法、共同提升数学的应用能力和意识.

第二，数学建模教学进入高中课堂，可以从数学课外活动的形式开始.《标准》中对必修"数学建模活动和数学探究活动"的课时分配是 6 课时，教学内容包括 4 个数学建模活动案例，7 个数学建模活动以及数学建模活动报告写作. 想要在 6 课时内完成这些内容的教学是很困难的，所以课堂中教什么？怎么教？课堂中没有提及的内容怎么办？教师在课堂教学中可以向学生介绍数学建模的基本概念、基本方法和基本过程，选择典型案例进行分析、实践与探究. 课堂外，可以开设兴趣课、选修课，也可以开展数学建模小竞赛，鼓励学生自主探索，建模的问题可以来自课本中的探究活动，也可以来自对生活实际的思考，从中增强数学应用意识、培养合作探究精神、积累数学活动经验.

第三，高中数学建模的教学不应冲淡数学本身，数学理论知识的系统学习依旧是数学教学的根本任务，数学建模教学应是对它的有益补充. 数学建模的教学除了教给学生数学建模的方法之外，在建模的过程中还应渗透数学思想方法. 举例而言，开展数学建模活动时，从实际情境中抽象出数学问题，在研究和解决数学问题时，采用某种手段或方法将问题通过变换使之转化，这其中体现的就是化归的思想方法；进行模型建构和求解时，则需要根据不同的实际问题运用函数思想、方程思想、数形结合的思想、等价化归思想、类比归纳和联想思想以及探索思想等，这些都体现出数学建模教学中渗透了数学思想. 只有在数学建模教学中注重全方位渗透数学思想方法，才有可能让学生从本质上理解数学建模的思想，从而把数学建模知识内化成学生的数学核心素养之一.

第四，高中数学建模的教学应考虑到学生学习精力有限，要求学生掌握所有的建模知识是不现实的，因此在进行数学建模教学时，要关注学生的最近发展区，尝试分层教学、因材施教,对数学建模活动有热情且有一定学习能力的同学,教师可作适当的要求,如参与完整的数学建模活动,尝试撰写数学建模的报告和与之有关的论文;对于数学能力强、数学建模敏锐的同学,可以对他们提出高要求,指导他们自主学习,通过参加数学建模活动和数学建模竞赛培养和发展其数学建模能力.

总之,对学生而言,他们在数学建模活动中完全可以根据自己的需要、特长、喜好选择适当的数学工具、数学方法解决问题. 对教师而言,无论采取什么样的形式开展高中数学建模教学,都应带给学生数学学习的快乐体验,让学生觉得数学有用,数学是解决实际问题必不可少的"伙伴". 学生通过参与数学建模活动,学会解决问题的步骤和方法,并将其运用于实际生活之中,达到终身受益的目的. 当然,根据数学建模的过程,教师在教学时要注重培养学生的创新意识和创新能力、应用意识和应用能力,顺应时代的发展,为培养更多具有高素养、高能力的应用人才做出贡献.

第三节　高中数学建模常见模型

数学模型可以描述为,对现实世界的一个特定对象,为了一个特定的目的,根据特有的内在规律,做出一些必要的简化假设,运用适当的数学工具,得到的一个数学结构. 它是通过抽象和简化,使用数学语言对实际现象所作的一个近似刻画,以便于人们更深刻地认识所研究的对象.

数学模型是连接数学和实际问题的桥梁,一个好的数学模型的价值不在于它使用了多么高深的数学知识,而在于它涵盖了多少较强的实际背景,针对某个具体的实际问题,所得到的结论也应该是经得住实际检验的. 数学模型的创设,应该能够让人们对研究的问题有进一步的深入了解,当然如果可以简单一些的话,那还是要尽可能简单一些的,以利于使用者理解和接受.

数学模型按照不同标准可以分为不同类型. 例如按照模型的状态划分,可以分为静态模型和动态模型;根据变量特点划分,可以分为连续型模型、离散型模型、确定性模型和随机性模型;按照研究对象的领域划分,可以分为经济模型、社会模型、生态模型等等. 高中阶段,按照知识模块特点,高中数学常见的模型可以分为:方程(组)与不等式模型、函数模型、数列模型、概率统计模型、优化模型、几何模型.

一、方程(组)与不等式模型

等式与不等式是高中阶段学习的一个重要知识,方程思想也是高中阶段数学学习的一个重要思想,是从问题的数量关系入手,运用数学语言将问题中的条件转化为数学模型,然后通过解方程(组)来求解问题.方程模型是研究现实世界数量关系的最基本的数学模型之一,可以说哪里有等式,哪里就有方程.现实生活中也广泛存在量与量之间的相等关系,如收支平衡、溶解平衡、质量守恒,还有行程问题、工程问题、储蓄问题等,方程(组)模型可以很好地帮助人们从数量关系的角度更正确、清晰地认识、描述和把握现实世界.

建立方程或不等式模型时,应首先确定一个量,然后从多种不同角度去刻画这个量,得到其间的等量关系或者不等关系,由此就建立了方程或不等式.当我们找出问题中所有本质上不同的关系时,也就是建立了这个问题的方程或不等式模型.

▫ **例 1**(简单齿轮啮合问题)

啮合是指两机械零件间的一种传动关系,称为啮合传动.齿轮传动是最典型的啮合传动,也是应用最广泛的一种传动形式.齿轮啮合传动具有适应范围大、传递效率较高、工作寿命长、传动平稳、可靠性高、能保证瞬时传动比恒定、能实现各种位置要求的两轴传动等特点,在近代机械传动中应用十分广泛.已知相互啮合的两个齿轮,大轮有 48 齿,小轮有 20 齿,如果大轮的转速为 $180\,\text{r/min}$(转/分),小轮的半径为 $10.5\,\text{cm}$,求小轮周上一点每 $1\,\text{s}$ 转过的弧长.

问题分析　情境分析得,现已知大轮的齿数和转速,以及小轮的半径,所以要求小轮周上一点每一秒转过的弧长,就需要探寻大轮和小轮转动时的关系,也就是要探寻其中的等量关系,从而构造方程,进而求解问题.如图 2 - 3 - 1,大齿轮和小齿轮互相咬合一齿一齿的转动,通过探究两齿轮的转动特点,可以得到以下的等量:

图 2 - 3 - 1

① 小齿轮转动的总齿数＝大齿轮转动的总齿数,即小齿轮齿数×周数＝大齿轮齿数×周数;

② 小齿轮上的点转过的弧长＝该点转过的弧度数×小齿轮的半径；

模型建构　因为小齿轮齿数×周数＝大齿轮齿数×周数，所以假设当大滑轮转动一周时，小滑轮转动了 x 周.

因为大轮转动了 48 个齿，代入等量关系得，$20 \times x = 48 \times 1$.

所以，小轮转动 $\dfrac{48}{20} = \dfrac{12}{5}$ 周.

又因为大齿轮的转速为 180 r/min，所以小齿轮转速为 $\dfrac{12}{5} \times 180 = 432$ r/min.

故，小齿轮周上一点每 1 s 转过的弧度数为：$432 \times 2\pi \div 60 = \dfrac{72}{5}\pi$.

所以，小齿轮周上一点每 1 s 转过的弧长为：$\dfrac{72}{5}\pi \times \dfrac{21}{2} = 151.2\pi$ cm.

□ **例 2**（价格与利润问题）

顾客首次在某商店花费 y 元购买了 x 件商品，再次购买此商品时发现单价下跌，120 件商品降价 80 元，此次购买比首次多买了 10 件，共花去 20 元，若此人第一次购买时至少花去 10 元，那么他第一次至少购买商品多少件？

问题分析　情境信息显示顾客两次所购买的件数与花费价格之间存在等式意义上的相关性，所以可以使用方程模型进行求解，也就是，每件商品的价格×所购商品的数量＝总花费.

模型建构　第一次购买商品的单价是 $\dfrac{y}{x}$ 元，每件商品降价 $\dfrac{80}{120}$ 元，故可知，第二次共购买 $x + 10$ 件商品，每件商品 $\dfrac{y}{x} - \dfrac{80}{120}$ 元，所以可列方程：$(x + 10)\left(\dfrac{y}{x} - \dfrac{80}{120}\right) = 20$ 且 $y \geqslant 10$.

解得 $x \geqslant 5$ 或 $x \leqslant -30$（舍）.

所以，该顾客至少买 5 件商品.

□ **例 3**（分期付款问题）

某人年初向银行贷款 100 万用于购房，采用等额本金还款的方式分 20 年还清，月利率是 0.5%，从借款后第二个月开始还款，那么每个月应还多少钱？

问题分析　在教学实践中发现，学生容易犯的错误是：认为每月还的钱数为

$\dfrac{100}{240} \approx 0.416\,7$ 万，即每个月的还款数约为 4 167 元. 这显然是有问题的，因为所贷款项每个月都会有利息产生，而列式中并没有考虑这一因素. 还有的同学认为每月还的钱数为 $\dfrac{100 \cdot (1 + 0.5\%)^{240}}{240} \approx 1.379$ 万元，真的是这样吗？分期付款问题中涉及的等量关系是所贷金额和所还金额之间的关系，可以表示如下：

表 2 - 3 - 1

期数	每个月还款数	每个月欠款数
1	x	$a(1+r) - x$
2	x	$a(1+r)^2 - x(1+r) - x$
3	x	$a(1+r)^3 - x(1+r)^2 - x(1+r) - x$
…	…	…
n	x	$a(1+r)^n - x(1+r)^{n-1} - x(1+r)^{n-2} - \cdots - x(1+r) - x$

变量说明：
x：每月还贷金额；r：月利率；n 还款期数；a：贷款金额

贷款 n 期是指：n 期还清欠款，也就是第 n 期欠款数为零，即

$$a(1+r)^n - x(1+r)^{n-1} - x(1+r)^{n-2} - \cdots - x(1+r) - x = 0,$$

移项得，$a(1+r)^n = x\left[1 + (1+r) + (1+r)^2 + \cdots + (1+r)^{n-1}\right]$，

化简可得模型，即 $x = \dfrac{a(1+r)^n \cdot r}{(1+r)^n - 1}$.

问题求解　将 $a = 100$，$r = 0.5\%$，$n = 240$ 代入模型，计算得

$$x = \frac{100 \cdot (1 + 0.5\%)^{240} \cdot 0.5\%}{(1 + 0.5\%)^{240} - 1} \approx 0.716\,4（万元）.$$

所以，每个月应还约为 7 164 元.

□ **例 4**（刹车距离问题）

甲车以 v_1 的速度匀速行驶，乙车以 v_2 的速度在同一车道匀速行驶（$v_1 > v_2$），当甲车司机发现前方的乙车时，两车相距 s 米，此时甲车司机立即以加速度 a 紧急刹车，那么 a 应该满足什么条件，两车才能不相撞呢？

问题分析　模型一：甲车速度降到等于 v_2 时的行驶距离加上 s 应小于乙车在

该段时间内的行驶距离,得:$\begin{cases} v_1t + \dfrac{1}{2}at^2 + s < v_2t, \\ v_2 = v_1 + at \end{cases} \Rightarrow a < \dfrac{(v_2 - v_1)^2}{2s}.$

模型二:以乙车为参照物,则乙车为静止物体,相对速度 $v_1 - v_2$ 为甲车的初速度,甲车走到乙车(静止)时,$v_t = 0$,若两车不相撞,则需要甲车从刹车到速度降至等于乙车速度时所行进的路程 s' 小于 s

得:$s > s' = \dfrac{(v_1 - v_2)^2 - 0^2}{2a} \Rightarrow a < \dfrac{(v_1 - v_2)^2}{2s}.$

问题分析 若两车不相撞,则需要甲车从刹车到速度降至等于乙车速度时行驶的路程与原来相距距离 s 之和比同一时间内乙车行驶的路程短. 从不等式的角度建立模型可以是 $s_1 + s < s_2$(其中 s_1、s_2 分别表示从甲车刹车到速度降至等于乙车速度时甲、乙两车行驶的路程). 本题也可以从方程的角度理解:先确定临界位置,即两车刚刚相碰时,建立等量关系,然后只需判断此等量关系无解时的 a 所满足的要求即可.

二、函数模型

函数是高中数学的重要内容之一,高中阶段主要涉及的函数模型通常是初等函数模型,例如,一次函数模型、二次函数模型、正反比例函数模型、幂指对函数模型、三角和反三角函数模型等. 用函数的观点分析问题、解决问题是实际问题中最常见的手段之一,实际生活中经常遇见的最大利润、最佳方案、最短路线、最少时间这些问题都可以归结为函数的最值问题;增长的快慢、变化的多少则可用函数的单调性描述;求某一时刻的值,或者某一时间段内的容量,都和函数的运算密不可分.

▫ **例 1**(指对数函数)

央视人民网报道:2019 年 7 月 15 日,平顶山市文物管理局有关人士表示,郏县北大街古墓群抢救性发掘工作结束,共发现古墓 539 座,已发掘墓葬 93 座. 该墓地是一处大型古墓群,在已发掘的 93 座墓葬中,有战国时期墓葬 32 座、两汉时期墓葬 56 座、唐墓 2 座、宋墓 3 座. 生物体死亡后,有机体内原有的碳 14 会按确定的规律衰减,大约每经过 5730 年衰减为原来的一半,这个时间称为"半衰期". 检测一墓葬女尸出土时碳 14 的残余量约占原始含量的 79%,请推断该墓葬所属时期.

参考时间轴:

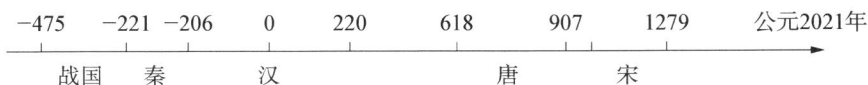

问题分析　具有相同质子数,不同中子数的同一元素的不同核数互称为同位素.例如:氕、氘和氚,它们原子核中都有 1 个质子,但是它们的原子核中却分别有 0 个中子、1 个中子和 2 个中子,所以它们互为同位素.同一元素的同位素,许多是稳定的,但也有一些同位素是不稳定的,这些不稳定的同位素具有放射性,它们通过放射粒子而变为同一元素的不同的同位素,或者不同元素的同位素,被称为同位素的衰变.如 $^{14}_{6}C$ 通过放射粒子衰变成为 $^{14}_{7}N$.放射性母体同位素的原子数衰减到原有数目的一半所需要的时间,叫半衰期.碳 14 测年法的最大测算时间不超过 6 万年,而且由于环境的变化,如火山爆发等因素,易导致所测得的年代有较大的误差.因此对于本题,可以考虑简单的放射性衰变,做出如下假设:

假设 1:放射性同位素中的粒子是同质的;

假设 2:在衰变的过程中元素总量的变化是连续且光滑的;

假设 3:除去放射性衰变之外,元素本身没有其他的粒子迁移行为;

假设 4:只考虑单位时间同位素放射粒子的平均放射效应;

假设 5:每个粒子放射的行为相互独立(衰减率固定).

基于以上假设可知,解决本题的关键,是发现随着时间 t 的变化,机体内所含有碳 14 的残余量的变化情况.因为机体内原有的碳 14 大约 5730 年衰减为原来的一半所以从中可以首先计算出每年的衰减率,进而计算出该生物体的死亡年数,就可以推断该墓葬所属时期.

模型建构　假设机体内原有的碳 14 含量是 1,每年的平均衰减率是 x,

由已知得 $1 \cdot (1-x)^{5\,730} = \dfrac{1}{2}$,所以 $1-x = \left(\dfrac{1}{2}\right)^{\frac{1}{5\,730}}$.

又假设该墓葬生物体内碳 14 的含量是 y,死亡年数为 t,

则 $y = (1-x)^t$,即 $y = \left(\dfrac{1}{2}\right)^{\frac{t}{5\,730}} \;(t > 0)$,

当 $\left(\dfrac{1}{2}\right)^{\frac{t}{5\,730}}=0.79$ 时,可得 $t=5\,730\times\log_{\frac{1}{2}}0.79\approx1948.$

因此,该墓葬内的生物体死亡年数约为 1948 年,由问题情境可知该墓葬是于 2019 年被发掘的,所以该墓葬内的生物体死亡的时间约为 2019－1948＝71 年,即约为公元 71 年,此时对应的朝代是汉.

反思 本题建立的是指数函数模型,除此之外,例如人口增长、细菌繁殖、声波强度、复利计息、种群增长等都可以用指数函数模型构建.

▫ **例 2**(跨学科背景)

新房即将建成封顶时,考虑到下雨时落至房顶的雨滴能尽快地流离房顶,因此要设计好房顶的坡度(如图 2－3－2),假设雨滴沿房顶下淌时做无初速度无摩擦的运动,那么坡度角应设计为多少可以达到最好的效果呢?

图 2－3－2

问题分析 所谓达到最好的效果,是指雨滴能以最快的速度流离屋顶.学生容易想到的是,屋顶斜坡越陡(坡度角越大),水滴流速越快,可是当坡度变陡时屋顶斜坡的长度也会增加,这样水滴流离房顶的时间就会相应变长,所以需要构建函数模型,探究坡度角和下落时间的关系,从而解决问题.

情境已经对问题做了简化,假设雨滴沿房顶下淌时做的是无初速度无摩擦的运动,除此之外,再补充几个合情假设:

假设 1:水滴沿直线从房顶下淌,且沿房顶做初速度为零的匀加速运动;

假设 2:房顶底边的宽度保持不变.

模型构建 如图 2－3－3,设坡度角是 θ,房顶底边 AB 长为 l,房顶斜面长为 S,水滴下淌的时间为 t,加速度是 a,由运动学公式可知 $S=\dfrac{1}{2}at^2.$

在$\triangle ABC$中，$AC=\dfrac{\dfrac{1}{2}\cdot AB}{\cos\theta}$，即$S=\dfrac{l}{2\cos\theta}$，

又可知水滴下淌的加速度和重力加速度的关系满足：$a=g\cdot\sin\theta$.

所以$\dfrac{l}{2\cos\theta}=\dfrac{1}{2}gt^2\sin\theta$，计算得

$$t=\sqrt{\dfrac{l}{g\sin\theta\cdot\cos\theta}}=\sqrt{\dfrac{2l}{g\cdot\sin 2\theta}}.$$

图 2-3-3

所以当$2\theta=90°$时，即当$\theta=45°$时，时间t取得最小值$\sqrt{\dfrac{2l}{g}}$.

所以，设计屋顶坡度角为45°时，水滴流离屋顶的耗时最短.

反思　对于本题的求解除了要具备数学知识之外，还需要学生具备运动学、力学的知识，再利用三角函数思想，构建数学模型，求解问题，这就是跨学科的范畴.它有助于提升学生的学科综合素养和创新能力.

▫ **例 3**（函数的拟合）

某地区调查 18 岁以下未成年男性体重与身高的情况并得平均数据如下表 2-3-2：

表 2-3-2

身高/cm	60	70	80	90	100	110	120	130	140	150	160	170
体重/kg	6.13	7.90	9.99	12.15	15.02	17.50	20.92	26.86	31.11	38.85	47.25	55.05

经查阅有关资料发现，如果体重超过相同身高男性平均值的 1.2 倍为偏胖，低于 0.8 倍为偏瘦，请判断这个地区一名身高 175 cm，体重 78 kg 的在校男生的体重是否正常？

问题分析　图表中并未给出身高 175 cm 男性所对应的平均体重，从而无法直接判断该男生的体重情况，因此需要首先估算出身高 175 cm 男性的平均体重.分别以身高和体重作为横坐标和纵坐标，在坐标平面内画出这些点（如图 2-3-4）.

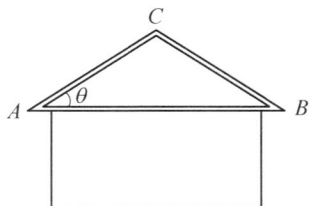

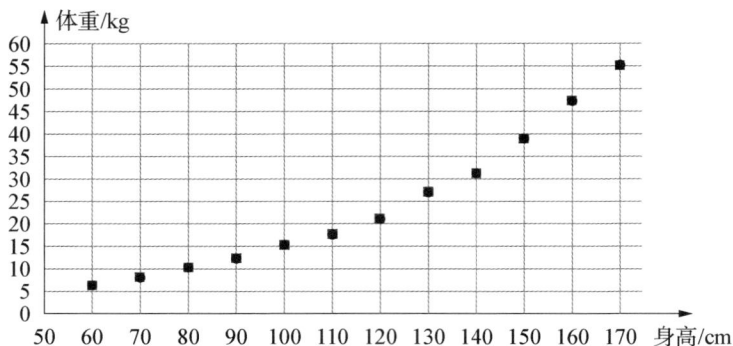

图 2-3-4 某地区 18 岁以下未成年男性身高体重

根据点的分布情况，猜测未成年男性的身高与体重可能符合指数函数或者二次函数，至于选择哪个函数作为最终模型，可以根据实际检验情况判断.

模型构建

模型一:(指数函数模型)

根据点的分布特点，猜测以 $y = k \cdot a^x (a > 0, a \neq 1)$ 为身高和体重关系的函数模型(如图 2-3-5).

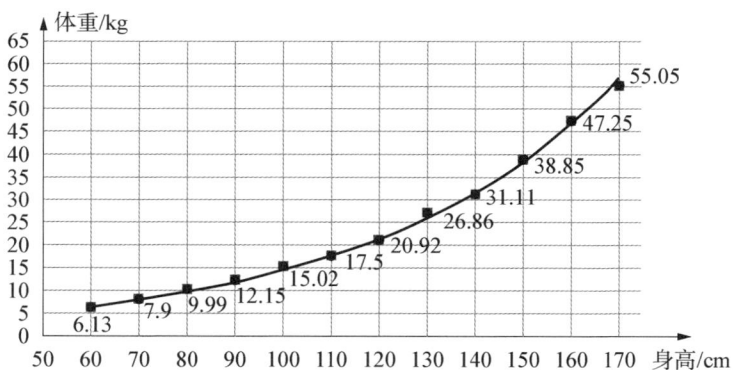

图 2-3-5 某地区 18 岁以下未成年男性身高体重

观察点和曲线的位置关系，选择将点(90，12.15)、(110，17.5)代入函数模型得，$\begin{cases} k \cdot a^{90} = 12.15, \\ k \cdot a^{110} = 17.5, \end{cases}$ 解得 $\begin{cases} a \approx 1.02, \\ k \approx 2, \end{cases}$ 所以指数函数模型是 $y = 2 \times 1.02^x$.

模型二:(一元二次函数模型)

根据图像，选择一元二次函数作为模型也比较合理(如图 2-3-6)，设函数

$y = ax^2 + bx + c \, (a > 0)$，将点 $(70，7.9)$、$(110，17.5)$、$(130，26.86)$ 代入函数

模型得 $\begin{cases} 70^2 a + 70b + c = 7.9, \\ 110^2 a + 110b + c = 17.5, \\ 130^2 a + 130b + c = 26.86, \end{cases}$

解得 $a = \dfrac{19}{5\,000}$、$b = -\dfrac{111}{250}$、$c = \dfrac{509}{25}$.

所以一元二次函数模型是 $y = \dfrac{19}{5\,000}x^2 - \dfrac{111}{250}x + \dfrac{509}{25}$.

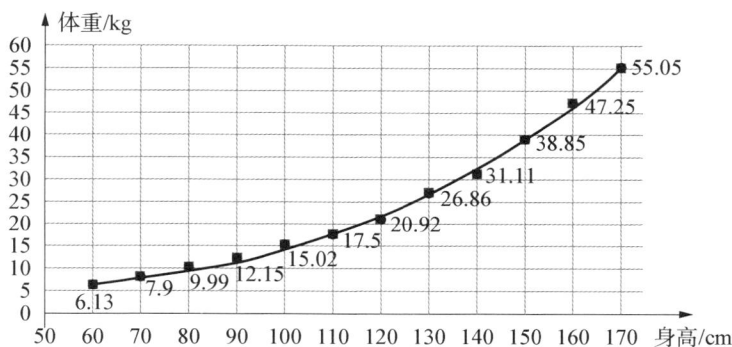

图 2-3-6　某地区 18 岁以下未成年男性身高体重

这两个模型哪一个更合适呢？我们可以将其他点代入所求模型进行拟合检验，如图 2-3-7.

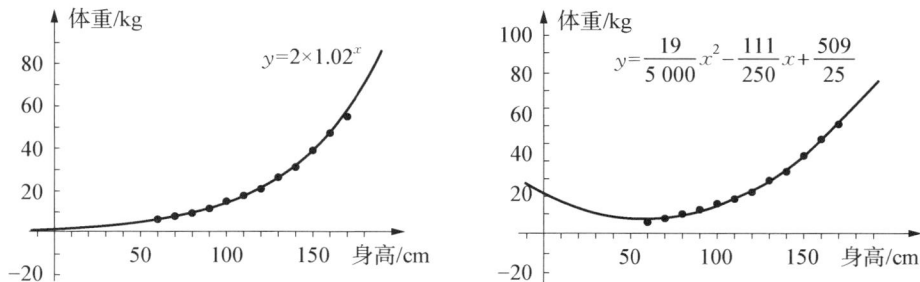

图 2-3-7

通过对比可知指数函数模型能满足更多的点，所以选择指数函数模型进行模拟. 所以 175 cm 的同学体重约为 $2 \times 1.02^{175} \approx 64$ kg，因为 $\dfrac{78}{64} \approx 1.22 > 1.2$，所以

这个男生偏胖.

反思 由于本题仅仅给出了实际数据,并没有给出函数模型,所以需要根据题目中的有关数据绘制草图,然后根据直观想象,和已经学过的知识做对比,抽象转化为函数模型并结合实际进行检验.在比较本题的两个模型时,观察到指数函数模型能够满足更多的点,所以选择了指数函数作为本题的模型,但是仔细观察,可发现当 $x \geqslant 150$ 时,一元二次函数的拟合度似乎更好,然而这还需要有更多的数据做支撑.

三、数列模型

数列是高中数学的重要板块之一.数列研究的对象是离散的,是正整数集中变量之间的关系.数列研究涉及的内容也很广泛,既有定义、性质等常规问题,也有运用数列思想方法解决问题.数列在实际生活中也有特别广泛的应用,例如银行储蓄、分期付款、细胞分裂、工作效率、投资收益、人口变化等多方面的实际问题都是数列模型的范畴.

▫ **例 1**(银行储蓄问题)

某家庭为准备孩子上大学的学费,决定每年 6 月 30 日在银行中存入 1 万元,连存 5 年.在询问储蓄利率并结合家庭的实际情况后,他们打算在五年期零存整取和每年转存的存款方式中选择一种合适的,已知五年期零存整取的年利率是 6.5%,每年转存的年利率是 5.7%,请你帮这户家庭设计存款方案.

问题分析 通过查阅资料可知,零存整取是每年由储户自定固定存额,每年存入一次,到期支取时按实存金额和实际存期计算利息,零存整取按单利计息.每年转存则是指在定期存款到期之后,自动将该笔存款的本利和重新转为定期,从而实现续期存款,按复利计息.这两种存款方式分别是单利计息和复利计息,但由于利率不同,因此最后的本利也不同.

模型建构 设 n 为存款的年数,则

① 如果按五年期零存整取计算,那么每存入 a 元,按 $a \cdot (1 + n \cdot 6.5\%)$ 计算本利和.

则 5 年零存整取本利和是

$$1 \cdot (1 + 5 \cdot 6.5\%) + 1 \cdot (1 + 4 \cdot 6.5\%) + \cdots + 1 \cdot (1 + 6.5\%) = 5.975(\text{万元}).$$

② 如果按每年转存的方式计算,那么每存入 a 元,按 $a \cdot (1+5.7\%)^n$ 计算本利和.

则 5 年的本利和是

$$1 \cdot (1+5.7\%)^5 + 1 \cdot (1+5.7\%)^4 + \cdots + 1 \cdot (1+5.7\%) \approx 5.923(万元).$$

所以,选择 5 年期零存整取的方法好.

反思　等差数列和等比数列是最基本的两类数列,以此为模型的问题很多,例如常见的人口与住房问题、疾病问题、细菌传播问题等. 当然,这些问题实际上是很复杂的,高中阶段所接触的实际问题,虽然背景相对比较简单,但仍需要学生发现问题、解决问题,并能根据实际情境做出合情假设,并检验模型、修正模型等. 从身边的简单问题出发,逐渐形成数学建模的能力和素养.

▫ 例 2(环境保护问题)

某地原有森林木材存量为 a,且每年增长率为 25%,因生产建设的需要每年年底要砍伐一定量的木材,同时为了保护生态环境,防止水土流失,要求森林木材存量不得少于 $\dfrac{7a}{9}$. 如果每年年底砍伐的木材量为 $\dfrac{19}{72}a$,那么该地会发生水土流失吗?

问题分析　易知,若在 n 年后该地森林木材存量少于 $\dfrac{7a}{9}$,则该地会发生水土流失. 如果该地不会发生水土流失,那么意味着该地的森林木材存量始终不少于 $\dfrac{7a}{9}$,所以需要知道该地每年森林木材的存量,结合情境可以知道,今年年底的木材存量等于去年年底的木材存量的 $(1+25\%)$ 再减去 $\dfrac{19a}{72}$,我们再将这实际问题抽象成数学模型,通过求解模型,进而判断是否会存在水土流失的情况.

模型建构　设去年年底森林木材的存量是 a,数列 $\{a_n\}$ 表示从今年起第 n 年年底森林木材的存量($n \in \mathbf{N}^*$),由题意可知,

$$a_{n+1} = a_n \cdot (1+25\%) - \frac{19}{72}a,\text{ 且 } a_1 = a(a>0),$$

可得 $a_{n+1} - \dfrac{19a}{18} = \dfrac{5}{4}\left(a_n - \dfrac{19a}{18}\right)$,且 $a_1 - \dfrac{19a}{18} = -\dfrac{a}{18}$.

所以数列 $\left\{a_n - \dfrac{19a}{18}\right\}$ 是以 $-\dfrac{a}{18}$ 为首项,$\dfrac{5}{4}$ 为公比的等比数列,

所以,$a_n = -\dfrac{a}{18} \cdot \left(\dfrac{5}{4}\right)^{n-1} + \dfrac{19a}{18}$.

另 $-\frac{a}{18} \cdot \left(\frac{5}{4}\right)^{n-1} + \frac{19a}{18} < \frac{7}{9}a$，解得 $n \geqslant 9$ 且 $n \in \mathbf{N}$.

所以从第 9 年开始，该地将会存在水土流失的情况，需要有关部门调整方案以保证水土不流失.

反思 在建立数列模型时，往往需要从情境中分析相邻项之间的关系，目的在于探寻递推关系，"递推"也是求解数列问题的重要思想方法之一.

▫ **例 3**（溶解问题）

小张同学在做硫酸铜溶液析出晶体的实验时，提出了一个疑问：饱和硫酸铜溶液蒸发析出晶体时，晶体会带出结晶水，结晶水析出以后水又少了，又会析出晶体，再带出水，如此重复下去，是不是最后整个溶液都没有了呢？

为了解释这个问题，我们不妨来看以下的实验方案，并尝试解决方案中所提出的问题：将 60℃ 时的 $CuSO_4$ 饱和溶液 200 g 加热蒸发掉 20 克水，再冷却到 60℃，能析出 $CuSO_4 \cdot 5H_2O$ 晶体多少克？（60℃时，$CuSO_4$ 的溶解度为 40 g）

问题分析 蒸发掉 20 g 水后，20 g 水中溶解的 $CuSO_4$ 会析出，并且 $CuSO_4$ 析出时会带出部分结晶水，即 $CuSO_4 \cdot 5H_2O$（假设其中含有 m_1 g 水），也就是余下的 $CuSO_4$ 溶液中失去了 m_1 g 水，于是又会有 $CuSO_4$ 析出并带出部分结晶水，以此类推. 晶体析出过程如图 2-3-8.

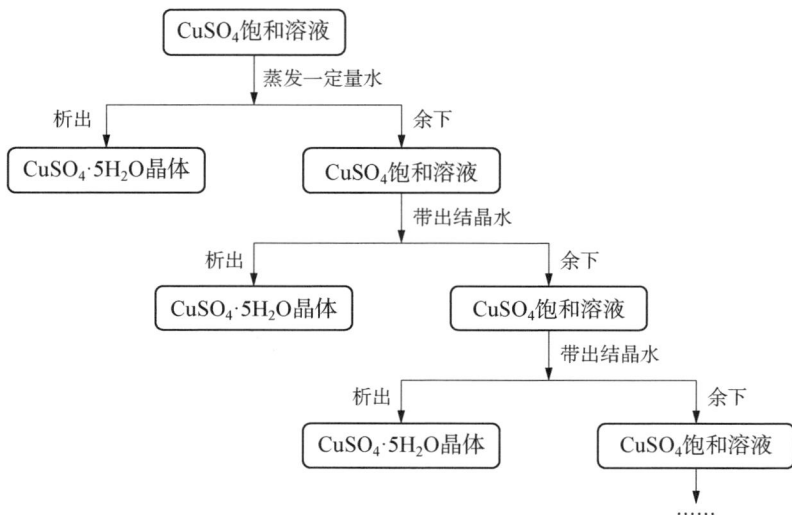

图 2-3-8

模型建立

模型一:根据上述分析,设 n_k 是第 k 次析出的 $CuSO_4 \cdot 5H_2O$ 晶体的质量,m_k 是第 k 次析出的晶体所带出的水的质量,列表(表 2-3-3)可得:

表 2-3-3

次数	析出 $CuSO_4 \cdot 5H_2O$ 晶体的质量(g)	析出的晶体所带出的水的质量(g)
1	$n_1 = 20 \times \dfrac{40}{100} \times \dfrac{250}{160}$	$m_1 = 20 \times \dfrac{40}{100} \times \dfrac{90}{160}$
2	$n_2 = m_1 \times \dfrac{40}{100} \times \dfrac{250}{160}$ $= 20 \times \dfrac{40}{100} \times \dfrac{90}{160} \times \dfrac{40}{100} \times \dfrac{250}{160}$	$m_2 = m_1 \times \dfrac{40}{100} \times \dfrac{90}{160}$ $= 20 \times \left(\dfrac{40}{100} \times \dfrac{90}{160}\right)^2$
3	$n_3 = m_2 \times \dfrac{40}{100} \times \dfrac{250}{160}$ $= 20 \times \left(\dfrac{40}{100} \times \dfrac{90}{160}\right)^2 \times \dfrac{40}{100} \times \dfrac{250}{160}$	$m_3 = m_2 \times \dfrac{40}{100} \times \dfrac{90}{160}$ $= 20 \times \left(\dfrac{40}{100} \times \dfrac{90}{160}\right)^3$
...	......	......
n	$n_n = m_{n-1} \times \dfrac{40}{100} \times \dfrac{250}{160}$ $= 20 \times \left(\dfrac{40}{100} \times \dfrac{90}{160}\right)^{n-1} \times \dfrac{40}{100} \times \dfrac{250}{160}$	$m_n = m_{n-1} \times \dfrac{40}{100} \times \dfrac{90}{160}$ $= 20 \times \left(\dfrac{40}{100} \times \dfrac{90}{160}\right)^n$
...	......	......

可见,每次所析出的 $CuSO_4 \cdot 5H_2O$ 晶体的质量是以 $\dfrac{40}{100} \times \dfrac{90}{160}$ 为公比的无穷等比数列,因此,所析出的 $CuSO_4 \cdot 5H_2O$ 晶体的总质量是

$$n = n_1 + n_2 + n_3 + \cdots \approx \frac{20 \times \dfrac{40}{100} \times \dfrac{250}{160}}{1 - \dfrac{40}{100} \times \dfrac{90}{160}} = \frac{500}{31} \approx 16.13\,\text{g}.$$

模型二:也可以从另一个角度理解析出晶体的现象,如图 2-3-9.

根据以上过程,设最终析出的 $CuSO_4 \cdot 5H_2O$ 晶体的质量是 $x\,\text{g}$,则

$$\frac{x \times \dfrac{160}{250}}{20 + x \times \dfrac{90}{250}} = \frac{40}{100}, \text{解得 } x \approx 16.13\,\text{g}.$$

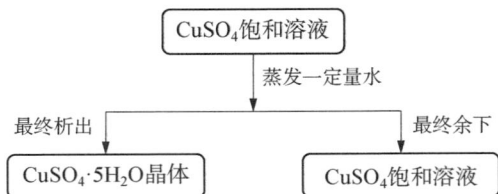

图 2-3-9

释疑 通过对问题的分析,相信小张同学的疑惑已经得到解决了,饱和硫酸铜溶液蒸发水析出晶体时,虽然晶体会带出结晶水,然后又会析出晶体,周而复始,最终会析出的晶体总量属于数列极限的问题,因此最后溶液会趋向于一个常数.

反思 本题用数学方法求解与化学知识相关的问题,是用数学思维解释科学现象,并用数学语言表达,通过数学的方法解释、求解,这也是数学建模的魅力所在.要培养在实际情境中从数学的视角发现问题、提出问题、分析问题、建立模型、运算、求解、检验模型,最终解决实际问题.

四、几何模型

几何是研究空间结构及性质的一门学科,数学几何模型则是用几何的概念描述数学问题.几何模型是数学建模的重要工具,大多数情况下,几何模型研究的对象主要是由实物建立起来的.例如,标准运动场可以看作是由一个矩形和两个半圆形构成的图形、测量建筑物高度时往往转化为解三角形的问题.这样的转化其实是将实际问题用数字、符号、图形等抽象成数学问题,再分析其几何结构,对其进行合理简化,进而解决问题.

◻ **例 1**(定理证明中的几何模型)

证明:对任意实数 a 和 b,总有 $a^2+b^2 \geqslant 2ab$,且等号当且仅当 $a=b$ 时取得.

设计意图 本题改编自上教版《普通高中教科书数学必修第一册》第二章"探究与实践".本题的证明方法很多,无论是代数证明还是几何证明,人们对其都有很深入的研究,我国古代三国时期的"赵爽弦图"(如图 2-3-10)就是其中的证明方法之一,运用图形割补后面积不变的原理,构造等量与不等量之间的关系解题,既体现了几何模型求解数学问题的独到之处,也体现了我国古代劳动人民的智慧,是一个非常值得学生探究的课堂教学实例.

模型建构　如图 $2-3-10$,是我国古代三国时期数学家赵爽为《周髀算经》作注时为证明勾股定理所绘制.图形是边长为 c 的正方形.以 c 为斜边,a、b 为直角边,在正方形内部构造 4 个全等的直角三角形.

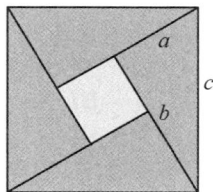

图 $2-3-10$

由面积相等可以得到:$c^2 = 4 \times \dfrac{ab}{2} + (b-a)^2$,且 $a^2 + b^2 = c^2$,

所以 $a^2 + b^2 \geqslant 2ab$,且等号当且仅当 $a = b$ 时取得.

反思　在构造几何模型解决问题时,学生需要通过观察待解决的问题类比联想其图形特征,从中构造函数关系,或者等量关系和不等关系以达到求解问题的目的.构造几何模型的过程,也是提升学生的直观想象能力的过程.

拓展与思考　之所以选择利用面积关系作为证明的关键,是因为容易从 $a^2 + b^2$ 中联想到勾股定理中直角边的平方和,因此构造以 a 和 b 为边长的直角三角形,乘积 ab 又容易使人联想到面积,这样就和赵爽弦图形成的几何模型关联.模仿上述建模方法,尝试用几何模型表示下列结论:(1) $(a+b)^2 = a^2 + 2ab + b^2$;(2) $a^2 - b^2 = (a-b)(a+b)$;(3) $(ac+bd)^2 \leqslant (a^2+b^2)(c^2+d^2)$;(4) $(a+b)^3 = a^3 + b^3 + 3a^2b + 3ab^2$. 这里不妨设 a,b 都是正数,且 $a > b$.

分析与求解　(1) $(a+b)^2$ 可以联想到以 $a+b$ 为边长的正方形面积,因此构造如图 $2-3-11$ 的正方形 $ABCD$,其中正方形 $ABCD$ 的边长是 $a+b$.因为 $S_{ABCD} = S_{AEOH} + S_{OFCG} + 2S_{OEBF}$,所以 $(a+b)^2 = a^2 + 2ab + b^2$.

(2) $a^2 - b^2$ 可以联想到两个正方形面积之差,$(a-b)(a+b)$ 则可以视作一个矩形的面积,故构造如图 $2-3-12$ 的几何模型,其中四边形 $ABCD$ 是边长为 a 的正方形,四边形 $HGCI$ 是边长为 b 的正方形,以 BG 为边作矩形 $GBEF$,另一边 BE 长为 b,从而五边形 $ABGHID$ 的面积和矩形 $AEFJ$ 的面积相等,即 $S_{ABGHID} = S_{ABFJ}$,所以 $a^2 - b^2 = (a-b)(a+b)$.

(3) 通过观察 $ac+bd$、a^2+b^2 和 c^2+d^2 的结

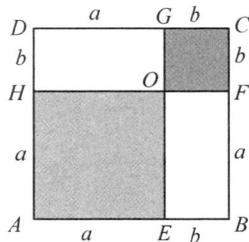

图 $2-3-11$

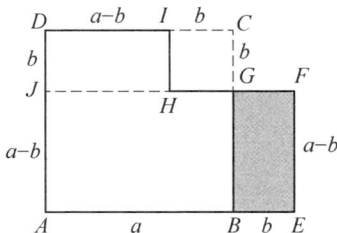

图 $2-3-12$

构特征,可发现它们和面积以及利用勾股定理计算边长有着相似之处,所以构造如图 2-3-13 的几何模型.其中四边形 $ABCD$ 是矩形,$AH=CF=a$,$AG=CE=b$,$GD=BE=c$,$HB=DF=d$,则四边形 $HEFG$ 是平行四边形.

$$S_{\square HEFG} = S_{\square ABCD} - 2(S_{\triangle AHG} + S_{\triangle BHE}) = (a+d)(b+c) - (ab+cd) = ac+bd,$$

又如图 2-3-14,$S_{\square HEFG} = HE \cdot h \leqslant HE \cdot HG = \sqrt{a^2+b^2} \cdot \sqrt{c^2+d^2}$,

所以 $ac+bd \leqslant \sqrt{a^2+b^2} \cdot \sqrt{c^2+d^2}$,即 $(ac+bd)^2 \leqslant (a^2+b^2) \cdot (c^2+d^2)$.

当且仅当 $GH \perp HE$ 时等号成立,此时 $\triangle AHG \backsim \triangle BEH$,可得 $ad=bc$.

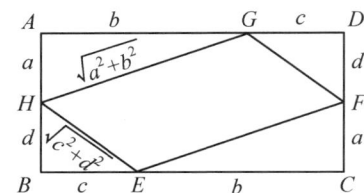

图 2-3-13

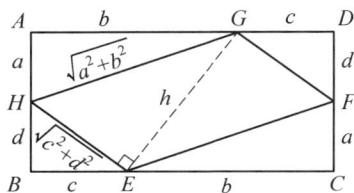

图 2-3-14

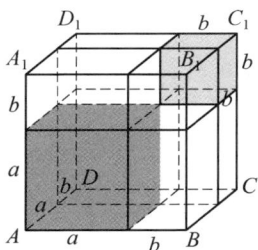

图 2-3-15

(4)立方关系容易让人联想到体积关系,因此可以构造如图 2-3-15 的几何模型,其中正方体 $ABCD-A_1B_1C_1D_1$ 的边长是 $a+b$,如图可知正方体的体积可用等量关系表示如下:

$$(a+b)^3 = a^3 + b^3 + 2b \cdot a \cdot (a+b) + a \cdot b^2 + b \cdot a^2$$
$$= a^3 + b^3 + 3a^2b + 3ab^2.$$

□ **例 2**(装箱问题)

购买水果时,仔细观察会发现,摆放在箱内的水果,虽然每层相邻两个水果之间是紧密相连,但是上下层之间的水果摆放却是错开的,这样摆放可以节约包装成本,你能从层高的角度分析其中的原因吗?

问题分析 用相同的纸箱装水果,影响箱内水果数量的因素很多,诸如每一个水果的大小不同,水果摆放的方式不同等等.当箱内装有多层水果时,上下两层水果放置的位置关系也会影响所装水果的数量,因此我们可以从如下几个方面进行合理假设:

假设 1：纸箱刚好装下 n 层水果（橙子）；

假设 2：橙子为球形，大小一样，直径为 d.

模型建构　考虑水果摆放的高度，一般情况下，层与层之间有两种摆放方法，"迭装"和"错装"."迭装"是将上层水果对齐摆放在下一层相应水果上方，此时第二层水果顶部到纸箱底部的距离是 h_1；"错装"则是将上层水果放置于下层水果的缝隙处，此时第二层水果顶部到纸箱底部的距离是 h_2（如图 2-3-16）.

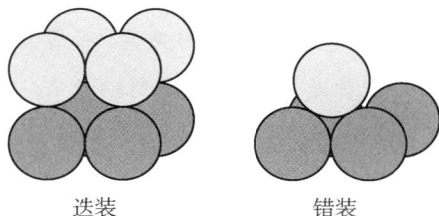

迭装　　　　　　错装

图 2-3-16

易知 $h_1 = 2d$，对于 h_2，则可利用正四棱锥模型求解.

如图 2-3-17，分别以球心为顶点构造正四棱锥 $O-ABCD$，M 是底面 $ABCD$ 的中心，联结 OM，作 $MN \perp BC$ 交 BC 于点 N，联结 ON，则

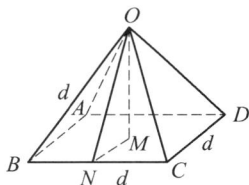

图 2-3-17

Rt$\triangle OBN$ 中，$OB = d$，$BN = \dfrac{d}{2}$，$\angle ONB = 90°$，可求得 $ON = \dfrac{\sqrt{3}}{2}d$.

Rt$\triangle OMN$ 中，$ON = \dfrac{\sqrt{3}}{2}d$，$MN = \dfrac{d}{2}$，$\angle OMN = 90°$，可求得 $OM = \dfrac{\sqrt{2}}{2}d$.

所以，第二层水果顶部到纸箱底部的距离 $h_2 = \left(\dfrac{\sqrt{2}}{2} + 1\right)d$.

可见，用"错装"的方式放置水果比用"迭装"的方式放置所占空间的高度少，还有利于包装减小成本.

思考　一箱能装多少水果，除了和"迭装"或者"错装"有关系之外，还和每层最多摆放多少个水果有关，你能通过分析和建模，对本题进行完善，从而探寻出节约装箱成本的方法吗？

□ **例 3**(最佳地点选择问题)

某款大型商品在 A、B 两个商场都有出售,且售价相同,某地居民从两商场之一购得商品后运回,运回的费用是:每单位距离 A 商场的运费是 B 商场运费的 2 倍.已知 A、B 两商场之间的距离为 10 km,顾客选择到 A 商场或者 B 商场购买这种商品的标准是:包括运费和价格的总费用较低.请问,顾客应如何选择购物地点?

问题分析 如图 2-3-18,由情境可知,对于运费和价格总费用,如果 A 商场低于 B 商场,那么居民就会选择到 A 商场购买商品,否则选择 B 商场.因此需要建立 A、B 两地的运费与价格总费用之间的关系,不妨设商品的价格是 m,B 商场的运费为 a,则 A 商场的运费是 $2a(a>0)$,所以当 $2a \cdot PA+m < a \cdot PB+m$,即 $2PA < PB$ 时,选择 A 商场;当 $2a \cdot PA+m > a \cdot PB+m$,即 $2PA > PB$ 时,选择 B 商场.为了表示 PA 和 PB 之间的距离,可以尝试构造解析几何模型.

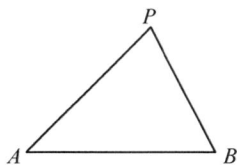
图 2-3-18

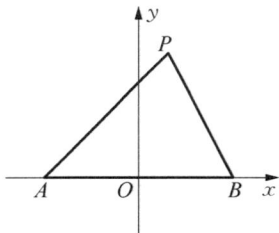
图 2-3-19

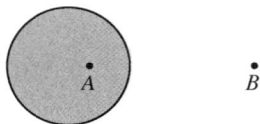
图 2-3-20

模型建构 如图 2-3-19,以 AB 中点为原点,AB 所在轴为 x 轴,建立平面直角坐标系,则 $A(-5,0)$、$B(5,0)$,设 $P(x, y)$,

① 当选择 A 商场时,由 $2PA < PB$ 得 $2\sqrt{(x+5)^2+y^2} < \sqrt{(x-5)^2+y^2}$,化简得 $\left(x+\dfrac{25}{3}\right)^2+y^2 < \dfrac{400}{9}$.

② 当选择 B 商场时,由 $2PA > PB$ 得 $2\sqrt{(x+5)^2+y^2} > \sqrt{(x-5)^2+y^2}$,化简得 $\left(x+\dfrac{25}{3}\right)^2+y^2 > \dfrac{400}{9}$.

可见,分界线是以 $\left(-\dfrac{25}{3}, 0\right)$ 为圆心,$\dfrac{20}{3}$ 为半径的圆.当居民在圆内时,去 A 商场购物总费用最少;当居民在圆外时,去 B 商场购物总费用最少;当居民在圆周上时,去 A 商场或者 B 商场都可以(如图 2-3-20).

反思 回顾本题,利用的是阿氏圆的几何模型.阿氏圆是阿波罗尼斯圆的简称,已知平面上两点 A、B,则所有满足 $\dfrac{PA}{PB}=k(k\neq1)$ 的点 P 的轨迹是一个圆.这个轨迹最先由古希腊数学家阿波罗尼斯发现,故称阿氏圆.实际问题中构造的几何模型主要分为平面几何模型、立体几何模型和解析几何模型,我们可以从实际情境中的数学本质问题出发,通过结构类比、原理比较、性质迁移等多种手段构造合理的模型,从而解决问题.

五、概率统计模型

概率研究的对象是随机现象,为人们从不确定的角度认知客观世界提供重要的思维模式和解决问题的方法.统计的研究对象是数据,核心是数据分析.概率统计具有较强的理论性与实践性,在生产生活和科学研究中起着重要的作用,建立合理的概率统计模型,能让我们看清问题的本质,体会命题的动机,估计可能的结果,进而完成任务和要求.

❑ **例 1**(生日问题)

有一个有趣的现象,很多班级中都会有生日是同一天的同学,这是巧合吗?

问题分析 因为一个班级中可能有 2 位同学、3 位同学……生日相同,显然逐一讨论这些情况是很复杂的,所以我们可以逆向思考,通过计算 n 个人中生日全都不相同的概率来判断情境中出现的现象是否巧合,这就需要构造概率模型.

模型建构 假设班级中共有 n 个学生,这 n 个学生的生日各不相同的概率为 P_n.不妨假设一年有 365 天,如果 $n>365$,那么由抽屉原理可知,班中至少有 2 名学生的生日在同一天.然而,一般来说一个班级的学生数量是不会超过 365 人的,所以接下来,我们考虑 $n\leqslant365$ 的情况.

"n 个学生的生日各不相同"就相当于"将 n 个不同的小球装入 365 个盒子中,每个盒子至多放 1 个球"的概率.所以 n 个同学的生日各不相同的概率为

$$P_n=\frac{P_{365}^n}{365^n}=\frac{365}{365}\cdot\frac{364}{365}\cdot\frac{363}{365}\cdot\cdots\cdot\frac{366-n}{365}\,(n\in\mathbf{N}\text{ 且 }n\leqslant365)$$

$$=\left(1-\frac{1}{365}\right)\cdot\left(1-\frac{2}{365}\right)\cdot\left(1-\frac{3}{365}\right)\cdot\cdots\cdot\left(1-\frac{n-1}{365}\right)\quad(*)$$

$$=1-\left(\frac{1}{365}+\frac{2}{365}+\cdots+\frac{n-1}{365}\right)+\frac{1}{365}\left(\frac{2}{365}+\frac{3}{365}+\cdots+\frac{n-1}{365}\right)+\cdots$$

从近似计算的角度理解(∗)式：

① 当 n 比较小时，(∗)展开式中的乘积 $\dfrac{i}{365} \cdot \dfrac{j}{365}$ 可以忽略，所以

$$P_n \approx 1 - \left(\dfrac{1}{365} + \dfrac{2}{365} + \cdots + \dfrac{n-1}{365}\right) = 1 - \dfrac{1 + 2 + \cdots + (n-1)}{365} = 1 - \dfrac{n(n-1)}{730}.$$

$$(1)$$

② 当 n 比较大时，由泰勒公式，得

$$\ln(1-x) = -x - \dfrac{1}{2}x^2 - \dfrac{1}{3}x^3 - \cdots + (-1)^{n-1}\dfrac{1}{n}(-x)^n + R_n(x).$$

所以，对小的正数 x，有 $\ln(1-x) \approx -x$，从而对(∗)式取对数，得

$$\ln P_n = \ln\left(1 - \dfrac{1}{365}\right) + \ln\left(1 - \dfrac{2}{365}\right) + \ln\left(1 - \dfrac{3}{365}\right) + \cdots + \ln\left(1 - \dfrac{n-1}{365}\right).$$

$$\approx \left(-\dfrac{1}{365}\right) + \left(-\dfrac{2}{365}\right) + \left(-\dfrac{3}{365}\right) + \cdots + \left(-\dfrac{n-1}{365}\right) = -\dfrac{n(n-1)}{730}.$$

解得，$P_n \approx \mathrm{e}^{-\frac{n(n-1)}{730}}$.　　　　　　　　　　　　　　　　　　　　　(2)

所以对立事件"n 个人至少有 2 人生日"相同的概率是 $1 - P_n$.

由(1)式，当 $1 - \dfrac{n(n-1)}{730} \geqslant 0$ 时，可求得 $n \leqslant 27$ 且 $n \in \mathbf{N}$. 所以当人数不超过 27 人时，利用(1)式计算；当人数超过 27 人时，利用(2)式计算概率比较好. 以下根据 n 的不同取值，列出所得概率 P_n.

表 2 - 3 - 4

人数 n	10	20	30	40	50	60
生日各不相同的概率 P_n	0.876 7	0.479 5	0.303 7	0.118 0	0.034 9	0.007 8
至少有 2 人生日相同的概率 $1 - P_n$	0.123 3	0.520 5	0.696 3	0.882 0	0.965 1	0.992 2

从表 2 - 3 - 4 中可发现，当班级人数达到 20 人时，就有大于 50% 的概率出现生日相同的同学，当人数达到 40 人时，概率将超过 80% 接近 90%，当人数达到 50 人时，概率则超过 95%. 所以班级中出现生日在同一天的同学，这一现象是经常发生的，特别地，如果班级学生的人数超过 40 人，那么班中出现生日在同一天的同

学将成为大概率事件.

□ **例2**(是巧合吗?)

这是一个著名的问题,某家庭有 4 个女孩,她们去洗碗,结果打破了 4 个碗,其中有 3 个是同一个女孩打破的,因此其他人说她笨拙,那么这个小女孩有理由为自己辩驳吗?

问题分析　小女孩是否有理由为自己辩驳,关键在于判断"同一个人打碎 3 个碗"这件事是小概率事件还是大概率事件,如果是小概率事件,那么根据小概率事件不发生原理可以推得,小女孩无法辩驳,否则就有理由为自己辩驳. 为了计算这一事件的概率,我们可以做出如下合情假设:

假设 1:每个女孩打破碗的概率是相同的,即是等可能的.

假设 2:每一个碗都是由一个人打破的.

模型构建

模型一:(古典概型)

记事件 A:女孩甲打破了三只碗. 完成事件 A 需要经过 2 个步骤:(1) 4 个碗中的 3 个被女孩甲打破了;(2)余下的 1 个碗被其余三个女孩中的一个打破了,则事件 A 有 $C_4^1 \cdot C_3^1 = 12$ 种不同的选择方法. 又因为一个碗只能由一个人打破,但一个人可以打破多个碗,所以 4 个碗被打破共有 $4^4 = 256$ 种方法.

所以 $P(A) = \dfrac{12}{256} \approx 0.047$.

因此,在等可能情况下,小女孩打破三个碗是小概率事件,由小概率事件不发生原理知,小女孩没有理由辩驳.

模型二:(伯努利概型)

易知,对于每一只打破的碗,它被其中某一位女孩打破的概率是 $\dfrac{1}{4}$,不是被这位女孩打破的概率是 $\dfrac{3}{4}$. 本题是 $n = 4$ 的伯努利概型,记事件 B 是"4 个碗中有 3 个是女孩甲打破的",则

$$P(B) = C_4^3 \cdot \left(\frac{1}{4}\right)^3 \cdot \left(\frac{3}{4}\right)^1 \approx 0.047.$$

所以,小女孩打破三个碗是小概率事件,因此小女孩没有理由反驳.

反思 在日常生活中经常碰到概率问题,人们凭经验和直觉做出判断,但在某些情况下,如果不用概率理论经过缜密的分析和精确的计算,人们的结论可能会与事实大相径庭,所以我们要学会和习惯利用概率知识解释实际问题.

□**例 3**(期望问题)

某超市计划按月订购一种预防感冒饮品,每天进货量相同,进货成本每瓶 5 元,售价每瓶 8 元,未售出的饮品降价处理,以每瓶 3 元的价格当天全部处理完. 根据一段时间以来的销售经验,每天需求量与当天最高气温(单位:℃)有关. 如果最高气温不低于 30°,需求量为 500 瓶;如果最高气温(℃)位于区间 $[25,30)$,需求量为 300 瓶;如果最高气温低于 25℃,需求量为 200 瓶. 为了确定七月份的订购计划,统计了前三年七月份各天的最高气温数据,得到下面的频数分布表 $2-3-5$:

表 2-3-5

最高气温(℃)	$[20,25)$	$[25,30)$	$[30,35)$	$[35,40)$
天数	27	36	20	7

若七月份一天销售这种饮品的利润(Y)的数学期望值不低于 700 元,则该月份一天的进货量(单位:瓶)应满足什么条件?

问题分析 一天的利润＝销售数量(需求量)×每瓶的利润,由于每天的需求量和当天的最高气温有关,所以需求量各不相同. 因此,需要通过建立这种饮品一天的需求量的分布列,进而计算七月份一天销售这种饮品利润的数学期望,从而确定进货量.

模型建构 设需求量为随机变量 X,可知随机变量 X 的所有可能取值为 500、300、200. 由前三年七月份各天的最高气温数据的频数分布表可得分布列,如表 $2-3-6$ 所示:

表 2-3-6

X	200	300	500
P	0.3	0.4	0.3

又设七月份一天的进货量为 n 瓶,因为这种饮品一天的需求量最多为 500

瓶,最少为 200 瓶,所以 $200 \leqslant n \leqslant 500$.

① 当 $300 \leqslant n \leqslant 500$ 时,

$$E(Y_1) = 0.3 \times [200 \times 3 - 2(n - 200)] + 0.4[300 \times 3$$
$$- 2(n - 300)] + 0.3 \times 3n = 900 - 0.5n,$$

令 $E(Y_1) \geqslant 700$,即 $900 - 0.5n \geqslant 700$,解得 $n \leqslant 400$.

② 当 $200 \leqslant n < 300$ 时,

$$E(Y_2) = 0.3 \times [200 \times 3 - 2(n - 200)] + 0.7 \times 3n = 1.5n + 300,$$

令 $E(Y_2) \geqslant 700$,即 $1.5n + 300 \geqslant 700$,解得 $n \geqslant \dfrac{800}{3}$.

因为 $n \in \mathbf{Z}$,所以 $n \geqslant 267$,

综上,七月份一天的进货量应满足:$267 \leqslant n \leqslant 400$(单位:瓶).

反思　数学期望是概率论中一个非常重要的知识.当需要预测一件事情的结果时,最朴素的计算方法是用每次可能结果的概率乘以其结果的总和.数学期望按类型划分,可以分为离散型数学期望与连续型数学期望.高中阶段主要涉及的是离散型随机变量.

六、优化模型

优化问题是我们在学习生活中经常遇到的问题,它的应用十分广泛,涉及到各个领域.例如,怎样选择游览路线可以用时最少或者游玩的项目最多;冶炼金属铬的最佳原料配比是什么.像这样,和最多、最少、最大、最小等有关的问题本质上都隶属于最优化的决策问题.中学数学中,我们熟悉的单变量求最值问题,也是优化问题.除了单变量之外,还有多变量问题,以及多变量带约束条件的问题,这类优化问题的数学模型称为规划模型,它包括:线性规划、非线性规划、整数规划、动态规划等.

▫ **例 1**(最小值问题)

设 a_1、a_2、a_3、$a_4 \in \mathbf{R}$,且 $a_1 a_4 - a_2 a_3 = 1$,记 $f(a_1, a_2, a_3, a_4) = a_1^2 + a_2^2 + a_3^2 + a_4^2 + a_1 a_3 + a_2 a_4$,求 $f(a_1, a_2, a_3, a_4)$ 的最小值

问题分析　本题是四元变量的最值问题,属于优化求解问题.显然,利用常见的方法(配方、换元、函数性质、函数图像)难以求解本题,所以需要换一个角度思

考. 观察到 $a_1a_4 - a_2a_3 = 1$ 和面积的关联,以及 $f(a_1, a_2, a_3, a_4)$ 是由变量的平方和与乘积和构成的,容易联想到向量的模长和数量积. 因此,构造向量 $\vec{m} = (a_1, a_2)$、$\vec{n} = (a_3, a_4)$,把求 $f(a_1, a_2, a_3, a_4)$ 最小值的问题转化为向量之间的关系问题,探寻最优解.

模型建构 构造向量 $\vec{m} = (a_1, a_2)$、$\vec{n} = (a_3, a_4)$,设 $\langle \vec{m}, \vec{n} \rangle = \theta$,则

$$f(a_1, a_2, a_3, a_4) = |\vec{m}|^2 + |\vec{n}|^2 + \vec{m} \cdot \vec{n}.$$

由向量不等式可知 $f(a_1, a_2, a_3, a_4) = |\vec{m}|^2 + |\vec{n}|^2 + \vec{m} \cdot \vec{n} \geqslant 2|\vec{m}| \cdot |\vec{n}| + |\vec{m}| \cdot |\vec{n}| \cdot \cos\theta.$

又 $|a_1a_4 - a_2a_3|$ 表示由向量 $\vec{m}$、$\vec{n}$ 构成的平行四边形面积,

所以 $|\vec{m}| \cdot |\vec{n}| \cdot \sin\theta = |a_1a_4 - a_2a_3| = 1$,可得 $|\vec{m}| \cdot |\vec{n}| = \dfrac{1}{\sin\theta}.$

从而 $f(a_1, a_2, a_3, a_4) \geqslant \dfrac{2 + \cos\theta}{\sin\theta}.$

结合三角函数的有界性可知 $f(a_1, a_2, a_3, a_4) \geqslant \sqrt{3}.$

反思 优化模型本身不是固定不变的,在进行优化求解时,需要根据具体问题选择最合适的方法和策略,从某种程度上来看,这是一种决策. 本题将向量作为优化问题的求解模型,从数形结合的角度建立面积之间的相等关系,再利用三角函数的知识求解问题.

□ 例 2(病毒检测问题)

为筛查在人群中传染的某种病毒,现有两种检测方法:

① 抗体检测法:每个个体独立检测,每一次检测成本为 80 元,每个个体收取的检测费为 100 元.

② 核酸检测法:先合并个体,其操作方法是:当个体不超过 10 个时,把所有个体合并在一起进行检测. 当个体超过 10 个时,每 10 个个体为一组进行检测. 若该组检测结果为阴性(正常),则只需检测一次;若该组检测结果为阳性(不正常),则需再对每个个体按抗体检测法重新独立检测,共需检测 $k + 1$ 次(k 为该组个体数,$1 \leqslant k \leqslant 10$,$k \in \mathbf{N}^*$). 每一次检测成本为 160 元.

因大多数人群筛查出现阳性的概率很低,且政府就核酸检测法给予检测机构

一定的补贴,故检测机构推出组团选择核酸检测优惠政策如下:无论是检测一次还是 $k+1$ 次,每组所有个体共收费 700 元(少于 10 个个体的组收费金额不变).已知某企业现有员工 107 人,准备进行全员检测,拟准备 9 000 元检测费,由于时间和设备条件的限制,采用核酸检测法合并个体的组数不得高于参加采用抗体检测法人数,请设计一个合理的检测安排方案.

问题分析　合理的检测安排方案是指在安排员工参加抗体检测或者核酸检测的总花费最小.设安排 x 个个体采用抗体检测,y 组个体参加核酸检测,结合约束条件,可发现本题是线性规划问题.

模型建构　设安排 x 个个体采用抗体检测法,y 组个体采用核酸检测法,则

$$\begin{cases} x+10y \geqslant 107, \\ 100x+700y \leqslant 9\,000, x、y \in \mathbf{N}, 总检测费用为 z=100x+700y; \\ y \leqslant x. \end{cases}$$

上述不等式组构成如图 2-3-21 所示的可行域,由 $\begin{cases} x+10y=107, \\ y=x, \end{cases}$ 解得 $A\left(\dfrac{107}{11}, \dfrac{107}{11}\right)$.

易知,可行域内临近 A 点的整点有 $(10, 10)$、$(17, 9)$,此时,$z_{\min}=8\,000$,即安排 17 人采用抗体检测法,90 人采用核酸检测法,或者安排 10 人采用抗体检测法,97 人采用核酸检测法,可使所有员工参加检测,且费用最低.

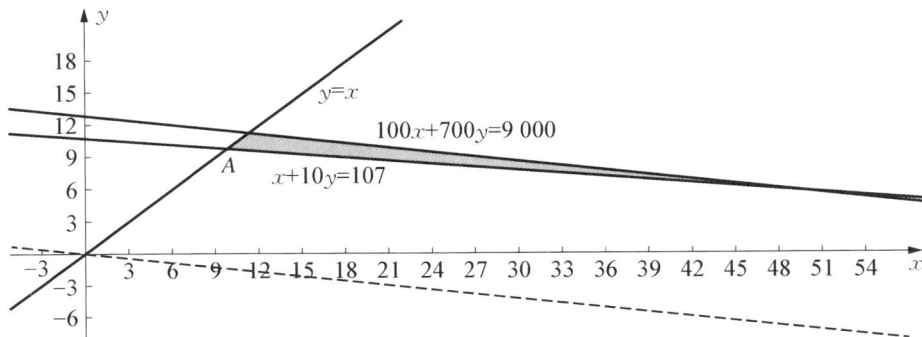

图 2-3-21

例2变式 假设在接受检测的个体中,每个个体的检测结果是阳性还是阴性相互独立.经大量统计测算发现,每个个体是阳性结果的概率 p 为 $1-e^{-\frac{1}{24}}$,现有 $n(n\in\mathbf{N}\,且\,2\leqslant n\leqslant 10)$ 个个体,若出于成本考虑,仅采用一种检测方法,试问检测机构应采用哪种检测方法?

问题分析 通过计算检测机构的成本期望,并加以比较与分析,以所耗成本较低作为选择检测方法的依据,构造概率模型,探寻问题的最优解.

模型建构 根据实际情境,做出如下合情假设:

① 采用抗体检测法,检测机构成本期望为 EX,则 $EX=80n$,采用核酸检测,检测机构成本期望为 EY,

② 采用核酸检测法的检测次数为 η,则 η 的取值只有 1 和 $n+1$,且 $P(\eta=1)=(1-p)^n$,$P(\eta=n+1)=1-(1-p)^n$,

所以采用核酸检测法检测的次数是

$$E(\eta)=(1-p)^n+(n+1)[1-(1-p)^n]=n+1-n(1-p)^n,$$

故采用核酸检测法检测的成本期望 $EY=160[n+1-n(1-p)^n]$,

设 $EX>EY$,则 $160[n+1-n(1-p)^n]<80n$,即 $(1-p)^n>\dfrac{1}{n}+\dfrac{1}{2}$,

$\because p=1-e^{-\frac{1}{24}}$,$\therefore e^{-\frac{n}{24}}>\dfrac{1}{n}+\dfrac{1}{2}$,

$\therefore -\dfrac{n}{24}>\ln\left(\dfrac{1}{n}+\dfrac{1}{2}\right)$,即 $\ln\left(\dfrac{1}{n}+\dfrac{1}{2}\right)+\dfrac{n}{24}<0$,

设 $f(x)=\ln\left(\dfrac{1}{x}+\dfrac{1}{2}\right)+\dfrac{x}{24}(2\leqslant x\leqslant 10)$,则 $f'(x)=\dfrac{1}{24}-\dfrac{2}{x(x+2)}$,

由 $f'(x)<0$,得 $2\leqslant x<6$;$f'(x)>0$,得 $6<x\leqslant 10$,

$\therefore f(x)$ 在 $[2,6)$ 上单调递减,在 $(6,10]$ 上单调递增,

又 $f(2)=\ln\left(\dfrac{1}{2}+\dfrac{1}{2}\right)+\dfrac{2}{24}=\dfrac{1}{12}>0$,

$f(3)=\ln\left(\dfrac{1}{3}+\dfrac{1}{2}\right)+\dfrac{3}{24}=\ln\dfrac{5}{6}+\dfrac{1}{8}\approx 1.609-1.792+0.125=-0.058<0$,

$\ln\left(\dfrac{1}{10}+\dfrac{1}{2}\right)+\dfrac{10}{24}=\ln\dfrac{3}{5}+\dfrac{5}{12}\approx 1.099-1.609+0.417=-0.093<0.$

∴ 当 $n \geqslant 3$，$n \in \mathbf{N}^*$ 时，$EX > EY$.

∴ 当 $n = 2$ 时，采用抗体检测法，当 $3 \leqslant n \leqslant 10$，$n \in \mathbf{N}^*$ 时，采用核酸检测法.

反思　本题是病毒检测实际问题的"简化版"，在已经提出了相关问题的基础上构建合适的模型，再分析、求解问题. 事实上，病毒检测是一个相对复杂的过程，例如需要检测的对象庞大，采取检测方法的针对人群是否有要求，药品供应是否充足，是否一次或者两次就能检测出结果，结果的可靠性如何等等，这都是我们在实际建模问题中需要关注并且做出合情假设的地方，可以做出更深入的拓展.

第四节　高中数学建模单元设计

一、课程标准解读

（一）内容要求

数学建模活动是对现实世界进行数学抽象，用数学语言表达问题、用数学方法构建模型解决问题的过程. 有别于广义的建模，数学建模活动是基于数学思维运用模型解决实际问题的一类综合实践活动，是高中阶段数学课程的重要内容. 它主要包括：在实际情境中从数学的视角发现问题、提出问题、分析问题、建构模型，确定参数、计算求解，检验结果、改进模型，最终解决实际问题. 基本过程可以表示为（如图 2 - 4 - 1）：

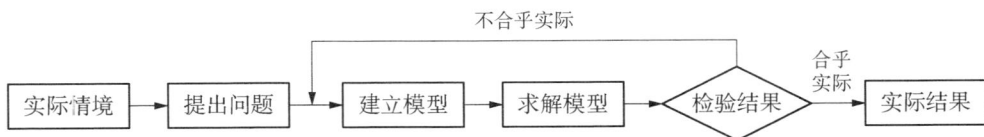

图 2 - 4 - 1

数学建模活动是以课题研究的形式开展的，在上教版《普通高中教科书数学必修第四册》中，介绍了 4 个数学建模活动案例，设计了 7 个数学建模探究活动，要求学生完成其中至少一个课题研究，对于课题研究的对象，既可以来自于课本教材，也可以是根据实际情境设计的问题.

（二）教学提示

数学建模与数学知识的关系是强调已经学过的知识在解决实际问题中的

应用,因此数学建模与数学知识体系的发展无直接的关联,对于数学建模的教学不应依附于特定知识性内容的教学,而应强调它的活动性、探索性和综合性.

数学建模活动的课题可以由教师给定,也可以由学生和教师协商确定.国家课程标准对数学实践和数学探究活动总共安排了6个课时,建议其中至少4课时用于数学建模活动.数学建模的教学不拘泥于时间和顺序,例如,数学建模活动案例"诱人的优惠券"所需的数学知识主要是分段函数、幂函数,因此,可以安排在必修一的第五章"函数的概念、性质及应用"之后;再如,数学建模活动B"高度测量"可以安排在必修二"6.3解三角形"之后完成.

数学建模教学活动有别于传统的数学课堂教学,教师不再是知识的传授者,而是内容组织者、问题探索的引领者与同行者.在教学过程中,不要把数学建模问题当成应用题,要高度重视数学建模活动报告的撰写,深刻体会建模教材的案例和活动特点,并灵活运用.

在开展数学建模教学活动时,需要对选定的课题展开研究.课题研究的过程包括选题、开题、做题、结题四个环节.学生需要撰写开题报告,教师要组织开展开题交流活动,开题报告应包含选题意义、文献综述、解决问题思路、研究计划、预期结果等.做题是解决问题的过程,包括描述问题、数学表达、建立模型、求解模型、得到结论、反思完善等.结题包括撰写研究报告和报告研究结果,由教师组织学生开展结题答辩.根据选题的内容,报告可以采用专题作业、测量报告、算法程序、制作的实物、研究报告或小论文等多种形式.此外,在过程中还应鼓励学生使用信息技术.

(三)学业要求

经历数学建模活动的全过程,整理资料,撰写研究报告或小论文,并进行报告、交流.对于研究报告或小论文的评价,教师应组织评价小组,可以邀请校外专家、社会人士、家长等参与评价,也可以组织学生互评.教师要引导学生遵循学术规范,坚守诚信底线.研究报告或小论文及其评价应存入学生个人学习档案,为大学招生提供依据.学生可以采用独立完成或者小组合作(2~3人为宜)的方式,完成课题研究.

(四)重点提升

数学抽象、数据分析、逻辑推理、直观想象、数学建模、数学运算素养.

二、教材内容分析

(一) 知识结构

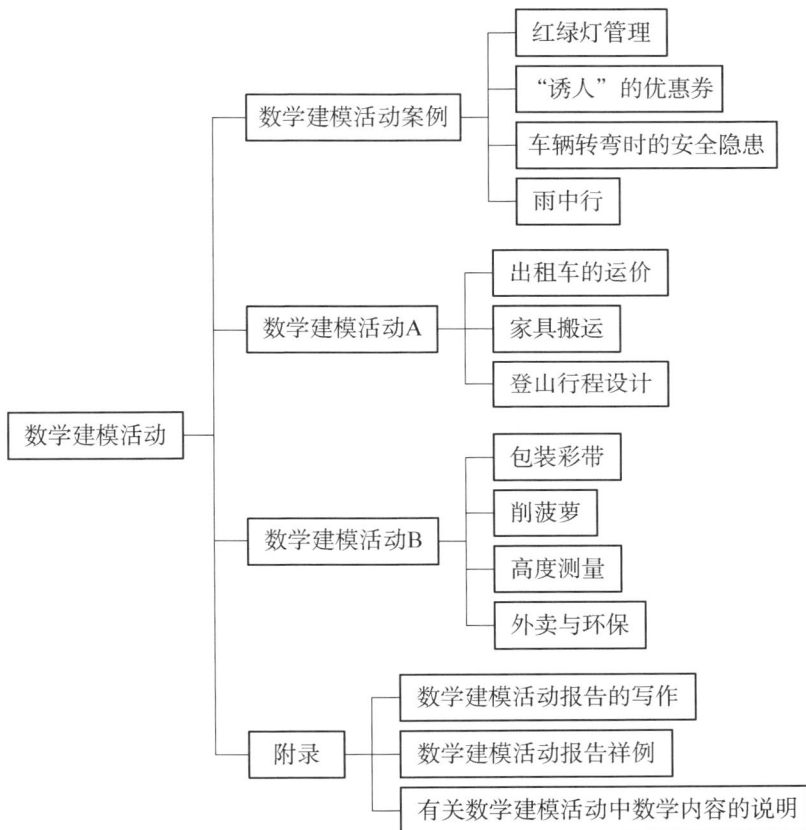

图 2 - 4 - 2

(二) 知识链接

课程标准把数学建模活动和数学探究活动作为一条单列的主线,上教版《普通高中教科书数学必修第四册》安排了数学建模活动的学习,该册教材提供了 11 个适合普通高中学生开展的数学建模活动,分 3 个部分呈现.

第一部分共有 4 个案例,围绕着日常生活、科学技术或生态环境展开探究,此部分旨在通过课堂教学帮助学生体会数学建模的各个步骤,积累合理选择和综合运用数学知识构建数学模型、解决数学问题的经验.如,"红绿灯管理"涉及一元二次函数及其性质,"'诱人'的优惠券"涉及分段函数、幂函数,"车辆转弯时的安全隐患"涉及三角函数及其性质,"雨中行"涉及几何体和运动学的知识. 在开展数学建模活动时,除了关注相关学科知识的灵活运用外,更重要地,教学中应重视展现从实际情境中抽象数学问题的过程,在解决问题的过程中要注重分析问题的方法和步骤,以及为了建构数学模型如何做出符合题意与实际规律的假设,在求解模型得出结论时要知道检验模型、修正模型. 总之,通过第一部分的教学,使学生初步形成数学建模素养.

第二部分是数学建模活动 A,是在第一部分的基础上,设计相应提示,通过提出问题、分析假设、构建初步模型、改进模型、撰写数学建模活动报告等环节,引导学生掌握数学建模活动的基本过程和方法.

第三部分是数学建模活动 B,只有情境描述,没有活动提示,适合对数学建模有一定兴趣的学生进一步选择并开展活动.

教材中出现的 11 个案例和活动涉及生活中各个方面,体现了数学建模解决实际问题的特点,从教学的角度来看,各有侧重,大致可以概括为:指导日常生活,解释现实公共场景,帮助合理决策;对现实问题的观察和思考,展示模型假设的重要性;根据实际场景提出数学问题,抓主要因素、降低模型复杂程度,合理数据的支持等.

(三) 教材对比

老教材中没有数学建模章节,较多的是应用题的学习,并且穿插在每一个章节之中. 新版教材中,数学建模按必修和选择性必修单独成册,这样符合课程标准的要求和数学建模内容的特点. 单独成册的数学建模教材有较大的容量,提供了更多的活动案例,可供师生根据自身兴趣和特长做出多样选择.

(四) 重点难点

数学建模活动的重点是在实际情境中从数学的视角发现问题、提出问题、分析问题、构建模型、求解结论、验证结果并改进模型,最终解决实际问题. 能围绕以上闭环来思考问题,引领学生体验"先从现实中来,再回现实中去"的建模过程. 要阐述问题的解答过程,用数学语言和文字加以描述,最终形成活动报告.

难点在于学会从实际情境中构建数学模型的过程和方法,逐步培养和提升数学建模、数学抽象、数据分析、数学运算、逻辑推理和直观想象的素养.

三、单元教学设计

（一）必修四《数学建模活动》单元教材教法分析属性表

教材版本	单元名称	学期	建议课时	单元序号
上教版	数学建模活动	高二第一学期	6 课时	必修四

课程标准及单元教学目标分析：

1. 知道数学建模的过程包括：提出问题、建立模型、求解模型、检验结果、完善模型；

2. 能够在熟悉的实际情境中，模仿学过的数学建模过程解决问题；

3. 能够运用运算的结果、借助或引用已有数学建模的结果说明问题；

4. 能够在新的情境中选择和运用数学方法解决问题；

5. 理解模型中参数的意义，知道如何确定参数、建立模型、求解模型、解决问题；

6. 能够在关联情境中，经历数学建模的过程，运用数学语言，表述建模过程中的问题以及解决问题的过程和结果，形成研究报告，展示研究成果；

7. 能够在综合情境中，发现其中蕴含的数学关系，用数学的眼光找到合适的研究对象，用恰当的数学语言进行表达，并运用数学思维进行分析，提出数学问题；

8. 能够通过数学建模的结论和思想阐释科学规律和社会现象；

9. 合理运用数学语言和思维进行跨学科的表达和交流；

10. 鼓励学生使用信息技术；

11. 通过数学建模活动的教学，引导学生遵守学术规范，坚守诚信底线.

内容要点	在函数、几何与代数、概率与统计等内容中体现数学建模的要素，渗透数学建模思想；设置专门的数学建模活动专题，让学生完整经历用数学知识建立数学模型解决实际问题的过程.	重构内容要点	1. 在现实情境中抽象出数学研究对象，渗透数学建模； 2. 在数学化的过程中强化模型意识； 3. 明确数学建模和数学应用题的差异，打破固有认知，重视学生合作探究能力的培养； 4. 数学建模活动中重视表达，并指导学生撰写活动报告.

内容重构及单元教学内容分析：

数学建模活动教学可以分解为三个维度：

一是从现实情境中引导学生进行数学抽象. 用数学的概念、原理和思想方法，从事物的具体背景中抽象出一般规律，这是用数学的眼光观察世界，随之发现和提出问题的过程. 需要注意的是，在同一个背景下，可以从不同角度发现和提出不同问题.

二是在提出问题、分析问题、建立模型的过程中学会整合各学科的知识以及生活经验，以数学与现实问题及相关学科知识相融合的方式，确定影响问题的关键因素和相关因素，找到合适的数学概念、原理来描述相应问题的数学规律，并用语言去表达. 其中包括提出假设、确定参数等多个环节. 这是用数学的思维思考世界的过程.

三是用数学方法构建模型解决问题，其中包含了检验结果、改进模型和解决问题. 一般而言，通过有限的数据信息确定的参数取值、求解出的数学模型不一定能完全描述相应现实问题的规律，因此需要根据问题的实际意义检验结果，利用其他信息对模型做出"微调"、完善. 另外，因为现实问题的影响因素复杂多变，存在许多偶然因素，因此任何数学模型都有其适用范围，这个范围需要通过对模型的假设前提、初始条件对现实问题中事物变化的影响以及对模型中参数的某些限制等方式给出. 显然,在这个过程中体现出与数据分析、直观想象、逻辑推理等核心素养的直接关联.

从内容特点上看,"红绿灯管理""'诱人'的优惠券""车辆转弯时的安全隐患"和"雨中行"等,有比较完整的描述,内容相对容易理解,对知识储备要求也不高,既便于学生自学,也便于教师在开展课堂教学时选用. 在学习这些案例时,不应该局限于教材上所列举的问题,为此,在每个案例展开过程中,教材都留出了适当的空间(以空白框形式呈现),鼓励学生填入自己的想法."包装彩带""削菠萝""高度测量"和"外卖和环保"等. 每个问题只有情境描述,没有活动提示. 对数学建模有一定兴趣的学生可以进一步选择这些问题开展活动. 附录内容包含,附录 1　数学建模活动报告的写作,附录 2　数学建模活动报告样例,附录 3　有关数学建模活动中数学内容的说明. 一般来说,数学建模活动的成果是数学建模活动报告,教师要高度重视指导.

通过数学建模活动,经历完整建模过程,构建数学模型,从而发展"四能",达到"三会",最终全面提升学生的学科核心素养.

单元教学方法分析及建议:

1. 区分数学建模活动和应用题,不要把数学建模当成增强版的应用题.

不难发现,传统应用题基本上可以分为"提条件、给数据、问答案"三部分. 应用题主要目的是检验学生能否应用数学知识来解决一些经过简化甚至理想化的"实际问题",只要解题过程和答案正确,一般不要求验证答案是否合理. 而数学建模活动是一个多环节的过程,包括"在实际情境中从数学的视角发现和提出问题、分析问题、构建模型、求解结论、验证结果并改进模型,最终解决实际问题"等环节.

因此,在安排教学活动、设计教案时,要一步一步引领学生体验"先从现实中来,再回现实中去"这样一个建模过程. 另外,激发学生提出问题的"情境描述"应该尽可能接近实际情况,不应做过度的精简,这是数学建模问题和传统应用题的主要区别之一. 因此,教师需要指导学生用心阅读问题情境,并加以理解.

2. 重视数学建模活动报告的撰写.

传统数学题的规范解答一般分"设、列、解、答"等步骤,采用数学符号和公式就可以完成. 数学建模活动中,我们要阐述问题的解答过程,不仅需要用数学语言,而且要增加适当的文字描述,最终形成数学建模活动报告.

数学建模活动报告的重要性在于,有些情境所蕴含的问题存在不同的解决方案,用比较求解结果来判定方案正确性就显得过于草率. 只有通过研读活动报告,详细了解建模活动的每一步骤,才能发现哪些方案比较合理,甚至哪种方案最佳.

活动报告的基本要求是:结构逻辑清晰、所得结论明确、语言简洁、明白易懂. 建模教材的附录 1 描述了数学建模活动报告写作的流程和要素,在教学中要引导学生认真体会报告的表达方式和写作特点. 同时,建模教材在附录 2 中也提供了关于案例《"诱人"的优惠券》的一个报告样例. 教师可以仔细研读,并以此为蓝本指导学生开展撰写活动报告的工作.

3. 深刻体会建模教材案例和活动的特点,做到活学活用.

丰富多彩的现实世界为数学建模活动提供了广阔的舞台,建模教材的 11 个案例和活动也各有特点:有的可指导日常生活,如"'诱人'的优惠券""家具搬运""包装彩带""削菠萝"等;有的适用于解释现实的公共场景,如"红绿灯管理""车辆转弯时的安全隐患""雨中行"等;有的偏向于帮助合理决策,如"出租车运价""登山行程设计"等;有的则出于对现实问题的观察和思考,如"高度测量""外卖和环保"等. 从数学建模过程看,有的重在展示模型假设的重要性,如"红绿灯管理""出租车运价""家具搬运""登山行程设计"等;有的重在体现如何根据现实场景提出数学问题,如"'诱人'的优惠券""包装彩带""削菠萝"等;有的强调如何抓住主要因素,降低模型复杂程度,如"雨中行""车辆转弯时的安全隐患"等;有的需要较完整、合理数据的支持,如"高度测量""外卖和环保"等.

　　鉴于数学建模活动的开放性,以上案例和活动问题的解决不是唯一的,所以,建模教材及其教学参考资料在完整阐述建模过程或者解决方案的同时,也为学生自主思考和创新提供了必要的空间,这是和传统教学内容完全不同的.这就要求教师在备课时既要掌握教材内容,又不能死记硬背,更不能把它们当作解决实际问题的套路,而是重在体悟教材内容的特色,超前思考,主动探索,这样教学中才能高屋建瓴,把握主动.

学情分析:

　　学生没有经历过数学建模的过程,对数学建模比较陌生,认知不足.目前学生已经完成了必修一的学习,掌握了集合、不等式、函数等知识,打下了一定的基础,可以利用这些知识以及初中时所学的知识对实际情境进行分析和解释.学生更习惯于定性题型,如应用题,对数学建模类的问题还需要有一个适应过程,学生小组合作探究也有一定的要求.同时,学生数学抽象、逻辑推理、数学建模、数学分析、直观想象、数学运算素养有待不断完善和提高.

例题练习设计建议:

　　1. 给出若干个与"范例"选题延续的、或相关的、或类似的选题供学生参考,并说明"也可以根据自己的兴趣,与老师协商确定选题".

　　2. 对于数学建模活动,需要以小组为单位撰写报告或者小论文,并进行报告、交流.通过质疑、辩论、评价,总结成果,分享体会,分析不足.开展自我评价、同学间相互评价和老师评价,完成数学建模活动.

　　3. 在建模活动中,要引导学生遵循学术规范,坚守诚信底线.

课程资源:

　　阅读材料:姜启源《数学模型》

(二)必修四《数学建模活动》单元学情分析属性表

学习背景	熟悉程度: 　　日常生活中很多现象的发生和发展都可以用数学模型加以刻画和解释.小学、初中阶段,学生已经学习了应用题,掌握了求解应用问题的基本方法,具备一定的数学学科知识:函数、不等式、以及初中阶段所学的代数、几何知识. 学习态度: 　　对新知识充满好奇,态度积极向上.对小组合作探究学习充满热情,愿意沟通和交流,并且具有一定的想象力和创造力. 学习习惯: 　　初步形成了学习方法的过渡和知识迁移的习惯.
学习障碍	相较于应用题的学习,数学建模活动有很大的区别,应用题是针对某个特定的知识,为了理解和应用而人为设置的,问题条件较为理想化,往往直接将背景中的数量关系符号化、或做简单的假设就可以根据问题建立起数学模型,其重点在于抽象和模型求解.数学建模活动是基于数学思维运用模型解决实际问题的一类综合实践活动,于学生而言,从实际情境中提出问题、做出假设、分析问题、建构模型是有一定难度的,对六大核心素养的要求都很高,更加强调思维和表达.另外,数学建模报告的撰写也是难点,学生缺少撰写报告的经验.

学习偏好	热衷程度： 　　数学建模活动对学生的综合素养有一定的要求，因此并不是所有的学生对数学建模活动都有浓厚的兴趣和能力. 所以，参照课程标准，对不同类型的学生提出不同水平的要求. 由于数学建模活动是以小组为单位开展的，所以有可能出现个别同学偷懒怠惰的情况. 　　组织方式：□独立学习为主■合作学习为主 　　评价方式：■偏重形成性□偏重结果性

（三）必修四《数学建模活动》单元教学目标总属性表

目标维度	目标概述	包含重点	包含难点
知识与技能	1. 知道数学建模的过程包括：提出问题、建立模型、求解模型、检验结果、完善模型；	■	■
	2. 能够在熟悉的实际情境中，模仿学过的数学建模过程解决问题；	■	□
	3. 能够运用运算的结果，借助或引用已有数学建模的结果说明问题；	■	□
	4. 能够在新的情境中选择和运用数学方法解决问题；	■	■
	5. 理解模型中该参数的意义，知道如何确定参数，建立模型，求解模型，解决问题；	■	■
	6. 能够在关联情境中，经历数学建模的过程，运用数学语言，表述建模过程中的问题以及解决问题的过程和结果，形成研究报告，展示研究成果；	□	■
	7. 能够在综合情境中，发现其中蕴含的数学关系，用数学的眼光找到合适的研究对象，用恰当的数学语言进行表达，并运用数学思维进行分析，提出数学问题；	□	■
	8. 能够通过数学建模的结论和思想阐释科学规律和社会现象.	□	□
过程与方法	1. 经历数学建模活动的全过程，整理资料，撰写研究报告或小论文，并进行报告、交流；	■	□
	2. 组织评价，对研究报告或小论文进行评价.	□	□
情感、态度与价值观	1. 鼓励学生使用信息技术；	■	□
	2. 引导学生遵守学术规范，坚守诚信底线；	■	□
	3. 通过数学建模活动，提升学生的数学抽象、数据分析、数学建模、逻辑推理、数学运算、直观想象的数学素养；	■	■

目标维度	目标概述	包含重点	包含难点
	4. 培养小组探究,合作交流的求解问题的方式与习惯.	■	■
问题	回答		
核心素养	数学抽象、数据分析、数学建模、逻辑推理、数学运算、直观想象.		
单元重点	在实际情境中从数学的视角发现问题、提出问题、分析问题、构建模型、求解结论、验证结果并改进模型,最终解决实际问题.能围绕以上闭环来思考问题,引领学生体验"先从现实中来,再回现实中去"的建模过程.要阐述问题的解答过程,用数学语言和文字加以描述,最终形成活动报告.		
单元难点	学会从实际情境中构建数学模型的过程和方法,逐步培养和提升数学建模、数学抽象、数据分析、数学运算、逻辑推理和直观想象的素养.		

第三章 高中数学建模教学活动

《标准》对数学建模活动的定位是：数学建模活动是对现实问题进行数学抽象、用数学语言表达问题、用数学方法构建模型解决问题的过程. 主要包括：在实际情境中从数学的视角发现问题、提出问题，分析问题、构建模型，确定参数、计算求解，检验结果、改进模型，最终解决实际问题. 数学建模活动是基于数学思维运用模型解决实际问题的一类综合实践活动，是高中阶段数学课程的重要内容.

可以发现，数学建模活动的定位是与发展学生数学建模素养的需要完全适应的. 它是一类体现了数学学科特点的综合实践活动，面对的是实际问题，要应用数学的知识、思想方法，通过数学思维，建立数学模型对问题加以解决. 因此，数学建模活动的教材编写及教学实施应着重思考如何使数学建模素养落地的问题.

第一节 红绿灯管理教学活动设计

一、问题提出与解决

(一) 问题背景

随着经济的快速发展、人口的大量增加和交通工具的广泛使用，世界各国都面临交通问题，如何科学地进行交通管理为人们所广泛关注. 红绿灯管理是对交叉路口实施交通管理的最常见方法. 作为城市交通指挥棒的红绿灯如果设置不合理，就可能会造成不必要的城市交通堵塞. 如何合理地设置交通路口的红绿灯呢？

（二）提出问题

如何设置路口的红绿灯时间，使得车辆总的等待时间最短，并尽可能避免交通堵塞？

（三）建立模型

1. 分析问题

交通路口信号灯的变换通常是周期性的，对于南北、东西方向的交通路口，假设在一个周期内，其东西方向和南北方向分别只有一对相向的直行车道（假设1，如图3-1-1），当东西方向开绿灯，南北方向开红灯时，东西方向车辆可以行驶，同时，南北车辆必须停车等待；一定时间后，交通信号灯转换，东西方向变为红灯，南北方向开绿灯，东西车辆需停车等待，同时南北车辆通行.

图 3-1-1

由于本建模问题是为了尽可能避免交通堵塞，分析东西方向和南北方向车辆总的等待时间，为了简化模型，可忽略其他一些次要因素，例如路口的行人和非机动车辆对路口车辆通行的影响（假设2、假设3和假设4）. 由于不同路口红绿灯的最小周期通常是不同的，为了便于分析比较，将路口红绿灯变化的最小周期取作单位时间（假设5）. 此外，由于需要计算车辆的总共等待时间，需要考虑路口的车流量，因此假设车流量是均匀、稳定的（假设6），即单位时间内通过某路段的车辆数为常数. 在实际情况中，存在路口滞留车辆饱和，即无法再有车辆通行至此路口的情况，为了便于分析，我们假设路口足够长，不存在滞留车辆饱和的特殊情形（假设7）.

2. 提出假设

假设1：每个行车方向只有一条车道，车辆不能转弯；

假设2：不考虑路口行人和非机动车辆的影响；

假设3：忽略黄灯的影响，仅考虑红灯和绿灯；

假设4：忽略车辆司机的行驶反应时间；

假设5：将交通信号灯转换的最小周期（简称周期）取作单位时间1；

假设6：两个方向的车流量均是稳定和均匀的，即单位时间内通过某路段的车辆数为常数；

假设 7：假设路口足够长，不存在滞留车辆饱和的特殊情形.

3. 模型参数

记单位时间内从东西方向到达十字路口的车辆数为 H，从南北方向到达十字路口的车辆数为 V. 在一个周期内，假设东西方向开红灯、南北方向开绿灯的时间为 R，那么在该时间段内，东西方向开绿灯、南北方向开红灯的时间为 $1-R$. 停车后司机见到绿灯重新发动到开动的时间，称为启动时间，记为 S.

4. 模型建立

我们要确定交通路口红绿灯的控制方案，也就是确定 $R(0<R<1)$，使得在一个周期内，车辆在路口的总等待时间最短. 车辆在路口的滞留时间包括两个部分：一部分是遇红灯后的停车总等待时间 T_1，另一部分是停车车辆等信号灯变为绿色后重新发动到开动的总启动时间 T_2，一个周期内车辆的总滞留时间为 $T(R)$.

首先分析遇红灯的停车等待时间 T_1：

由于在单位时间内，从东西方向到达路口的车辆为 H 辆，该周期内东西方向开红灯的比例为 $R:1$，因此需停车等待的车辆共 HR 辆. 这些车辆等待信号灯改变的时间由于到达路口的先后而不同，但由于车流量是均匀的，故它们的平均等待时间为 $\dfrac{R}{2}$. 所以，东西方向行驶的车辆在此周期内等待时间的总和为

$$HR \cdot \frac{R}{2} = \frac{HR^2}{2}. \qquad ①$$

同理，南北方向行驶的车辆在此周期内等待时间的总和为

$$V(1-R) \cdot \frac{1-R}{2} = \frac{V(1-R)^2}{2}. \qquad ②$$

因此，东西方向、南北方向遇红灯的停车等待时间为

$$T_1 = \frac{HR^2}{2} + \frac{V(1-R)^2}{2}. \qquad ③$$

接着分析滞留车辆重新发动到开动的总启动时间 T_2：

在一周期内，各方向遇红灯停车的车辆总和为 $HR+V(1-R)$，遇红灯停车的车辆均需启动时间 S，因此总启动时间为

$$T_2 = S[HR + V(1-R)]. \qquad ④$$

基于上述分析,可得在此周期内车辆的总滞留时间为

$$T(R) = T_1 + T_2 = \frac{HR^2}{2} + \frac{V(1-R)^2}{2} + S[HR + V(1-R)] \qquad ⑤$$

$$= \frac{H+V}{2}R^2 - [V(1+S) - HS]R + SV + \frac{V}{2}.$$

因此,为了使得车辆总等待时间最短,也就是需要求解使得 $T(R)$ 达到最小值时的 R,其中 $0 < R < 1$.

(四) 求解模型

从⑤式可以看到,车辆的总滞留时间 $T(R)$ 是关于 R 的一元二次函数,其图像为开口向上的抛物线,对称轴为 $R = \frac{V(1+S) - HS}{H+V}$,由于 $0 < R < 1$,现考虑 $\frac{V(1+S) - HS}{H+V}$ 的大小.

首先,由于启动时间 S 相对于一个周期来说是个较小的数字,在实际情况中 $S(H-V) < V$ 是合理的,故 $\frac{V(1+S) - HS}{H+V} > 0$.

接着,作差得到

$$1 - \frac{V(1+S) - HS}{H+V} = \frac{H + (H-V)S}{H+V}. \qquad ⑥$$

由于 S 相对于周期较小,故假设 $H + (H-V)S > 0$ 较为合理,因此有

$$0 < \frac{V(1+S) - HS}{H+V} < 1. \qquad ⑦$$

则当

$$R = R^* = \frac{V(1+S) - HS}{H+V} \qquad ⑧$$

时,$T(R)$ 达到最小值 T^*,对 $T(R)$ 进行配方可以得到

$$T = T(R) = \frac{H+V}{2}\left[R - \frac{V(1+S) - HS}{H+V}\right]^2 + SV + \frac{V}{2} - \frac{[V(1+S) - HS]^2}{2(H+V)}$$

$$= \frac{H+V}{2}\left[R - \frac{V(1+S)-HS}{H+V}\right]^2 + \frac{(2S^2+4S+1)HV - S^2(H^2+V^2)}{2(H+V)}.$$

⑨

即当 $R = R^* = \dfrac{V(1+S)-HS}{H+V}$ 时，车辆的总滞留时间最短，为

$$T = T^* = \frac{(2S^2+4S+1)HV - S^2(H^2+V^2)}{2(H+V)}.$$

⑩

(五) 检验模型

特别地，如果忽略车辆启动时间 S，即假设 $S=0$，那么车流量总等待时间最短时，$R = \dfrac{V}{H+V}$ 或 $1-R = \dfrac{H}{H+V}$，此时两个方向绿灯的时间之比等于两个方向车流量之比，其中车流量较大的方向开绿灯的时间较长，与我们日常的生活经验是完全一致的。

与实际路口通行情况相对照，当绿灯亮起时，按照先停先开的原则，后停的车辆必须等先停的车辆开走后方能启动行驶，即在停车线上的一辆汽车启动到下一辆汽车能够从停车线安全启动需要一定时间，称为让车时间，故需要对车流总滞留时间进行重新计算。

(六) 改进模型

假设让车时间为 C，则根据假设，车流量仍然是均匀稳定的，有 $V+H$ 辆车在单位时间内均匀到达路口，即每过 $\dfrac{1}{V+H}$ 时间有一辆车到达路口。为了简记，不妨令 $B = V + H$。

若 $C \leqslant \dfrac{1}{B}$，那么在交叉路口不会发生阻塞，总滞留时间为 $T = BS$。

若 $C > \dfrac{1}{B}$，此时一定会产生阻塞，第一辆车无需等候，在第一辆车停下 $\dfrac{1}{B}$ 时间后，第二辆车到达，它必须等第一辆车启动，并过了时间 C 后方能启动。因此，它的等待时间为 $C - \dfrac{1}{B}$。同理，第三辆车必须等待 $2\left(C - \dfrac{1}{B}\right)$。一般地，第 k 辆车必须等待 $(k-1)\left(C - \dfrac{1}{B}\right)$。于是，单位时间内，车辆在路口滞留时间的总和为

$$T = SB + \sum_{k=2}^{B} (k-1)\left(C - \frac{1}{B}\right) = SB + \left(C - \frac{1}{B}\right)\frac{B(B-1)}{2}.$$

综合以上两种情况,有

$$T = \begin{cases} SB, & C \leqslant \frac{1}{B}, \\ SB + \left(C - \frac{1}{B}\right)\dfrac{B(B-1)}{2}, & C > \dfrac{1}{B}. \end{cases}$$

考虑到让车时间后,可能出现阻塞情况,而一个周期内的交通阻塞会对下一周期产生影响,仍需寻求更多措施来计算更准确的滞留时间.

二、教学活动设计

(一) 教学目标设置

1. 了解数学建模活动的过程,经历在实际情境中提出问题、建立模型、求解和分析模型、模型合理性验证的过程,体会数学建模在解决实际问题中的意义,发展逻辑推理、数学抽象等核心素养;

2. 通过对案例问题进行建模的过程,掌握分析问题的能力,能够选择合适的函数模型对问题进行探究,理解和感受函数是描述客观世界中变量关系和规律的重要数学语言和工具;

3. 经历小组合作建模过程,培养合作学习能力.

(二) 教学重点及学习难点

重点:(1) 了解数学建模活动的过程,学会建立和求解函数类型的模型;

(2) 体会假设条件对简化模型的重要性.

难点:将实际问题进行数量化、符号化,能够结合实际情况解释模型的解答结果,从实际情况出发提出改善模型的角度.

(三) 学生情况分析

高一学生对函数及相关性质已经较为熟悉,能够对常见函数的最值进行求解和探究. 然而,高中学生对实际问题的分析能力较为欠缺,在选择合适的模型上存在一定挑战,需要在分析实际问题中作出假设从而简化模型,熟悉数学建模过程. 高中生的思维较为活跃,小组合作的方式也将为解决实际问题提供多种角度.

（四）教学流程

创设情境 引入课题 ➡ 分析问题 构建模型 ➡ 深层探究 求解问题 ➡ 结合实际 检验结果 ➡ 完善模型 评价反思

（五）教学过程设计

教学设计	设计意图
1. 创设情境，引入课题 　　教师引导学生观看上海近期有关早晚高峰时段堵车现象的新闻等，就其中存在的问题展开讨论，即如何解决这一问题？ 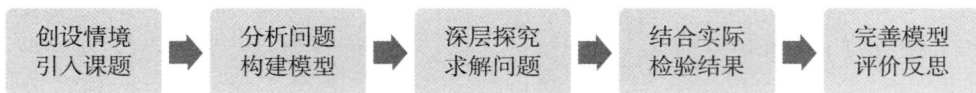 　　提出研究问题：如何合理地设置路口的红绿灯的时间，解决拥堵问题？ 　　思考 1：如何设置一个合理的目标？ 　　预估学生回答： 　　① 总滞留车辆数达到最小； 　　② 总滞留时间达到最小； 　　③ 车辆通过率最高； 　　…… 　　**学生活动**　以小组为单位，合作讨论引起交通路口拥堵现象的相关因素，尝试分析问题并作记录，与所有同学进行分享。	通过生活实例，感受红绿灯时间设置在交通问题中的重要性，引导学生自主提出建模问题，激发学生研究兴趣。

2. 分析问题,构建模型

思考 2:车辆滞留时间的影响因素有哪些? 如何影响?

教师在黑板上记录学生提出的可能影响车辆滞留时间的因素:车流量、红绿灯时间设置、启动时间……学生集体思考影响因素是否合理,以及对总滞留时间的具体影响情况等,鼓励学生主动分享看法,教师进行适当引导和补充,为学生提供思路.

学生活动 以小组为单位,合作讨论假设条件,从而起到简化数学模型的作用,将建立的初步数学模型进行记录,并在讨论完毕后选一名代表在讲台上分享小组所建立的假设条件以及数学模型.

预估学生所作模型假设如下:

① 该十字路口只允许直行车辆,不允许转弯或掉头;

② 假设车流量均匀且稳定,即单位时间内到达路口的车辆为定值;

③ 假设每辆汽车从发动到行驶的时间为定值;

④ 忽略路口停留车辆已经饱和无法再停车的特殊情况;

……

思考 3:模型假设是否合理?

针对每组建立的初步数学模型,师生共同评价假设条件的合理性以及模型的准确性. 教师在黑板上记录每一组修正后的数学模型以及假设条件.

思考 4:车辆遇到红灯后的等待时间如何计算?

在这个案例中,我们可以假设车流量是稳定、均匀的,但实际中的车流量是随机的,需要用到概率统计的知识才能予以解决. 而作出车流量稳定、均匀的假设,本质上是使用了平均的概念,也就是使得车辆的平均等待时间最短.

将学生作为学习的主体,教师通过引导学生对不同观点的合理性进行讨论,让学生体会数学建模的开放性和自主性,培养严密的数学逻辑思维.

通过让学生经历从分析问题中提出假设的过程,体会简化模型是建立模型中重要的步骤.

教师总结:如何简化问题是建模过程中非常关键的一步,一种好的简化方式可以使问题变得简单且易于处理.

3. 深层探究,求解结果

学生活动

① 以小组为单位,实地测量学校附近十字路口在某个时间段里,南北走向和东西走向的车流量、红绿灯转换时间、车辆滞留时间等与所建模型相关的数据;

② 以小组为单位,查询有关红绿灯时间设置与车流量等与所建模型相关的数据,并作记录;

③ 以小组为单位,合作分工,求解所建立的数学模型,记录模型求解结果.

每个小组选取一位代表以板书或者演示文档的形式向所有学生对本组的求解模型结果进行展示,并将实测所得数据予以分享.

思考5:建立的数学模型是否与现实情况一致?

思考6:模型存在哪些优点和缺点?

4. 结合实际,检验结果

学生活动　全体学生在听取每一组数学模型的建立过程和求解结果后,结合所查询到的资料以及生活经验对模型结果进行检验,若所得结论与实际红绿灯时间设置不一致,集体讨论其中存在的问题并提出改善意见,由小组进行各自记录.

思考7:建模结果与现实情况为何存在差异,如何修正模型?

车流量数据在高峰时段与平峰时段有较大差异,鉴于我们所要研究的问题是解决拥堵,故高峰时段所测得的车流量与红绿灯时间设置等相关数据更有参考价值.

以实际测量的形式让学生感受到数学建模与现实生活的紧密联系,为检验模型提供真实数据.

以小组合作的方式,培养学生合作学习能力,在展示求解过程和求解结果中锻炼数学表达能力和数学思维的严密性,让所有学生参与到评价模型、修正模型的过程中.

教师总结:在获得模型结果后,需要将结果结合现实情况进行解释,并用实际的现象、数据与之比较,检验模型的合理性和实用性. 　　5. 完善模型,评价反思 　　教师总结各小组数学模型存在的亮点和不足,引导学生回顾数学建模的整个过程,强调简化模型对于处理复杂问题的必要性,体会函数模型在解决实际问题中的重要意义. 　　课后作业: 　　① 以小组为单位,撰写完整的数学建模报告,尝试完善并修正数学模型,记录数学建模中存在的困难,将建模报告张贴在教室中供所有人学习交流; 　　② 探究题:行人在交叉路口穿越马路时必须等待,直到两辆车之间有较大的安全距离才能穿越,则他在路口要等待多少时间,才能够穿越马路.	通过撰写数学建模报告,加深了学生数学建模的过程.同时,所有学生都能学习到不同建模过程,最终提供给学生多种探究思路.

(六) 教学安排

本案例涉及函数关系的建立、函数的性质(单调性、最值等),可以在高一第一学期进行教学,具体教学时间可安排在学生学习完函数的综合性质之后,此时学生对函数关系的建立已有一定基础.

第一课时:引出课题,以小组合作的形式讨论如何建立数学模型,并分享所作假设条件以及所建模型,鼓励学生积极讨论模型和假设条件的合理性.

第二课时:在学生课后查询资料求解模型后,以小组形式展示所得建模结果,结合所查询到的资料以及生活经验对模型结果进行检验,最后教师总结各小组数学模型存在的亮点和不足,引发对相关案例的更多思考.

在第一课时结束后,学生需要以小组为单位,实地测量路口的实际车流量、红绿灯转换时间等与所建模型相关的数据,并在网上查询相关数据,为之后检验模型做准备,确保所建立的数学模型与现实情况保持一致,让学生更多体会到数学建模旨在解决现实生活中的问题,感悟数学的应用价值.

（七）教学反思

本节建模活动来源于学生身边的红绿灯问题,而数学建模的一个教学难点在于如何对现实问题进行数学抽象,因此在本节课中,教师可以通过高峰时期拥堵现象来引出问题,再引导学生将问题转化为求车流滞留时间的最小值.其次,将现实情况抽象成数学模型时,假设条件能够有效且合理地简化模型,教师需要重视学生做假设的合理性.鉴于学生以小组为单位,所建立的数学模型和求解情况可能存在较大差异,故教师需要做好充足的课前准备,对学生可能出现的问题提前进行思考和记录.

本节所采用的模型是对交通红绿灯时间设置的优化问题,可以应用于多个领域,解决这类问题需要找到明确的影响因素,再去分析作用于影响因素的影响因子.在本课题中对拥堵问题的影响因素是总滞留车辆,而其影响因子有红绿灯时间设置、车流量等,从而求解出最优方案.

学生在整个建模过程中,以小组合作的方式进行,同时教师在课堂上需注重组织学生进行现场交流,分享建模成果,表达不同观点,进行评价,有助于培养学生思维的严密逻辑性.在本课题课时结束后,学生需要以组为单位,将建模过程撰写成完整的报告,供所有人阅读和学习,初次撰写可能会存在一定困难,教师需要及时进行指导评价,但还是要把解决问题的主体交给学生来完成.

第二节 "诱人"的优惠券教学活动设计

一、问题提出与解决

（一）问题背景

近年来,"双十一"演变为国人一年一度的购物狂欢节.从 2009 年开始,"双十一"购物规则的复杂度不断增大,而面对商家复杂的优惠规则,消费者都尝试用足优惠.最近,某商家推出三种优惠券,分别是满 199 元减 20 元、满 299 元减 50 元、满 499 元减 110 元.这些优惠券之间不可叠加使用,但它们可以与满 400 元减 50 元的购物津贴(可跨店使用)同时使用(如图 3-2-1).此外,这两种优惠方式有使用顺序,必须先使用商家优惠券,再使用购物津贴.

图 3 - 2 - 1

（二）提出问题

问题一：是否是"买得越多，越划算"，即购买金额越大，享受的优惠越大？

问题二：为了取得最大优惠，消费者应该如何制定购物策略？

（三）建立模型

1. 分析问题

根据商家给出的优惠措施，似乎是"购买金额越大，享受的优惠也越大"，但优惠金额的数值大小并不能直接代表优惠的程度，优惠程度应当与原始购物金额有关，即我们需要用优惠额与原始购物金额的比值来刻画优惠程度。为了研究原始购买金额与优惠程度之间的关系，这里假设消费者可以基于优惠券、购物津贴按照符合金额的最优惠的方式进行主观组合使用（假设 1），仅分析在某一固定商家购物所获优惠（假设 2），且基于问题中已知的几种优惠规则，不考虑其他优惠政策（假设 3），从而分析消费者应该如何制定购物策略，使得优惠程度尽可能大。

2. 提出假设

假设 1：消费者能够基于优惠券、购物津贴按照符合金额的最优惠的方式进行组合使用；

假设 2：忽略消费者在其他商家的购物金额，仅考虑在某一固定商家购物时获得的优惠；

假设 3：仅考虑问题背景中出现的优惠规则。

3. 模型参数

设原始购物金额为 x，单位为元；优惠的金额（原价与折扣价之差）为 a，单位为元；将买家所享受到的优惠程度，即优惠金额 a 占原价 x 的百分比，记为 y。

4. 模型建立

根据对优惠程度的定义,优惠程度为 $y = \dfrac{a}{x}$,其中优惠金额 a 应随着原始购物金额 x 的变化而变化,因此需考察不同购物金额下的优惠金额大小. 根据三种优惠券的优惠措施,需要将购物金额 x 按照四种分类方式进行分析,因此建立原始购物购买金额 x 与优惠率 y 之间的关系如下:

(1) 当购买金额 $0 < x < 199$ 时,无法使用优惠券,优惠金额为 0,即

$$y = 0;$$

(2) 当购买金额 $199 \leqslant x < 299$ 时,可使用满 199 元减 20 元的优惠券,即

$$y = \frac{20}{x};$$

(3) 当购买金额 $299 \leqslant x < 499$ 时,并不总是直接使用满 299 元减 50 最优惠,需要分以下几种情况,采取各自最优惠的方式.

当购买金额 $299 \leqslant x < 420$ 时,可使用满 299 元减 50 元的优惠券,即

$$y = \frac{50}{x};$$

当购买金额 $420 \leqslant x < 450$ 时,先使用满 199 元减 20 元的优惠券,再使用每满 400 元减 50 元的购物津贴,即

$$y = \frac{70}{x};$$

当购买金额 $450 \leqslant x < 499$ 时,先使用满 299 元减 50 元的优惠券,再使用每满 400 元减 50 元的购物津贴,即

$$y = \frac{100}{x};$$

(4) 当购买金额 $x \geqslant 499$ 时,最优惠的情况需要分以下两类.

当购买金额 $499 \leqslant x < 510$ 时,使用满 499 元减 110 元的优惠券,即

$$y = \frac{110}{x};$$

当购买金额 $x \geqslant 510$ 时，先使用满 499 元减 110 元的优惠券，再使用每满 400 元减 50 元的购物津贴，即

$$y = \frac{110 + 50 \cdot \left[\dfrac{x-110}{400}\right]}{x}; (y = [x], 表示下取整函数)0, \quad 0 < x < 199,$$

综上可得，$y = \begin{cases} \dfrac{20}{x}, & 199 \leqslant x < 299, \\[2mm] \dfrac{50}{x}, & 299 \leqslant x < 420, \\[2mm] \dfrac{70}{x}, & 420 \leqslant x < 450, \\[2mm] \dfrac{100}{x}, & 450 \leqslant x < 499, \\[2mm] \dfrac{110}{x}, & 499 \leqslant x < 510, \\[2mm] \dfrac{110 + 50 \cdot \left[\dfrac{x-110}{400}\right]}{x}, & x \geqslant 510. \end{cases}$ ①

(四) 求解模型

根据优惠程度函数 y 的性质可以分析：

当 $0 < x < 199$ 时，优惠率 $y_1 = 0$；

当 $199 \leqslant x < 299$ 时，优惠率 $y_2 = \dfrac{20}{x}$ 是关于 x 的严格减函数，此时 $6.69\% < y_2 \leqslant 10.05\%$，其中当 $x = 199$ 时，$y_2 = \dfrac{20}{199} = 10.05\%$ 是 $199 \leqslant x < 299$ 时的最大值；

当 $299 \leqslant x < 420$ 时，优惠率 $y_3 = \dfrac{50}{x}$ 是关于 x 的严格减函数，此时 $11.90\% < y_3 \leqslant 16.72\%$，其中当 $x = 299$ 时，$y_3 = \dfrac{50}{299} = 16.72\%$ 是 $299 \leqslant x < 420$ 时的最大值；

当 $420 \leqslant x < 450$ 时，优惠率 $y_4 = \dfrac{70}{x}$ 是关于 x 的严格减函数，此时 $15.56\% < y_3 \leqslant 16.67\%$，其中当 $x = 420$ 时，$y_4 = \dfrac{70}{420} = 16.67\%$ 是 $420 \leqslant x < 450$ 时的最大值；

当 $450 \leqslant x < 499$ 时,优惠率 $y_5 = \dfrac{100}{x}$ 是严格减函数,此时 $20.04\% < y_5 \leqslant$ 22.22%,其中当 $x = 450$ 时,$y_5 = \dfrac{100}{450} = 22.22\%$ 是 $450 \leqslant x < 499$ 时的最大值;

当 $499 \leqslant x < 510$ 时,优惠率 $y_6 = \dfrac{110}{x}$ 是严格减函数,此时 $21.57\% < y_6 \leqslant$ 22.04%,其中当 $x = 499$ 时,$y_6 = \dfrac{110}{499} = 22.04\%$ 是 $499 \leqslant x < 510$ 时的最大值;

当 $x \geqslant 510$ 时,优惠率 $y_7 = \dfrac{110 + 50 \cdot \left[\dfrac{x-110}{400}\right]}{x}$,其单调性稍微复杂,需要进一步分析:

设 $\left[\dfrac{x-110}{400}\right] = k \, (k \in \mathbf{N}^*)$,则 $k \leqslant \dfrac{x-110}{400} < k+1$,即 $400k + 110 \leqslant x <$ $400k + 510$ 时,$y_{7,k} = \dfrac{110 + 50 \cdot k}{x}$ 在区间 $[400k + 110, 400k + 510)$ 上为严格减函数,当 $x = 400k + 110$ 时取得最大值,此时

$$y_{7,k} = \dfrac{110 + 50k}{400k + 110} = \dfrac{5k + 11}{40k + 11}.$$

结合几何画板作函数 $y(k) = \dfrac{5k + 11}{40k + 11}$,其中 $k > -\dfrac{11}{40}$ 的图像,如下图 $3 - 2 - 2$ 所示.

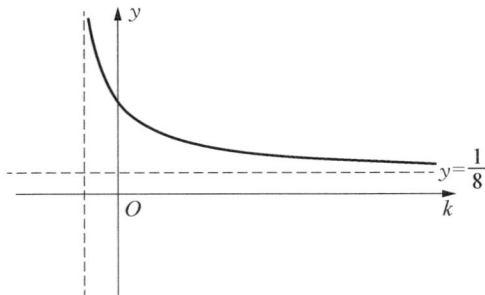

图 $3 - 2 - 2$

则由图像可知,数列 $\left\{\dfrac{5k + 11}{40k + 11}\right\} \, (k \in \mathbf{N}^*)$ 为递减数列.

因此，当 $k=1$，即 $x=510$ 时，优惠率 $y=\dfrac{160}{510}=31.37\%$ 是 $x \geqslant 510$ 时的最大值.

利用画图软件，选取原始购物金额在 $0 < x \leqslant 1\,100$ 时，优惠程度函数 y 随原始购物金额 x 变化的函数图象如下：

根据图 3 - 2 - 3 和上述分析可以看出，当原始购物金额为 510 元时优惠率最大，此时优惠率为 31.37%. 因此，并不是"买得越多，越划算"，优惠程度 y 在定义域上不具单调性. 在分析过程中，我们可以发现优惠金额 a 关于原始购物金额 x 的函数如下：

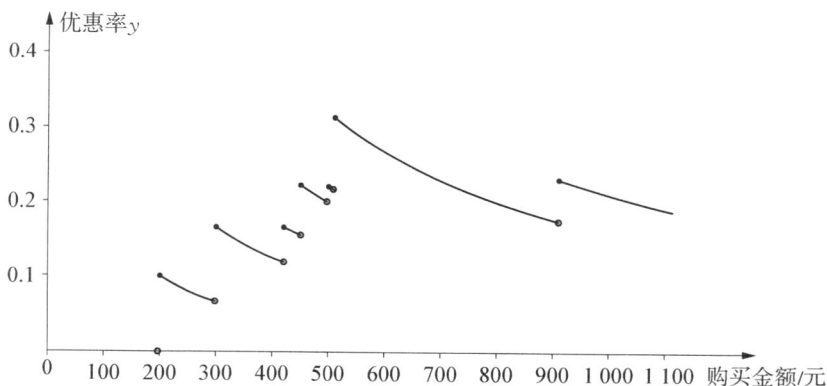

图 3 - 2 - 3

$$a = \begin{cases} 0, & 0 < x < 199, \\ 20, & 199 \leqslant x < 299, \\ 50, & 299 \leqslant x < 420, \\ 70, & 420 \leqslant x < 450, \\ 100, & 450 \leqslant x < 499, \\ 110, & 499 \leqslant x < 510, \\ 110 + 50 \cdot \left[\dfrac{x-110}{400}\right], & x \geqslant 510. \end{cases} \qquad ②$$

因此，优惠金额函数 a 在定义域上是增函数，但不是严格增函数，因此商家所宣传的"买得越多，越划算"不论是从优惠金额还是优惠程度的角度考虑，都是不正确的.

接着,我们来分析消费者的购物策略,这里,我们将优惠程度最大等价于"最大优惠".

当原始购物金额为 $0 < x < 199$ 时,消费者不享受优惠,即优惠程度为 0,则恰好"凑单"到 199 元时优惠率最大,此时实际花费金额为 179 元.

当原始购物金额为 $199 \leqslant x < 299$ 时,优惠率函数 $y_2 = \dfrac{20}{x}$ 反映出,优惠程度随着原始购物金额的增大而减小,即在此区间内买得越多,优惠率越小,因此消费者可以选择减单到 199 元,此时实际花费金额为 179 元,或是选择凑单到 299 元,此时花费金额为 249 元.

当原始购物金额为 $299 \leqslant x < 420$ 时,根据上述对优惠程度函数性质的分析,消费者可以减单到 299 元,此时优惠程度最大,此时实际花费金额为 249 元.

当原始购物金额为 $420 \leqslant x < 450$ 时,消费者可以选择减单到 420 元,此时实际花费金额为 350 元,或是选择凑单到 450 元,此时实际消费金额也为 350 元.

当原始购物金额为 $450 \leqslant x < 499$ 时,为了使得优惠程度最大,消费者可以选择减单到 450 元,此时实际花费金额为 350 元.

当原始购物金额为 $499 \leqslant x < 510$ 时,结合优惠程度函数的图象,消费者可以选择减单到 499 元,此时实际花费金额为 389 元,或是选择凑单到 510 元,此时实际消费金额为 400 元.

当原始购物金额为 $x \geqslant 510$ 元时,可以视实际购物情况考虑减单、凑单、分单的购物方式,使得优惠程度最大.若当原始购物金额接近 510 元时,考虑适当减单购买物品,使得原始购物金额正好达到 510 元,享受最大的优惠率;若原始购物金额较大,远超 510 元时,可以考虑进行分单购买,使得优惠率最大.

综合上述分析,消费者在购物时,为了使得优惠达到最大,需要结合优惠程度函数进行适当凑单、减单、分单.

(五) 检验模型

在实际消费过程中,部分消费者会视实际花费的数额大小来考虑是否凑单,而不是去计算凑单后优惠程度是否增加.这部分消费者认为,若凑单后实际花费数额比凑单前实际花费数额高出不多,即为优惠程度更大.因此,对于某些情况需要对模型继续修正.

（六）改进模型

当原始购物金额为 $420 \leqslant x < 450$ 时，"减单到 420 元"和"凑单到 450 元"两种购物策略，实际花费金额均为 350 元. 若对"取得最大优惠"的定义视为凑单后实际花费数额小于等于凑单前实际花费数额，则原始购物金额在该区间中，凑单到 450 元更为优惠.

二、教学活动设计

（一）教学目标设置

1. 从分析购买情况，了解数学建模活动的过程中，经历从实际情境中提出问题、建立模型、求解和分析模型、模型合理性验证的过程，体会数学建模在解决实际问题中的意义，发展逻辑推理、数学抽象等核心素养；

2. 通过对案例问题进行建模的过程，掌握分析问题的能力，能够选择合适的函数模型对问题进行探究，理解和感受函数是描述客观世界中变量关系和规律的重要数学语言和工具；

3. 在小组合作建模过程中，培养合作学习能力.

（二）教学重点及学习难点

重点：（1）对不同购物金额给出最大优惠力度的使用方案；

（2）对分段函数的性质进行分析.

难点：对建模结果结合实际购物情况进行检验，给出模型修正方案.

（三）学生情况分析

高一学生对函数关系的建立已经较为熟悉，能够自主想到需要分类讨论的情形，能够掌握初等函数的相关性质（单调性、最值）. 从函数性质出发，分析不同购物策略. 但是在结合实际购物情况验证模型时，仍需要学生具有较高的严密逻辑性.

（四）教学流程

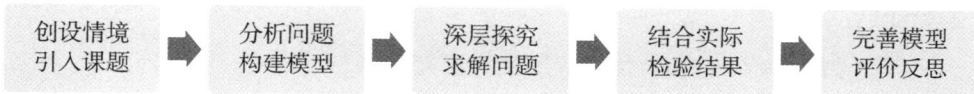

创设情境引入课题　➡　分析问题构建模型　➡　深层探究求解问题　➡　结合实际检验结果　➡　完善模型评价反思

（五）教学过程设计

教学设计	设计意图
1. 创设情境,引入课题 话题引出:2020 天猫"双 11"全球狂欢季最终的交易数据定格在了 4 982 亿元(从 11 月 1 日开始计算),比去年天猫"双 11"的最终成交额 2 684 亿元高了 2 298 亿元,超过 450 个品牌成交额过亿.  　　教师与学生共同观看网络上关于双十一购物的视频,以诙谐有趣的方式引出研究问题:在购物节,如何购买可以使得优惠程度最大? 　　问题情境:某商家推出三种优惠券,分别是满 199 元减 20 元、满 299 元减 50 元、满 499 元减 110 元.这些优惠券之间不可叠加使用,但它们可以与满 400 元减 50 元的购物津贴(可跨店使用)同时使用.此外,这两种优惠方式有使用顺序,必须先使用商家优惠券,再使用购物津贴. 　　问题 1:购物节购物时,优惠程度如何定义? 　　**学生活动**　以小组为单位,共同讨论优惠程度的定义,并就此问题进行分享.	将学生作为学习的主体,教师通过引导学生对不同观点的合理性进行讨论,让学生体会数学建模的开放性和自主性,培养严密的数学逻辑思维.

预估学生回答:优惠额的大小,优惠额与原始购物金额的比值、优惠后价格与原始购物金额的比值等等. 　　教师就不同回答,引导学生思考优惠程度是否与原始购物金额有关,确定优惠程度的定义. 　　2. 分析问题,构建模型 　　思考1:是否是购买得越多,优惠程度越大呢? 　　教师鼓励学生对此问题展开讨论,分享不同观点,讨论得出:为了解决问题,需要建立原始购买金额(按商品原价格计算)与优惠程度之间的关系. 　　问题2:为了建立原始购买金额与优惠程度之间的关系,需要做出哪些假设? 　　**学生活动**　　以小组为单位,讨论模型所作的假设条件,并将建立的初步数学模型进行记录,并在讨论完毕后选一名代表在讲台上分享组内所作的假设条件以及建立的数学模型. 　　预估学生回答:优惠券、购物津贴按照符合金额的最优惠的方式进行组合使用.忽略消费者在其他商家的购物金额,仅考虑在某固定商家购物时获得的优惠;不考虑问题背景以外的优惠规则. 　　针对每组建立的初步数学模型,师生共同评价假设条件的合理性以及模型的准确性.教师在黑板上记录每一组修正后的数学模型以及假设条件. 　　3. 深层探究,求解结果 　　**学生活动**　　每位小组选取一位代表以板书或者演示文档的形式向所有学生对本组的求解模型结果进行展示,互相评价模型,主动提出模型改进意见.	通过让学生经历从分析问题中提出假设的过程,体会简化模型是建立模型中重要的步骤. 　　以小组合作的方式,培养学生合作学习能力,在展示求解过程和求解结果中锻炼数学表达能力和数学思维严密性,让所有学生参与到评价模型、修正模型的过程中.

4．结合实际,检验结果 　　**学生活动**　全体学生在听取每一组数学模型的建立过程和求解结果后,结合实际购买情况对模型结果进行检验,若所得结论与现实情况存在差异,由小组集体讨论其中存在的问题以及改善意见,并作以下思考. 　　思考 2:建模结果与现实情况为何存在差异,如何修正模型? 　　教师总结,在获得模型结果后,需要把结果结合现实情况进行解释,并用实际的现象、数据与之比较,检验模型的合理性和实用性. 　　**5．完善模型,评价反思** 　　教师总结各小组数学模型存在的亮点和不足,引导学生回顾数学建模的整个过程,强调简化模型对于处理复杂问题的必要性,体会函数模型在解决实际问题中的重要意义. 　　课后作业: 　　① 以小组为单位,撰写完整的数学建模报告,尝试完善并修正数学模型,记录数学建模中存在的困难; 　　② 商家通常以折扣或者发放优惠券的方式增加销量,探究如何使获得的利润最大.(请同学们自行设置优惠券的数值)	通过撰写数学建模报告,加深了学生数学建模的过程.同时,所有学生都能学习到不同建模过程和结果,提供多种探究思路.

(六) 教学安排

　　本案例涉及到函数关系的建立、函数的性质(单调性、最值等),可以在高一第一学期进行教学,具体教学时间可安排在学生学习完函数的综合性质之后,此时学生对函数关系的建立已有一定基础.

　　第一课时:引出课题,以小组合作的形式讨论如何建立数学模型,并分享所作假设条件以及所建模型,鼓励学生积极讨论模型和假设条件的合理性.

第二课时:在学生课后以小组形式完成模型求解后,展示所得建模结果,组与组之间互相评价模型,提出模型改进意见.最后教师总结各小组数学模型存在的亮点和不足,引发对相关案例的更多思考.

(七)教学反思

本案例旨在研究生活中的购物策略,在面对多种购物优惠政策时是否是买得越多越优惠,从而在定义优惠程度后,用函数表达式表示优惠程度随着购买金额的对应关系.根据对优惠程度函数的性质研究,量化优惠程度,得出优惠程度不随购买金额的增大而相应增大.通过这个建模案例,学生能够体会到用数学的眼光看待世界,用数学的思维思考世界,用数学的语言表达世界,从而培养数学建模能力.在建模过程中,学生对解释模型、提出策略存在一定挑战,难以从模型结果给出相应策略,回归到实际购物策略上.教师应当在学生分享建模结果时,给予适当的指导,以问题驱动的形式帮助学生思考如何修正模型.

第三节 车辆转弯时的安全隐患教学活动设计

一、问题提出与解决

(一)问题背景

同学们如果时常阅读报纸或浏览新闻网站,可能看过关于大型车辆右转时引发交通事故的报道.有时事故较大,甚至危及生命.为什么大型车辆转弯时容易引发事故?细读一些报道和查阅相关资料后发现,这些事故中很大一部分与"内轮差"有关.

车辆在转弯时,后轮并不是沿着前轮的轨迹行驶的,会产生偏差,转弯形成的偏差叫"轮差".内轮差是车辆转弯时前内轮转弯半径与后内轮转弯半径之差.由于内轮差的存在,车辆转弯时,前、后车轮的运动轨迹不重合.

(二)提出问题

问题一:大型车辆的内轮差有多大? 与哪些因素有关?

问题二:内轮差的存在为什么会损害人或物呢?

(三)建立模型

1. 分析问题

在现实生活中,机动车辆一般有四个车轮,分别是:前外轮、前内轮、后外轮、后内轮. 在车辆转弯时,两个前轮产生转向角,两个后轮不产生转向角.

查阅资料,我们发现车辆转弯大都遵循阿克曼转向几何原理. 依据阿克曼转向几何原理设计的车辆,沿着弯道转弯时,内侧轮的转向角比外侧轮要大 $2°\sim4°$,且四个轮子转弯路径的圆心大致交会于后轴延长线上的瞬时转向中心,让车辆可以顺畅地转弯(如图 3 - 3 - 1).

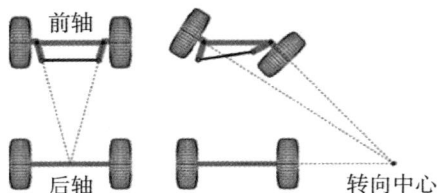

图 3 - 3 - 1

为了便于分析简化车辆模型,不考虑一些特殊车型的结构. 假设车辆有两前轮、两后轮(假设 1),且四个车轮的中心形成矩形(假设 2). 在分析转弯过程中,假设车轮转弯角度不变,且处于理想状态,不产生侧滑、不发生形变(假设 4、假设 5). 最后,由于车辆转弯大都遵循阿克曼转向几何原理,因此在本文中假设车辆遵循该原理(假设 6).

因此根据内轮差的定义,需要表示出车辆转弯时前内轮转弯半径与后内轮转弯半径之差,进而分析内轮差的影响因素对内轮差大小的影响.

2. 提出假设

假设 1:车辆有两个前轮和两个后轮;

假设 2:车辆四个车轮的中心形成一个矩形;

假设 3:车辆转弯过程中车轮转弯角度不变;

假设 4:车辆在转弯时处于理想状态,不产生侧滑;

假设 5:车轮为刚性的,转弯过程中不发生形变;

假设 6:车辆转弯遵循阿克曼转向几何原理.

3. 模型参数

结合车辆转弯的俯视图,记车辆四个轮子转弯路径的圆心交会于后轴延长线上的瞬时转向中心 O(如图 3 - 3 - 2).

设瞬时转向中心 O 到两后轮中点的距离为 R,设两前轮之间距离(称为轮距)为 ω,同侧前后两轮距离(称为轴距)为 l,车辆转弯时前内轮转角为 δ.

将瞬时转向中心 O 到后内轮和前内轮的距离分别记为 R_1 和 R_2,它们分别是前内轮和后内轮的转弯半径. 设车辆转弯时的内轮差为 $R_{内轮差}$.

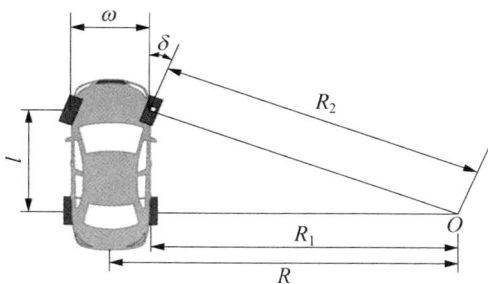

图 3-3-2

4. 模型建立

当车辆转弯时,此时转弯半径为瞬时转向中心 O 到两后轮中点的距离为 R,且车辆轮距 ω、轴距 l 为常数,因此内轮差 $R_{内轮差}$ 与前内轮转角 δ 有关.

为了便于分析,记四个车轮的中心分别为 A、B、C、D(如图 3-3-3).

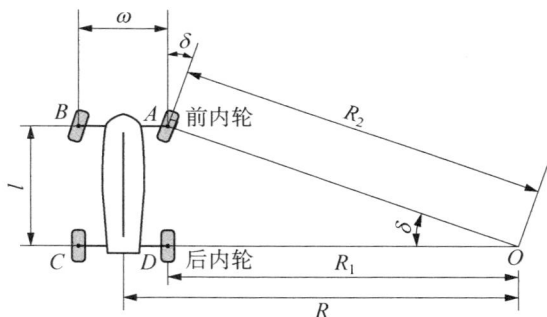

图 3-3-3

基于假设,车辆四个车轮的中心形成一个矩形,则 $\angle AOC$ 与 $\angle OAD$ 互余,且前内轮转角 δ 与 $\angle OAD$ 互余,因此有

$$\angle AOC = \delta.$$

于是

$$\tan\delta = \frac{l}{R_1}, \ \sin\delta = \frac{l}{R_2}.$$

这样,后内轮和前内轮的转弯半径分别为

$$R_1 = \frac{l}{\tan\delta}, \ R_2 = \frac{l}{\sin\delta}.$$

车辆转弯时的内轮差为

$$R_{内轮差} = l\left(\frac{1}{\sin\delta} - \frac{1}{\tan\delta}\right) = l\tan\frac{\delta}{2}.$$

(四) 求解模型

由上述内轮差模型 $R_{内轮差} = l\tan\dfrac{\delta}{2}$，可知内轮差 $R_{内轮差}$ 与轴距 l 和前内轮转角 δ 有关。

当轴距 l 不变时，前内轮转角 δ 越大，内轮差也越大。由此可知，在车辆转弯时，驾驶员需要控制车轮转角，也就是转动方向盘的程度，且需具有内轮差意识，避免只考虑前轮转弯半径而忽略内轮差，从而伤害人或物。

当前内轮转角 δ 不变，轴距 l 越大时，内轮差越大，且内轮差大小与轴距 l 成正比。由此可见，对于驾驶较宽车辆(轴距较大)的驾驶员，需要更加具有内轮差意识，尽量减小前内轮转角 δ，提前转动方向盘，保证转弯半径尽量大。

(五) 检验模型

根据生活经验，当前内轮转角 δ 越大时，车辆的转弯半径越小，且两者之间存在一定关系，为

$$\tan\delta = \frac{l}{R_1} = \frac{l}{R - \dfrac{\omega}{2}}.$$

因此内轮差也可以由转弯半径 R 表示。

由于 $\tan\delta = \dfrac{l}{R_1} = \dfrac{l}{R - \dfrac{\omega}{2}}$，能得到

$$\sin\delta = \frac{l}{\sqrt{l^2 + \left(R - \dfrac{\omega}{2}\right)^2}}.$$

因此，内轮差能够表示为

$$R_{内轮差} = l\left(\frac{1}{\sin\delta} - \frac{1}{\tan\delta}\right) = l\left(\frac{\sqrt{l^2 + \left(R - \dfrac{\omega}{2}\right)^2}}{l} - \frac{R - \dfrac{\omega}{2}}{l}\right)$$

$$= \sqrt{l^2 + \left(R - \frac{\omega}{2}\right)^2} - \left(R - \frac{\omega}{2}\right).$$

容易验证,两个模型得到的内轮差公式是等价的.

根据分子有理化,能够得到

$$R_{内轮差} = \sqrt{l^2 + \left(R - \frac{\omega}{2}\right)^2} - \left(R - \frac{\omega}{2}\right) = \frac{l^2}{\sqrt{l^2 + \left(R - \frac{\omega}{2}\right)^2} + \left(R - \frac{\omega}{2}\right)}.$$

则根据上式,能得知当车辆的轴距、轮距不变时,转弯半径越大,内轮差越小.由此可见,大型车辆转弯时,需尽可能使得转弯半径大,控制方向盘转动幅度,时刻注意内轮差对转弯半径所在圆内的人或物的损伤.

二、教学活动设计

(一)教学目标设置

1. 从交通问题出发引发思考,经历在实际情境中提出问题、建立模型、求解和分析模型、模型合理性验证的过程,体会数学建模在解决实际问题中的意义,发展逻辑推理、数学抽象等核心素养;

2. 能够结合实际车辆转弯数据,对内轮差模型进行检验;

3. 通过查询文献检验模型,熟悉常用文献网站、数据来源.

(二)教学重点及学习难点

重点:(1)对车辆内轮差模型作出合理假设,建立内轮差的表达式;

(2)基于内轮差模型,分析车辆转弯时的数据对内轮差大小的影响.

难点:分析不同内轮差模型之间的差异和共同点,进行辨析.

(三)学生情况分析

高一学生刚学习完三角函数章节,对三角之间的转换公式较为熟悉,有能力分析车辆转弯角度对内轮差的影响,以及对内轮差表达式性质的探究.

(四)教学流程

创设情境 引入课题 ➡ 分析问题 构建模型 ➡ 深层探究 求解问题 ➡ 结合实际 检验结果 ➡ 完善模型 评价反思

（五）教学过程设计

教学设计	设计意图
1．创设情境,引入课题 问题 1:同学们平时有没有观察过,在车辆转弯时,前后四个轮子的转向角是否相同? 是否是前轮转多少度,后轮就转多少度呢? 问题 2:车辆转弯时,前、后轮的运动轨迹重合吗? **学生活动**　就话题展开讨论,分享在生活中观察到的现象或是获取到的相关信息. 师生共同观看有关阿克曼转向几何原理的视频,了解沿着弯道转弯时,内侧轮的转向角比外侧轮要大 $2°\sim4°$,四个轮子转弯路径的圆心大致交会于后轴延长线上的瞬时转向中心(若车辆依据阿克曼转向几何原理设计).因此,车辆在转弯时,后轮并不是沿着前轮的轨迹行驶的,转弯形成的偏差叫"轮差".内轮差是车辆转弯时前内轮转弯半径与后内轮转弯半径之差. 因此,由于存在内轮差,前后车轮的运动轨迹不重合.	通过科学视频了解阿克曼转向几何原理和内轮差,一方面对上述问题进行回答,另一方面引出关于内轮差的研究问题.

师生共同观看有关阿克曼转向几何原理的视频,了解沿着弯道转弯时,内侧轮的转向角比外侧轮要大 $2°\sim4°$,四个轮子转弯路径的圆心大致交会于后轴延长线上的瞬时转向中心(若车辆依据阿克曼转向几何原理设计).因此,车辆在转弯时,后轮并不是沿着前轮的轨迹行驶的,转弯形成的偏差叫"轮差".内轮差是车辆转弯时前内轮转弯半径与后内轮转弯半径之差.

因此,由于存在内轮差,前后车轮的运动轨迹不重合.

教师:像公交车、集装箱卡车等大型车辆,在路口转弯时,由于后轮与前轮运动轨迹不同,可能会伤及在车辆旁边行走的路人或损坏路边的建筑.有许多交通事故都因为内轮差而产生,造成了惨重的结果.

研究问题:大型车辆的内轮差有多大? 为什么会损害人或者物呢?

2. 分析问题,构建模型

思考1:车辆尺寸形状会随着车型不同而有所不同,如何简化车辆模型来研究内轮差呢?

学生活动　以小组为单位讨论如何简化车辆模型,适当查询相关资料,并向其他组进行分享,共同讨论假设条件是否合理,是否需要修改等等.

教师对小组所作假设进行适时评价和补充,引导学生对假设的合理性进行思考、讨论.

预估学生出现的情况:

(1) 学生忽略车辆转弯应该遵循阿克曼转向几何原理;

(2) 学生忽略车辆转弯时前轮转向角不发生偏转;

(3) 学生忽略车轮的大小和厚度对内轮差的影响.

学生活动　就小组所做假设对内轮差模型进行建构,合理假设模型变量,并尝试用车辆数据来表示内轮差的大小.

预设情况:学生对内轮差模型的分析角度各有不同,因而所得到的内轮差表达式有所差异.教师在小组分享建模情况后,引导学生思考不同表达式之间的联系,结合三角函数定义等知识来验证是否存在本质上的差异.

3. 深层探究,求解结果

学生活动

① 以小组为单位,在力所能及的范围内用动画演示内轮差的大小,对内轮差表达式中的变量进行定性分析,如轴距、转角、轮距等对内轮差的影响,并结合动画给出结论;

② 以小组为单位,向所有同学展示所得成果,展示

从交通问题引发思考,引出关于内轮差的研究,体会数学建模来源于实际问题,旨在解决实际问题的特征.

通过引导学生思考表达式之间的关联,培养学生的严密数学逻辑,多角度看待问题的能力.

形式不限,在每一组展示完毕后请其他组同学进行模型评价.

预设同学通过动画模拟,得出以下有关内轮差的结论:

① 转弯半径越小,内轮差越大;

② 轮距越小,内轮差越大;

③ 轴距越大,内轮差越大.

4. 结合实际,检验结果

查阅文献,汽车前内轮的转向角一般在 $32°\sim42°$ 范围内,结合相关文献公布的内轮差数据,检验模型所得的内轮差范围,检验所建立内轮查模型的合理性.

预设情况:学生通过查阅资料,得到不同型号车辆数据,代入算得不同车辆内轮差大小,从而验证模型的合理性.教师需要强调验证模型时,所用数据应当来源于规范文献或权威网站等.

5. 完善模型,评价反思

教师:根据我们模型的结果,在实际驾驶情况中,如果司机对内轮差不加重视,会给内侧行人带来安全隐患,因此司机应该谨慎驾驶,同时行人也要有自我保护意识,与转弯的车辆保持安全距离.

课后作业:

① 以小组为单位,撰写完整的数学建模报告,尝试完善并修正数学模型,记录数学建模中存在的困难.

② 探究题:在遇到车辆向行人一侧转弯时,应至少保持多少安全距离? 对马路的设计有何建议?

③ 思考题:实际生活中,在车辆转弯时需要控制车速,车速会影响转弯过程中车轮的侧滑,转弯车速大小会如何影响内轮差?

教师提供一些制作动画的资源供学生选择,体会用图示结果验证理论的直观性.

本案例检验模型时可代入真实车辆数据,教师需要强调检验模型需要的注意事项,保证检验的合理性和有效性.

从内轮差模型结果出发,教师及时给予安全教育,体现了数学建模在生活中的启示作用.

（六）教学安排

本案例涉及三角比、三角恒等式，可以在高一第二学期进行教学，具体教学时间可安排在学生学习完三角章节后. 需要学生课后查阅车辆资料进行模型检验，建议课时为 2 课时.

第一课时：引出课题，以小组合作的形式讨论如何建立数学模型，并分享所作假设条件以及所建模型，鼓励同学积极讨论模型和假设条件的合理性.

第二课时：在学生课后以小组形式完成模型求解后，展示所得建模结果，组与组之间互相评价模型，提出模型改进意见. 教师布置与本案例相关的探究题，学生课后查询资料、思考并试着解决更多的相关案例.

（七）教学反思

本案例背景围绕车辆转弯问题，相较于教科书（上教版普通高中教科书数学必修第四册）上其他几个案例，中学生会稍显陌生，由于对于汽车研究不多，因此在做模型假设时，可能存在思考不全面的情况. 另外，关于阿克曼转向几何原理，学生在分析车辆转弯时的数学模型时可能存在困难，教师可以通过在课堂上分享学生所做模型，达到组与组之间的反思提升. 对于所建构的模型，检验也是较难的，可以鼓励学生课后查询车辆相关信息，对模型的数据进行检验，并给出结论.

第四节　雨中行教学活动设计

一、问题提出与解决

（一）问题背景

生活中你是否曾遇到这种尴尬的事：上学时天气好好的，放学时走了一段路突然下雨了；或是出去踢球的时候没带伞，回家路上却碰巧下雨了. 遇到这种情况该怎么办呢？ 也许你会冒雨跑回家，或者赶紧找个避雨的地方，又或者找公交站或地铁站乘车回家. 不管采用何种方法，你都需要淋雨从当下所处的位置前往想要去的地方. 在这一过程中，有什么方法可以减少淋雨呢？

（二）提出问题

问题一：在雨中行走时，淋雨量如何计算？

问题二：在雨中行走时，如何使得淋雨的程度最小呢？

（三）建立模型

1. 分析问题

人在雨中行走，根据生活经验，其头顶和前后左右的衣服会被淋湿.

首先，与淋雨量问题有关的主要因素有降雨量的大小、路程的远近、行走的速度、人体的形状等. 为了简化问题，假设降雨强度在雨中行走时保持不变（假设1），为了便于分析在雨中行走时淋雨的面积，我们可以将人体形状视为简单的几何模型（假设2），并假设行走速度保持不变（假设3），同时假设人体在行走时身体与地面垂直（假设4），从而求解问题一中的淋雨量. 其次，由于假设降雨强度保持不变，将问题二转化为：在相同的降雨强度下，我们应如何选择策略使得淋雨程度（即淋雨量）最小.

2. 提出假设

假设1：降雨强度保持不变；

假设2：将人体视为一个长方体；

假设3：雨中行走的速度保持不变；

假设4：假设人体在行走时身体与地面垂直.

3. 模型参数

记人的身高为 h，宽度为 w，厚度为 d，记人在雨中行走的距离为 D，单位均为米. 记降雨强度系数为 p，即单位体积的空间中雨滴所占的比例. 记降雨的速度为 v_r，记水平风速为 v_w，单位为米每秒. 记淋雨量为 T.

4. 模型建立

先考虑头顶部分淋雨的情况.

图 3 - 4 - 1

如图 3 - 4 - 1，头顶被雨淋到的面积为

$$S_1 = wd.$$

如图 3 - 4 - 2，记水平风速为 $v_w(\mathrm{m/s})$，人在雨中的行走速度为 $v(\mathrm{m/s})$（图 3 - 4 - 2），根据参照物的想法，我们可以将人看成是固定不动的，那么风相对于人的运动速度大小就变为 $V = |v - v_w|$. 则单位时间内落在头顶上的雨滴就包含在一个倾斜的平行六面体中. 它的

底面就是一个长方形,面积为 wd;它的高等于 v_r. 根据平行六面体的体积公式,则单位时间内头顶的淋雨量为

$$C_h = pwdv_r.$$

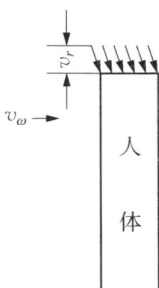 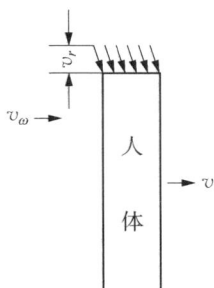

图 3 - 4 - 2　　　　　　　　　　图 3 - 4 - 3

因此,影响头顶淋雨量的因素就只需要考虑淋雨时间.

记人在雨中行走的距离为 $D(m)$,那么行走的时间为

$$t = \frac{D}{v},$$

从而头顶上总的淋雨量为

$$T = \frac{pwdv_rD}{v}.$$

接着考虑前后衣服的淋雨量,就要考虑风相对于人行走的方向. 在无风的情形下,基于假设,人体在行走过程中始终保持与地面垂直,故只有头顶面积淋雨;在风迎面吹来的情形下,被雨淋湿的部位有头顶和身体前部;在风从背后吹来的情形下,淋湿的部分将与人行走的速度与风速有关.

下面分无风、风迎面吹来、风从背后吹来三种情况进行具体分析.

情形 1　无风的情形.

此时,$v_w = 0$,雨垂直落下,人体总的淋雨量为

$$T = \frac{pwD}{v}(dv_r + hv) = pwD\left(\frac{dv_r}{v} + h\right).$$

情形 2　风迎面吹来的情形,那么被雨淋湿的部位就只有头顶和身体前部.

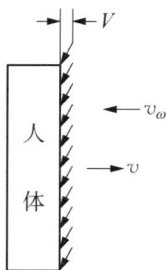

图 3 - 4 - 4

这样,雨滴相对于人体的水平速度大小为 $V = v_w + v$,单位时间内身体前部淋到的雨包含在一个倾斜的平行六面体中,其底面为身体前部,面积为 wh,高等于 V(图 3 - 4 - 4).因此,单位时间内身体前部的淋雨量为

$$C_f = pwhV = pwh(v_w + v).$$

而行走时间为

$$t = \frac{D}{v},$$

所以,身体前部总的淋雨量为

$$T_f = \frac{pwhD}{v}(v_w + v),$$

这样,人体总的淋雨量为

$$T = T_h + T_f = \frac{pwD}{v}[dv_r + h(v_w + v)].$$

情形 3 风从背后吹来的情形.

此时,风速 v_w 与行走速度 v 方向相同,前面得到的淋雨量函数不再适用.由于这种情况已经超出前面讨论的范围,必须回到开始的地方对这种情况重新进行分析.

首先考虑行走速度比风速慢的情形,即 $v \leqslant v_w$.此时,雨滴将淋在背上,淋在背上的雨水量为

$$T_b = \frac{pwhD}{v}(v_w - v),$$

于是,总的淋雨量为

$$T = T_h + T_b = \frac{pwD}{v}[dv_r + h(v_w - v)]$$

$$= pwD\left(\frac{dv_r + hv_w}{v} - h\right).$$

接着考虑行走速度比风速快,即 $v \geqslant v_w$,此时,雨滴将淋在身体前部,淋在身

体前部的雨水量为

$$T_b = \frac{pwhD}{v}(v - v_w),$$

于是,总的淋雨量为

$$T = T_h + T_b = \frac{pwD}{v}\big[dv_r + h(v - v_w)\big]$$

$$= pwD\left(\frac{dv_r - hv_w}{v} + h\right).$$

综上所述,总淋雨量为

$$T = \begin{cases} \dfrac{pwD(dv_r + hv_w)}{v} - pwDh, & v \leqslant v_w; \\[3mm] \dfrac{pwD(dv_r - hv_w)}{v} + pwDh, & v \geqslant v_w. \end{cases}$$

(四) 求解模型

基于模型的建立情况,将情况分为无风、风迎面吹来、风从背后吹来三种情形,分别进行求解.

情形 1　无风的情形

此时,$v_w = 0$,雨垂直落下,人体总的淋雨量为

$$T = \frac{pwD}{v}(dv_r + hv) = pwD\left(\frac{dv_r}{v} + h\right).$$

在上述淋雨量的函数表达式中,降雨强度、降雨速度、人体尺寸、行走距离均可假设为定值,与行走策略的选择无关.则在给定风速和风向的情形下,令 $a = pwDdv_r$,$b = pwDh$.

则淋雨量函数为

$$T = \frac{a}{v} + b\,(a > 0, b > 0).$$

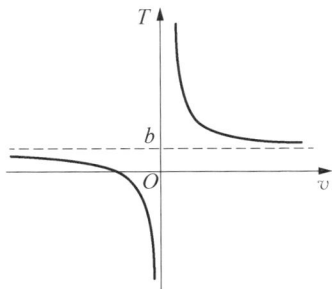

图 3 - 4 - 5

如图 3 - 4 - 5,T 是 v 的严格减函数,v 越大,T 就越小.只有当行走速度尽可能大时,淋雨量 T 才能达到尽可能小.也就是说,此时的行走策略应是在

雨中尽可能快地跑.

情形 2　风迎面吹来的情形,那么被雨淋湿的部位就只有头顶和身体前部

$$T = \frac{pwD}{v}\big[dv_r + h(v_w + v)\big].$$

同理,令 $a = pwD(dv_r + hv_w)$, $b = pwDh$,则淋雨量函数为

$$T = \frac{a}{v} + b(a > 0, b > 0).$$

可知 T 是 v 的严格减函数,v 越大,T 就越小. 也就是说,为了使得淋雨量最少,此时的行走策略应是在雨中尽可能快地跑.

情形 3　风从背后吹来的情形

总淋雨量为

$$T = \begin{cases} \dfrac{pwD(dv_r + hv_w)}{v} - pwDh, & v \leqslant v_w, \\[3mm] \dfrac{pwD(dv_r - hv_w)}{v} + pwDh, & v > v_w. \end{cases}$$

当行走速度不超过风速的情形,即 $0 < v \leqslant v_w$ 时,令

$$a = pwD(dv_r + hv_w)$$
$$b = pwDh.$$

故淋雨量函数为

$$T = \frac{a}{v} - b(a > 0, b > 0).$$

在现在这种情形下,T 仍是 v 在 $(0, v_w]$ 上的严格减函数,因此,行走策略仍应是在雨中以不超过最大速度 v_w 奔跑.

再考虑行走速度比风速快的情形,即 $v > v_w$ 时,淋雨量函数 T 的单调性由 $dv_r - hv_w$ 的符号决定.

当 $dv_r > hv_w$ 时,淋雨量函数 T 在 $(v_w, +\infty)$ 上严格减,即 T 是 $(0, +\infty)$ 上连续的严格减函数,图像如图 3-4-6 所示,即行走速度尽可能大时,淋雨量才能尽可能小. 因此,行走策略应当是在雨中尽可能快地跑.

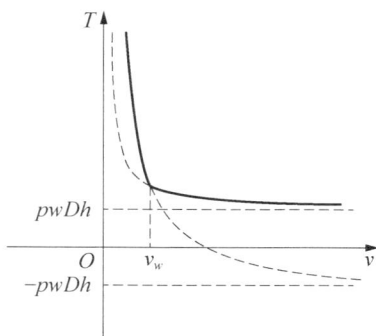

图 3 - 4 - 6

当 $dv_r < hv_w$ 时，淋雨量函数 T 在 $(v_w, +\infty)$ 上严格增，即 T 在 $(0, +\infty)$ 上先减后增，图像如图 3 - 4 - 7 所示，即行走速度以 v_w 的速度奔跑，淋雨量才能达到最小值 $\dfrac{pwDdv_r}{v_w}$．此时，行走速度与风速相同，即风对人的相对速度为 0，从而身体前后都没有淋到雨．

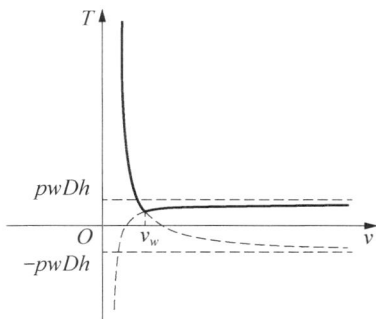

图 3 - 4 - 7

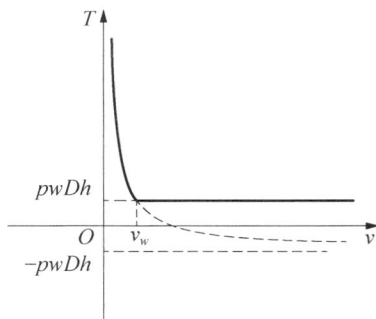

图 3 - 4 - 8

当 $dv_r = hv_w$ 时，淋雨量函数 T 在 $(v_w, +\infty)$ 上为常值，图像如图 3 - 4 - 8 所示，即以行走速度不小于风速 v_w 的速度奔跑，淋雨量能达到最小值 $pwDh$．此时，行走速度与风速相同，即风对人的相对速度为 0，从而身体前后都没有淋到雨．

根据上述分析，我们可以得出以下结论：

在无风的情形下，淋雨量为 $T = pwD\left(\dfrac{dv_r}{v} + h\right)$，行走策略应是在雨中尽可能快地跑；

在风迎面吹来的情形下,淋雨量为 $T = \dfrac{pwD}{v}[dv_r + h(v_w + v)]$,行走策略也应是在雨中尽可能快地跑;

在风从背后吹来的情形下,$T = \begin{cases} \dfrac{pwD(dv_r + hv_w)}{v} - pwDh, & v \leqslant v_w, \\ \dfrac{pwD(dv_r - hv_w)}{v} + pwDh, & v > v_w, \end{cases}$ 行走

策略应是与 $dv_r - hv_w$ 的符号有关:

(1)当 $dv_r > hv_w$ 时,行走策略应当是雨中尽可能快地跑;

(2)当 $dv_r < hv_w$ 时,行走策略应当是以 v_w 的速度行走(或奔跑);

(3)当 $dv_r = hv_w$ 时,行走策略应当是以不小于风速 v_w 的速度行走(或奔跑).

(五)检验模型

结合运动学的相关资料,人正常走路的速度平均为 $0.8\,\text{m/s} \sim 1.5\,\text{m/s}$,慢跑的速度平均为 $1.5\,\text{m/s} \sim 4\,\text{m/s}$,而根据中国气象局气象科普苑的数据显示,微风约在 $3.4\,\text{m/s} \sim 5.4\,\text{m/s}$,故确实在大多数情况符合平时大家的认知,"跑得越快,淋的雨越少",检验了模型的合理性.但是根据分析,也存在一些情况不满足此结论.

在解决淋雨量问题时,假设人体在行走时身体与地面垂直,但在实际情况中,人行走或奔跑时,会与地面呈一定的角度.在解决淋雨量问题时,假设了人体是长方体,但是与实际情况有出入,而淋雨面积与人体的形状有直接关系,且只考虑水平风对人的身体前部和后背导致的淋湿情况,而实际生活中,水平风应是存在各个方面的,故人的侧面也应该会淋湿,也就是我们生活中常说的"落汤鸡",因此对侧面的水平风的方向、淋湿面需要重新做修正.

这里的修正可以留作思考.

(六)参考文献

[1] 胡耿丹.运动生物力学[M].上海:同济大学出版社.2013.

二、教学活动设计

(一)教学目标设置

1.了解数学建模活动的过程,经历在实际情境中提出问题、建立模型、求解和分析模型、模型合理性验证的过程,体会数学建模在解决实际问题中的意义,发展

逻辑推理、数学抽象等核心素养；

2. 通过对案例问题进行建模的过程，掌握分析问题的能力，能够选择合适的函数模型对问题进行探究，理解和感受函数是描述客观世界中变量关系和规律的重要数学语言和工具；

3. 在小组合作建模过程中，形成严密的数学逻辑，培养数学表达能力.

（二）教学重点及学习难点

重点：运用函数思想建立模型，并解决问题；

难点：将雨中行问题进行数量化、符号化，从矢量叠加的角度认识人与雨的相对速度关系，从实际情况出发对模型进行合理性的改进.

（三）学生情况分析

高一学生对函数及相关性质已经较为熟悉，能够对常见函数的最值进行求解和探究. 然而，高中学生对实际问题的分析能力较为欠缺，在分类讨论过程中容易考虑不全面，需要在分析实际问题中作出假设从而简化模型，熟悉数学建模过程.

（四）教学流程

创设情境 引入课题 ➡ 分析问题 构建模型 ➡ 深层探究 改进模型 ➡ 撰写报告 交流成果 ➡ 总结反思 布置作业

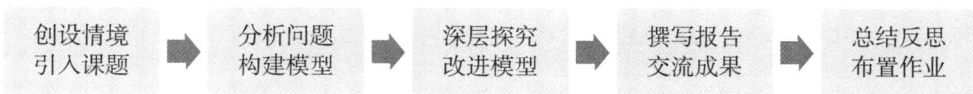

（五）教学过程设计

教学设计	设计意图
1. 创设情境，引入课题 有一则笑话：一天突然下雨，行人纷纷跑步避雨，唯独某君仍慢条斯理地漫步雨中；问之原因，回答说："前面不也下着雨吗？" 问题1：该君的理由为什么好笑？ 问题2：是否跑得越快，总的淋雨量就越少？ 教师引导学生讨论两个问题的答案，并就不同观点展开讨论，教师不给绝对性评价.	从一则笑话出发，引出关于课题的两个问题，激发学生的研究兴趣.

（2011 高考湖南卷·理 20）

如图 3 - 4 - 9，长方体物体 E 在图中沿面 P（面积为 S）的垂直方向作匀速运动，速度为 $v(v > 0)$，雨速沿 E 移动方向的分速度为 $c(c \in R)$，E 移动时单位时间内的淋雨量包括两部分：（1）P 或 P 的平行面（只有一个面淋雨）的淋雨量，假设其值与 $|v - c| \times S$ 成正比，比例系数为 $\dfrac{1}{10}$；（2）其他面的淋雨量之和，其值为 $\dfrac{1}{2}$．记 y 为 E 移动过程中的总淋雨量，当移动距离 $d = 100$，面积 $S = \dfrac{3}{2}$ 时．

（1）写出 y 的表达式；

（2）设 $0 < v \leqslant 10$，$0 < c \leqslant 5$，试根据 c 的不同取值范围，确定移动速度 v，使总淋雨量 y 最少．

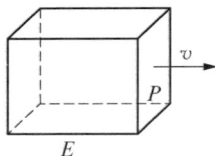

图 3 - 4 - 9

容易得出，在移动过程中总淋雨量为 $y = \dfrac{15 \mid v - c \mid + 50}{v}$，将其看为分段函数进行讨论，可以得出：

（1）若 $0 \leqslant c \leqslant \dfrac{10}{3}$，则 $v = 10$ 时，y 取最小值 $20 - \dfrac{3}{2}c$；

（2）若 $\dfrac{10}{3} < c \leqslant 5$，则 $v = c$ 时，y 取最小值 $\dfrac{50}{c}$．

从高考题引入，得出并非是跑得越快，总的淋雨量就越小的结论，由此激发学生对淋雨量的研究问题．

从上述结果可以看出,并非是跑得越快,总的淋雨量就越小.

提出问题:在雨中行走时淋雨量如何计算? 如何使得淋雨量达到最小?

2. 分析问题,构建模型

思考1:淋雨量的影响因素有哪些? 如何影响?

学生活动　以小组为单位,对影响淋雨量的相关因素进行讨论,尝试分析研究问题并作记录,在讨论完毕后与所有同学进行分享.

教师在黑板上记录学生提出的淋雨量影响因素:雨速、行走时间、淋雨的接触面积、人体形状、行走速度……学生集体思考影响因素是否合理,以及对淋雨量的具体影响情况等,鼓励学生主动分享看法,教师进行适当引导和补充,为学生提供思路.

问题3:我们能够感知,淋雨的接触面积与人的体型有关,该作什么假设?

预设情况:① 学生回答将人体近似看成是一个长方体;

② 学生回答将人体看似成一个圆柱;

③ 学生回答将人体近似看成长方体和球的组合.

问题4:如何构建模型来描述雨中行走时的淋雨量?

学生活动　以小组为单位,合作讨论假设条件,从而起到简化数学模型的作用,将建立的初步数学模型进行记录,并在讨论完毕后选一名代表在讲台上分享小组所作的假设条件以及建立的数学模型.

思考2:模型假设是否合理?

预设情况:① 学生假设无风的情况,即雨滴是垂直落向地面的;

② 人作匀速直线运动;

通过分析淋雨量的影响因素中的主要和次要因素,为接下来的模型假设做铺垫.

以小组合作的方式,构建初步数学模型,思考模型假设的合理性,并让全体学生参与到评价模型、修正模型的过程中.

③ 在行走的过程中,雨始终以相同的速度落向地面,降雨强度相等.

针对每组建立的初步数学模型,师生共同评价假设条件的合理性以及模型的准确性.教师在黑板上记录每一组修正后的数学模型以及假设条件.

以人体为正方体为例,人在雨中行走,其头顶会被雨淋湿.如图 3-4-10,记人的身高为 h,宽度为 w,厚度为 d,则头顶被雨淋到的面积 $S_1 = wd$.用 p 来度量雨滴的密度,并称 P 为降雨强度系数,它表示单位体积的空间中雨滴所占的比例.又记降雨的速度为 v_r(m/s).那么,如果人站着不动,在单位时间(1 s)内,头顶的淋雨量就是头顶上方高度为 v_r 的长方体中的雨滴量(图 3-4-11),可表示为 $C_h = pwdv_r$.

图 3-4-10　　　　图 3-4-11

教师引导学生展开讨论:降雨伴随着大风,雨水不是垂直落下,而是有一定的角度的.这会对头顶的淋雨量产生影响吗?

如图 3-4-12,记水平风速为 v_w(m/s),单位时间(1 s)内落在头顶上的雨滴包含在一个倾斜的平行六面体中.它的底面就是头顶,是一个长方形,面积为 wd;它的高等于 v_r.根据平行六面体的体积公式,单位时

以学生为主体参与到模型的假设和分析过程中,其中教师注重引导学生思考假设的合理性.同时,学生能够从不同的模型中体会不同的分析角度.

间内头顶的淋雨量为 $C_h = pwdv_r$ ，与无风情形下得到的单位时间淋雨量完全相同.

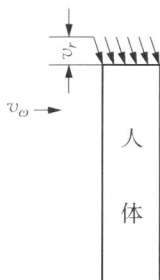 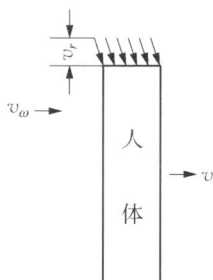

图 3-4-12　　　　　　图 3-4-13

将所建立的初步数学模型与实际情况进行对比，引导学生思考在风速影响下雨不垂直下落的情况，体会数学源于生活的艺术价值.

　　教师进一步追问：当人在雨中行走时，记行走速度为 v(m/s)，单位时间头顶的淋雨量是否有变化？

　　学生分享讨论，可以将人看成是固定不动的，那么风相对于人的运动速度大小变为 $|v_m - v|$ ，故风速大小对头顶在单位时间内的淋雨量不发生改变. 因此，影响头顶淋雨量的因素仅有时间，而行走时间由行走距离和速度决定.

　　3. 深层探究，改进模型

　　利用问题链的形式驱动学生积极思考淋雨量的表达情况，将学生置于建模过程的主体地位.

　　2020 年在江岸出现洪灾,解放军战士筑牢防汛堤坝,坚守防汛一线,他们在风雨中行走的身影伟岸高大.

　　教师引导思考,根据生活经验,人在雨中行走时,不仅头顶会被雨淋湿,前后左右的衣服通常也会被淋湿.因此,如何修正模型?

　　学生活动

　　① 以小组为单位,对所建立的模型进行修正,讨论头顶以外面积的淋雨量,对人体总的淋雨量进行计算,并尝试给出使得淋雨量尽可能小的行走策略.

　　② 全体学生在听取每一组数学模型的建立过程和求解结果后,小组与小组之间互相评价彼此所建立的模型,由小组进行各自记录.

　　教师对所建立的不同模型进行总结,可以从无风、风迎面吹来、风从背后吹来三种不同情形进行分析.同时,教师补充在已知雨的方向时,人体可以与地面成一定角度行走,对减少降雨量能够起到一定作用,可以作为完善模型的入手点之一.

　　4. 撰写报告,汇报成果

　　学生活动　以小组为单位,撰写完整的数学建模报告,查询资料,尝试完善并修正数学模型,记录数学建模中存在的困难,选择一位代表将完整的模型建立与求解过程进行展示.

　　教师提出思考:

　　(1) 在解决淋雨量问题时,假设了人体是长方体,但是实际情况与此假设是有出入的,而淋雨面积与人体的形状有直接关系,因此可以就此对模型进行修正.

　　进一步完善模型,更加贴近实际情况,考虑到头顶外的淋雨情况,引导学生以小组合作的方式,继续探究总淋雨量,教师进行适当的指导.

（2）在分析过程中，只考虑水平风对人的身体前部和后背导致的淋湿情况，而实际生活中，水平风应是存在于各个方面的，故人的侧面也应该会淋湿，也就是我们生活中常说的"落汤鸡". 因此对侧面的水平风的方向、淋湿面需要重新做修正.

教师总结，在获得模型结果后，需要把结果结合现实情况进行解释，检验模型的合理性和实用性，与理论上的"行走得越快未必淋雨量就越少"进行解释验证.

5. 总结反思，布置作业

教师总结各小组数学模型存在的亮点和不足，引导学生回顾数学建模的整个过程，强调区分主要和次要影响因素的重要性，体会函数模型在解决实际问题中的重要意义.

课后作业：

① 以小组为单位，撰写完整的数学建模报告，尝试完善并修正数学模型，记录在数学建模中存在的困难.

② 探究题：查询平均行走速度、跑步速度、风速等相关数据，代入计算在雨中从学校走回家的淋雨量的大致数值.

③ 探究题：如果风从人的侧面吹来，淋雨量函数应作怎样的调整？

④ 思考题：假设人体是其他形状，如椭球体、圆柱体等更贴近人体的形状，重新建立模型进行分析.

（六）教学安排

本案例涉及到函数关系的建立、函数的性质（单调性、最值等），建议在高一第一学期进行教学，具体教学时间可安排在学生对函数关系的建立已有一定基础，学习完函数的综合性质之后进行.

第一课时：以一道高考题的情境引出课题，对影响淋雨量的相关因素进行讨论,尝试分析研究问题,学生集体思考影响因素是否合理,以及对淋雨量的具体影响情况等.接着以小组为单位合作讨论假设条件,将建立的初步数学模型进行记录,并向全体学生分享小组所建立的数学模型.针对每组建立的初步数学模型,师生共同评价假设条件的合理性以及模型的准确性.

第二课时:教师引导学生结合实际情况,考虑在雨中行走时,前后左右的衣服通常也会被淋湿.学生以小组为单位,对所建立的模型进行修正,讨论头顶以外面积的淋雨量,对人体总的淋雨量进行计算,并尝试给出使得淋雨量尽可能小的行走策略.全体学生在听取每一组数学模型的建立过程和求解结果后,小组与小组之间互相评价彼此所建立的模型,由小组进行各自记录.

第三课时:在学生课后查询相关资料并对模型进行求解后,以小组形式向班级展示所得建模结果,同学之间进行互相评价,教师总结各小组数学模型存在的亮点和不足,引发对相关案例的更多思考.

(七) 教学反思

本节建模活动来源于生活,对于淋雨问题,影响数学模型构建的因素较多,教师需要引导学生分析影响因素中的主要因素和次要因素,在构建模型时将问题简化,从而更好地解决淋雨量的相关问题.在分析过程时,由于人体形状较为复杂,为了简化问题,我们假设人体为长方体,这与实际情况有所出入,故可以留作课后的思考题,供学有余力的学生进行继续探究.

本课题构建的是淋雨量的函数模型,通过分析函数单调性得出行走策略.在建立模型的过程中,采用了分类讨论的策略,把问题情境分为无风、逆风、顺风三种情形,学生可能提出不同分析角度,教师需要做好充足的课前准备.

第五节　海上灯塔教学活动设计

一、问题提出与解决

(一) 问题背景

每年的 7 月 11 是中国航海日,我国南海是重要的国际海上运输通道,也是联系中国与世界各地非常重要的海上通道,每年有全球 50% 的商船航经南海.灯塔是高塔形建筑物,在塔顶装设有灯光设备,为船舶提供定位参考、航路指引,保证航海安全.华阳礁灯塔于 2015 年 10 月 9 日在南海华阳礁正式投入使用,其塔高为 50 m,为航经该水域的船舶提供了航路指引,在一定程度上保障了船舶的安全.

(二) 提出问题

南海中的船舶在距离华阳礁灯塔多远时可以看到灯塔发出的光?

(三) 建立模型

1. 分析问题

由于地球是个球体,表面为曲面,故在船舶距离灯塔太远时无法接收到灯塔的光束,而光沿直线传播,故以灯塔处发出的灯光所在直线与地球球面相切时,船舶可以开始看到灯塔发出的光,即为最远距离. 为了简化模型,假设地球是标准球体(假设 1),因此船舶与灯塔连线和地球球面相切时为最远距离. 此问题中的"距离"需要进行定义,在这里假设为球面距离,且将船舶视为质点(假设 2、假设 3). 在实际过程中,天气等外界因素对于船舶接收灯塔光束存在影响,为了简化便于分析,忽略外界因素的影响(假设 4).

2. 提出假设

假设 1:将地球视为标准球体,其半径约为 6 371.393 km;

假设 2:将距离定义为球面距离;

假设 3:将船舶视为质点,忽略船舶大小、尺寸、形状等对距离的影响;

假设 4:忽略天气原因等外界因素对接收灯塔光束的影响.

3. 模型参数

设地球的半径为 R,球心角为 α,即灯塔、船舶两点在地球上的球面距离所对球心角.

4. 模型建立

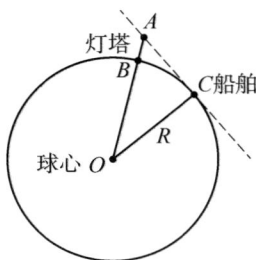

图 3 - 5 - 1

基于上述假设,如图 3 - 5 - 1,灯塔于图中 A 点发出光束,C 点为过 A 点的直线与球面的切点,则 $AC \perp OC$. 又根据实际情况,灯塔是垂直于地面的,故 A、B、O 三点共线,所求最远距离即为 B、C 的球面距离。

(四) 求解模型

查询资料,地球半径 R 约为 6 371.393 km.

根据题中数据,AB 为灯塔高度,即 $AB = 50\,\text{m}$,$OC = OB = R = 6\,371\,393\,\text{m}$,故有:

$$AO = OB + AB = 50 + 6\,371\,393 = 6\,371\,443\,\text{m}.$$

由于 AC 所在直线与地球相切,则在 $\text{Rt}\triangle OAC$ 中,$\cos\angle AOC = \dfrac{OC}{OA}$.

故过 BC 两点的球面距离为:

$$l = \angle AOC \cdot R = \left(\arccos\frac{OC}{OA}\right) \cdot R = \left(\arccos\frac{6\,371\,393}{6\,371\,443}\right) \cdot 6\,371\,393 \approx 25\,241.536\,\text{m}.$$

故南海中的船舶在距离灯塔约 25 241.536 m 时,可以看到灯塔发出的光。

(五) 检验模型

这里我们对距离的定义为过 B、C 的球面距离,若定义为线段长度,由于 $\angle BOC$ 极小,故线段 BC 长度和 B、C 球面距离差距不大,因此将"距离"定义为船舶和灯塔底部所在球面距离较为合理。此外,根据华阳礁灯塔的资料,设计灯光射程为 22 海里,约等于 40 744 m,大于我们所得的最远距离,因此建模结果较为合理。

二、教学活动设计

(一) 教学目标设置

1. 通过对海上灯塔问题的分析和求解,熟悉数学建模的基本过程;

2. 认识模型假设对于模型建立的重要性,从建立模型假设的过程中培养严密的逻辑思维;

3. 能将实际问题抽象成数学问题,将所提出的问题转化为数学量的大小,学会用数学的眼光看待世界。

（二）教学重点及学习难点

重点：熟悉数学建模的基本过程，认识模型假设在建模过程中的重要性；

难点：能够用实际数据检验模型结果的正确性，客观评价模型的优缺点.

（三）学生情况分析

高一学生已经学习了三角函数，对于求解圆的弧长已经较为熟练，并在初中已对直线与圆相切有了初步认识，故解决本建模问题已经有了知识储备. 但由于初次接触数学建模，将实际问题抽象为数学模型，作模型假设时逻辑严密性仍需加强.

（四）教学流程

创设情境
引入课题　➡　分析问题
构建模型　➡　深层探究
求解问题　➡　结合实际
检验结果　➡　完善模型
评价反思

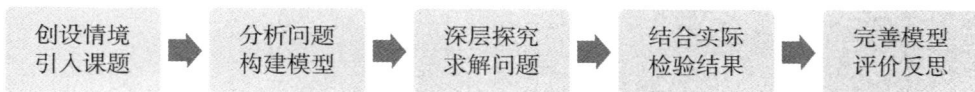

（五）教学过程设计

教学设计	设计意图
1. 创设情境，引入课题　　教师展示中国南海地图（图略），介绍南海作为重要的海洋运输通道，每年有大量船舶航经南海，而灯塔能够为航经船舶作安全指引，保证航海安全. 接着，通过一段华阳礁灯塔的视频（2 分钟）简单介绍该灯塔的作用和创新之处.　　思考 1：该灯塔如何做到给海上航行的船舶作安全指引呢？　　教师请学生回答，将问题转化为：海上航行的船舶距离灯塔多远时，能够看到灯塔发出的光. 就此提出建模要解决的问题.　　2. 分析问题，构建模型　　思考 2：船舶如何看到灯塔发出的光束？	通过介绍南海的重要性、灯塔的作用，一方面引出研究课题，一方面加强学生爱国意识，学习地理知识.　　学生初次面对建模问题，从实际背景中提出问题存在难度，教师通过抛出问题引发

思考 3：该问题与什么因素有关？影响因素有哪些？	学生思考研究问题，进而抽象出数学模型.
学生活动　以小组为单位讨论上述两个问题，并作讨论记录．教师视讨论情况结束讨论环节，请同学分享小组讨论结果.	
问题 1：模型该作哪些假设？	
学生活动　以小组为单位讨论模型假设，并将所作模型假设进行记录并分享．分享完毕后，同学之间进行评价和补充，讨论各小组所作假设是否合理.	以学生为主导，小组形式讨论模型建立，培养学生严密的数学逻辑和自主建模的能力.
预估学生所作假设：	
① 将船舶视为质点，忽略船舶大小、形状、高度等对距离的影响；	
② 假设灯塔灯光的射程足够；	
③ 将地球视作标准球体；	
④ 忽略天气、遮挡物对船舶接收灯塔光束的影响；	
……	
问题 2：问题中的"与灯塔的距离"如何定义？	
预估学生所作定义：	
① 船舶视作质点，将船舶和灯塔底部之间的劣弧长定义为距离；	
② 船舶视作质点，将船舶和灯塔顶端之间的线段长度定义为距离；	
③ 将船舶顶端与灯塔顶端之间的线段长度定义为距离.	对于学生对距离的不同定义，教师鼓励学生发散思维，同时也需引导学生思考不同定义是否合理.
3．深层探究，求解结果	
问题 3：模型如何求解？	
学生活动　以小组为单位，动手求解模型，并将模型结果作分享汇报，每小组分享后，同学对模型进行评	

价.在所有小组汇报模型结果后,教师引导学生思考不同模型下的结果是否存在差异.	
4. 结合实际,检验结果	此模型较为简单,只需设置一课时,故学生需在课堂上对模型进行求解,并当堂分享求解方法与结果.
问题 4:模型结果是否与实际情况一致?	
学生活动 学生查阅灯塔的相关资料,比对模型结果进行检验,若与实际情况一致,则模型合理,若与实际情况出现明显误差或不符实际,则反思模型存在的问题,予以修正.教师在学生小组讨论时可进行适当的指导.	
5. 完善模型,评价反思	学生查阅资料检验模型结果,体会数学源于生活,解释生活.
教师总结数学建模的基本过程:提出问题、构建模型、求解模型、检验模型,其中模型假设对于求解模型有重要意义,但同时也需要注意假设的合理性.	
课后作业:	
① 以小组为单位,完成本建模报告的撰写.	
② 探究题:当船舶位于什么范围时,可以看到华阳礁灯塔的光,这个范围的面积是多少?	
③ 思考题:为了保障船舶能够在各种天气情况下接收到灯塔的光,灯塔应如何设计光束的发射.	

(六) 教学安排

本案例考察学生的三角函数知识,模型较简单,建议高一第二学期学习完三角函数章节后,作为建模课的起始课,安排一个课时.

课堂安排:引导学生从实际情境中提出问题,分析船舶如何看到灯塔的光,从问题中抽象出数学模型,进而思考模型该作如何假设.构建模型的过程中,以学生为主导,小组讨论并进行分享、点评,讨论模型假设的合理性.接着,对模型进行求解,对模型结果结合实际数据进行检验,对所建模型进行评价、完善.在课堂最后,教师引导学生回顾数学建模的基本过程,总结在建模过程中遇到的一些问题,并布置课后作业.

值得注意的是,由于本节课只有一课时,但学生需要查询相关资料对模型进行检验,故教学可安排在配置多媒体信息设备的教室,方便学生查询资料.

(七) 教学反思

本节数学模型较为简单,但对于刚接触数学建模的学生来说,从问题情境中抽象出数学模型仍存在困难,面对实际问题难以从中筛选需要的数据,鲜少能主动去搜集必要数据. 在简化模型过程中,模型假设存在不合理、不全面的情况,因此能够看出学生的建模能力仍有待提高. 本节课作为建模起始课,教师可以适当引导课堂节奏,串联建模基本过程,以不断抛出问题的方式完成建模过程,发展学生严密的逻辑思维和建模素养. 以小组合作的方式,合作完成建模全过程. 通过分享汇报,学生能够发现数学建模没有固定答案,也能够从彼此的评价中对模型进行完善,得到启发.

第四章　高中数学建模教学资源

数学建模作为必修课程被纳入国家课程标准,这意味着全体学生需要开展数学建模的学习和实践. 然而,数学建模对于大多数师生而言,是一个"新新产物",师生在实践过程中面临着数学建模案例缺乏、数学知识深度不够、信息技术掌握不足、学习评价方式不清晰等诸多问题. 本章将针对高中数学建模的知识储备、评价方式、考查特点等角度加以介绍.

第一节　高中数学建模知识储备

高中数学建模是在高中数学教学过程中随时随地可以开展的教学实践活动,它并不是新增的数学知识. 对于建模活动的开展,一方面需要学生能从实际情境中提出问题、分析问题、建立模型、解决问题;另一方面,在整个过程中需要学生均有一定的数学和信息技术必备知识,这些必备知识常以初高中所学内容为主. 一般情况下,中学知识是可以解决高中数学建模问题的,但对于某些复杂的情境,或者为了得到更加符合实际的模型时,就需要我们掌握更多的数学知识. 因此,本节将介绍一些在高中数学建模中常用的数学"工具",当然,这些介绍是粗浅的,目的在于初步了解它们通常用来解决什么样的问题,对于这些知识更深层次的研究,还是需要进一步学习的.

一、线性回归和最小二乘法

(一) 线性回归

首先来看下面的问题:

某城市自 2014 年至 2019 年每年年初统计得到的人口数量如表 4-1-1 所示,建模分析该城市人口增长规律,预估 2021 年该城市的人口数量.

表 4-1-1

年份 x_i	2014	2015	2016	2017	2018	2019
人数 y_i/万	2 082	2 135	2 203	2 276	2 339	2 385

观察表中数据不难发现,每年的人口数量都以万为单位,显然它们不是人口数的精确值,与实际的统计数量存在误差.事实上,在进行人口统计时每年所公布的人口数的统计值也不可能完全等于实际值,尽管如此,所公布的人口数的统计值基本上是可以反映这些年城市的人口数量的实际情况的,因此我们可以根据所得到的数组构建数学模型来描述人口的变化情况.一般来说,对于影响因素多且不易化简、因素之间作用机理不详、情况比较复杂的实际问题,经常直接使用数据组建模型以寻找简单的因果变量之间的数量关系,从而对未知的情形做预报,这一类模型称为拟合模型.

我们可以利用数据的散点图,探寻因素之间的作用关系.(如图 4-1-1)

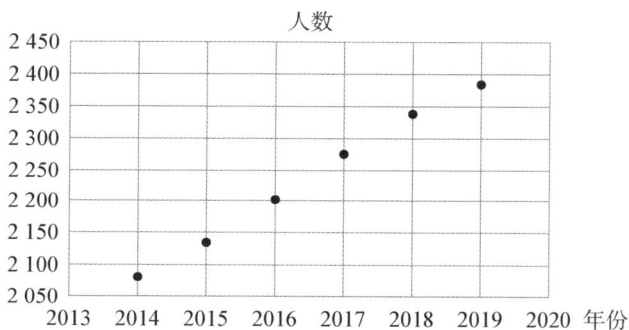

图 4-1-1

观察散点图可以发现,这些点近似地分布在一条直线附近,通过建立该直线的方程,观察人口数随着年份的变化呈现出的变化情况,估算出 2021 年时人口数量.像这样,所得到的曲线(或直线)可以比较科学地反映实际问题中变量之间的关系,根据该曲线建立的方程叫做回归方程,方程的曲线叫做回归曲线.特别地,把用一条直线或一个线性函数去反映实际所给出的数据点的散布趋向的方法叫做线性回归.

但实际上很难找到这样的回归直线,我们只能尽量减小误差,所以在求回归直线时应尽可能满足(如图 4-1-2):包含极大多数数据点的矩形面积较小,所给的数据点均匀地分布在回归直线两旁,数据点尽可能多的在这条回归直线上.

我们可以假设人口增长的模型是 $y = ax + b$ (4.1.1),观察到 2014 年和 2016 年的人口数据基本在直线上,所以将点(2014,2082)、(2016,2203)代入(4.1.1),可求得人口增长模型为:$y = 60.5x - 119\,765$ (4.1.2),并以此模型预

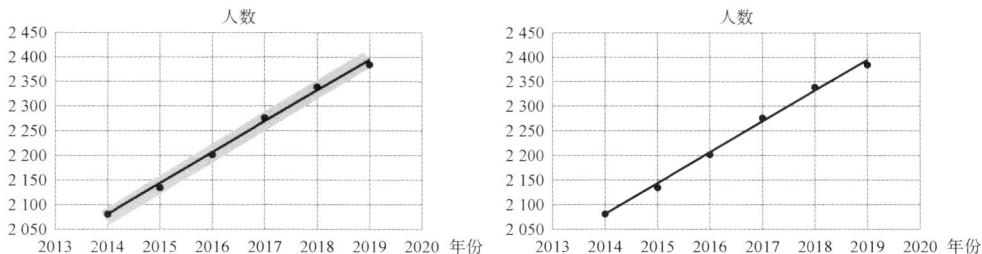

图 4 - 1 - 2

测出 2021 年的人口数量为 $60.5 \times 2\,021 - 119\,765 = 2\,505.5$ 万人.

(二) 最小二乘法

对于模型(4.1.2)的合理性,可以通过比较实际值和理论值之间的差异来判断:(如表 4 - 1 - 2)

表 4 - 1 - 2

年份 x_i	2014	2015	2016	2017	2018	2019
实际人数 y_i/万	2 082	2 135	2 203	2 276	2 339	2 385
理论人数 y_i/万	2 082	2 142.5	2 203	2 263.5	2 324	2 384.5

容易发现,两者存在着一定的误差,分析可知,第 i 年的人口统计数据是 (x_i, y_i),考虑到误差的存在,第 i 年的人口数可以表示为 $y_i = ax_i + b + \varepsilon_i (i \in Z^+)$,其中 ε_i 是这组数据关于模型(4.1.1)的离差,记 $\hat{y}_i = ax_i + b$,则 $\varepsilon_i = y_i - \hat{y}_i$,如果 $\varepsilon_i > 0$,那么它们的差 $y_i - \hat{y}_i$ 叫做在 x_i 处的正离差,如果 $\varepsilon_i < 0$,那么它们的差 $y_i - \hat{y}_i$ 叫做在 x_i 处的负离差. 所构建模型的最理想的结果是 $\varepsilon_i = 0$,但往往实际统计的人口数据 y_i 与理论计算所得的人口数据 $\hat{y}_i$ 不相同,回归曲线和所给数据点的拟合程度越好,那么各数据点的离差和越小. 可是离差和小并不意味着拟合状况好,这是由于正负相消的缘故.

类似于统计中利用方差来反映数据和平均值之间的离散程度,为了更好地反映回归曲线的拟合好坏,我们可以用离差的平方和来判断,这里的离差平方和叫做拟合误差,拟合误差小的表示回归曲线好,反之则表示拟合得不好.

以下让我们共同来计算离差平方和的最小值,进而求得回归曲线(直线). 一般地,用 Q 表示离差平方和,那么

$$Q = \sum_{i=1}^{n} (y_i - \hat{y}_i)^2 = \sum_{i=1}^{n} (y_i - ax_i - b)^2. \tag{4.1.3}$$

所以,求回归曲线的问题本质就是求解当(4.1.3)式取得最小值时 a、b 的值. 我们把已知一组观测数据 $(x_i, y_i)(i = 1, 2, 3, \cdots, n)$,求出使得离差平方和最小时的一次方程 $y = ax + b$ 的曲线(直线)拟合的方法叫做最小二乘法.

计算可知

$$Q = \sum_{i=1}^{n} (y_i - ax_i - b)^2 = \sum_{i=1}^{n} [b^2 + 2b(ax_i - y_i) + (ax_i - y_i)^2]$$

$$= nb^2 + 2bn(a\bar{x} - \bar{y}) + [(ax_1 - y_1)^2 + (ax_2 - y_2)^2 + \cdots + (ax_n - y_n)^2]$$

$$= n[b - (\bar{y} - a\bar{x})]^2 - n(a\bar{x} - \bar{y})^2 + [(ax_1 - y_1)^2 + (ax_2 - y_2)^2 + \cdots + (ax_n - y_n)^2]$$

$$= n[b - (\bar{y} - a\bar{x})]^2 + a^2[(x_1^2 + x_2^2 + \cdots + x_n^2) - n\bar{x}^2] - 2a[(x_1y_1 + x_2y_2 + \cdots +$$

$$x_ny_n) - n\bar{x}\bar{y}] + (y_1^2 + y_2^2 + \cdots + y_n^2 - n\bar{y}^2)$$

$$= n[b - (\bar{y} - a\bar{x})]^2 + a^2 \cdot (\sum_{i=1}^{n} x_i^2 - n\bar{x}^2) - 2a(\sum_{i=1}^{n} x_iy_i - n\bar{x}\bar{y}) + \sum_{i=1}^{n} y_i^2 - n\bar{y}^2.$$

所以,当 $a = \dfrac{\sum_{i=1}^{n} x_iy_i - n\bar{x}\bar{y}}{\sum_{i=1}^{n} x_i^2 - n\bar{x}^2}$,$b = \bar{y} - a\bar{x}$ 时,离差平方和 Q 取得最小值. 继续

推导可以发现 $\sum_{i=1}^{n} x_i^2 - n\bar{x}^2 = \sum_{i=1}^{n} (x_i^2 - \bar{x}^2) = \sum_{i=1}^{n} (x_i^2 - 2x_i\bar{x} + \bar{x}^2 + 2x_i\bar{x} - 2\bar{x}^2)$

$$= \sum_{i=1}^{n} (x_i - \bar{x})^2 + 2\bar{x} \cdot \sum_{i=1}^{n} (x_i - \bar{x}) = \sum_{i=1}^{n} (x_i - \bar{x})^2,$$

也即当 $a = \dfrac{\sum_{i=1}^{n} x_iy_i - n\bar{x}\bar{y}}{\sum_{i=1}^{n} (x_i - \bar{x})^2}$,$b = \bar{y} - a\bar{x}$ 时,离差平方和 Q 取得最小值.

于是用最小二乘法就可以得到表 4-1-1 中所测得的数据的回归直线方程, 代数数据可求得: $a = 62.8571$,$b = 124514.8$,因此回归直线方程是: $y = 62.8571x - 124514.76$. 方程(4.1.3)与之前所求的方程(4.1.2)比较可以发现 (如表 4-1-3):方程(4.1.3)离差平方和更小,拟合的精度较高.并由此估算 2021 年该城市的人口数量约为 2519 万.

表 4 - 1 - 3

年份 x_i	2014	2015	2016	2017	2018	2019
实际人数 y_i/万	2 082	2 135	2 203	2 276	2 339	2 385
方程 4.1.2 理论人数 $\hat{y_i}$/万	2 082	2 142.5	2 203	2 263.5	2 324	2 384.5
方程 4.1.2 离差 ε_i/万	0	−7.5	0	12.5	15	0.5
方程 4.1.3 理论人数 $\hat{y_i}$/万	2 079.4	2 142.3	2 205.2	2 268	2 330.9	2 393.7
方程 4.1.3 离差 ε_i'/万	2.6	−7.3	−2.2	8	8.1	−8.7
离差平方和	$\sum_{i=1}^{n}\varepsilon_i^2 = 437.75$			$\sum_{i=1}^{n}\varepsilon_i'^2 = 270.19$		

（三）利用 EXCEL 求回归直线方程

随着时代的发展,信息技术在数学学习中的重要性越来越显现. 高中课堂教学中,除了运用常见的数学软件(如几何画板、Geogebra 等)开展问题探究外,还需要学生具有一定的分析数据、处理数据的能力,这既是高中数学核心素养的要求,也是作为新时代高中学生所应该具备的能力. 课程标准中指出:通过高中数学课程的学习,学生能提升获取有价值信息并进行定量分析的意识和能力;适应数字化学习的需要,增强基于数据表达现实问题的意识,形成通过数据认识事物的思维品质. 可以进行数据分析和处理的软件很多,以 MATLAB 使用最为频繁,对于不算复杂的问题,很多软件都可以达到要求,例如学习工作中常见的 EXCEL. 接下来,让我们一起利用 EXCEL 求解刚才的人口估算问题.

软件版本:EXCEL2016

使用步骤:1. 在 EXCEL 中输入统计所得的数据(如图 4 - 1 - 3);

2. 选中"数据"—【插入】—【图表】—"散点图"(如图 4 - 1 - 4);

3. 选择"图像"—添加趋势线(如图 4 - 1 - 5);

4. "设置趋势线格式"—勾选"线型""显示公式"(如图 4 - 1 - 6).

结果显示:可以发现,趋势线所对应的直线方程是 $y = 62.857x - 124\,515$,这就是利用最小二乘法所求解的线性回归方程.

	A	B
1	年份	人数
2	2014	2082
3	2015	2135
4	2016	2203
5	2017	2276
6	2018	2339
7	2019	2385
8		

图 4 - 1 - 3

图 4 - 1 - 4

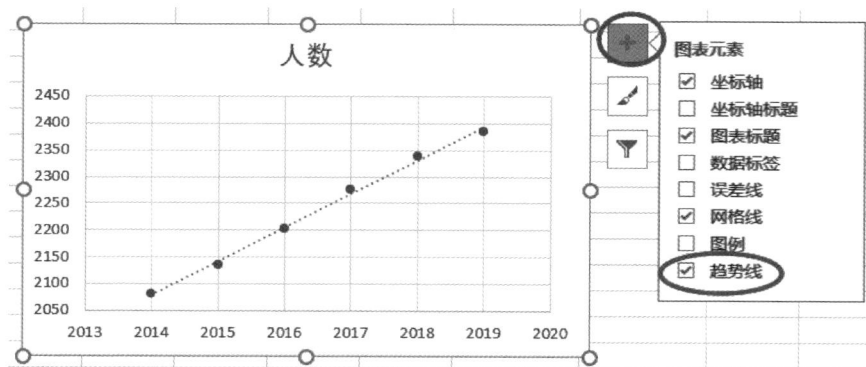

图 4 - 1 - 5

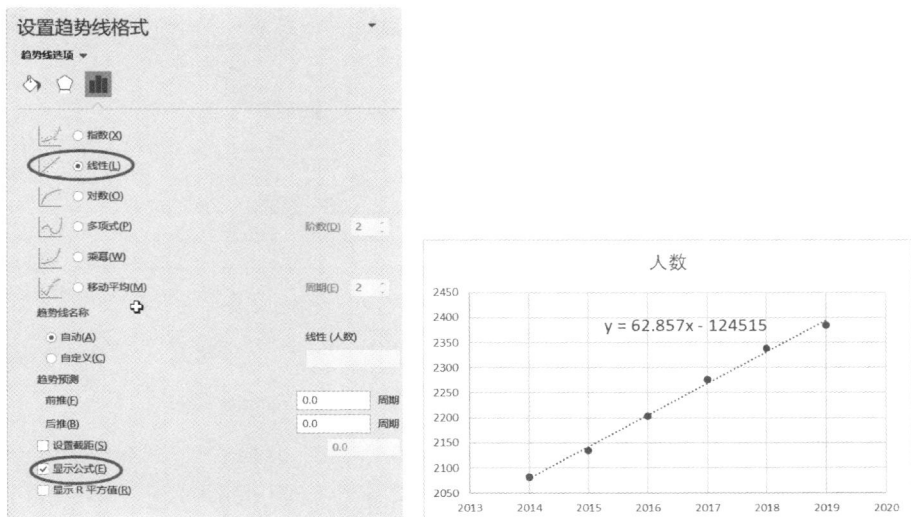

图 4-1-6

（四）简单非线性模型参数估计的最小二乘法

我们再看一个问题：

大数据时代，数据量级已经从 TB(1 TB＝1 024 GB)级别跃升到 PB(1 PB＝1 024 TB)、EB(1 EB＝1 024 PB)乃至 ZB(1 ZB＝1 024 EB)级别. 国际数据公司(IDC)研究结果表明，2008 年全球产生的数据量为 0.49 ZB，2009 年数据量为 0.8 ZB，2010 年增长到 1.2 ZB，2011 年数据量更是高达 1.82 ZB. 表 4-1-4 是国际数据公司(IDC)研究的全球近 6 年每年产生的数据量（单位：ZB）及相关统计量的值. 你能根据统计的数据，估算出 2021 年的数据量吗？

表 4-1-4

年份	2014	2015	2016	2017	2018	2019
序号 x_i	1	2	3	4	5	6
年数据量 y_i/ZB	6.6	8.6	16.1	21.6	33.0	41.0

以此将年份和相应的序号相对应，绘制年数据量的图像（如图 4-1-7）

问题分析　观察数据在图像上的分布，选择曲线方程 $y＝ba^x$ 进行拟合. 两边取对数得 $\ln y＝x\ln a＋\ln b$，此时 $\ln y$ 是 x 的一次函数，利用最小二乘法求出数据 $(x，\ln y)$ 的回归直线方程，从而得到回归曲线方程.

年数据量

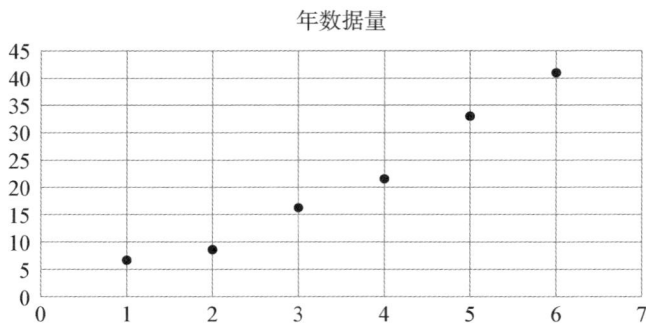

图 4-1-7

模型建构 重新列表如下:(表 4-1-5)

表 4-1-5

年份	2014	2015	2016	2017	2018	2019
序号 x_i	1	2	3	4	5	6
年数据量 y_i/ZB	6.6	8.6	16.1	21.6	33.0	41.0
年数据量的对数 $\ln y_i$/ZB	$\ln 6.6$	$\ln 8.6$	$\ln 16.1$	$\ln 21.6$	$\ln 33$	$\ln 41$

由最小二乘法可知 $\ln a = \dfrac{\sum\limits_{i=1}^{n} x_i \ln y_i - n\bar{x}\overline{\ln y}}{\sum\limits_{i=1}^{n} x_i^2 - n\bar{x}^2} = 0.384\,6$, $\ln b = \overline{\ln y} - \ln a \cdot \bar{x} = 1.504\,0$,

所以,$a = e^{0.384\,6}$,$b = e^{1.504\,0}$.

代入回归曲线方程得 $y = e^{0.384\,6x+1.054}$,且当 $x=8$ 时,可估算 2021 年数据量为 62.23 ZB.

反思和拓展 对于一些形式较为简单的非线性函数,可以通过适当的变换,使其转化为一次函数,再用最小二乘法的结论,构建比较理想的模型.一般地,中学阶段学习的初等函数,大多数情况下都可以通过适当变换转化为一次函数,例如:指数型函数 $y = ba^{kx}$ 可以通过取对数的方式 $\ln y = \ln b + k\ln a \cdot x$ 进行变换,使得点对 $(x_i, \ln y_i)$ 落在直线上;幂类型的函数 $y = ax^b$ 也可以通过取对数的方式 $\ln y = \ln a + b\ln x$ 进行变换,使得 $(\ln x_i, \ln y_i)$ 落在直线上;分式函数 $y =$

$\dfrac{x}{ax+b}$ 则可以通过取倒数的方法进行变换. 像这样的变换有很多，期待大家的发现与探究.

二、矩阵在数学建模中的初步应用

矩阵在数学发展过程中起着非常重要的作用，是最基本的数学概念之一，作为认知复杂事物的工具被广泛应用在数学、物理、工程等各个学科领域之中，也是人们把握复杂的实际事物本质的一种简捷的思维工具. 比如，运用矩阵可以简洁地表示线性方程组、生活中的实际问题等；矩阵的运算体现着运动的观点，用以表示诸如拉升、压缩、投影、对称、旋转等多种变换. 矩阵以数表的形式呈现，具有很好的实用性，在程序编译时，"矩阵"是必不可少的工具之一. 数学建模中，矩阵的使用也相当广泛，如规划问题、层次分析、投入产出、数据拟合等都主要应用矩阵分析解决问题. 以下，将结合高中数学的学习特点，和大家一起感受矩阵的乐趣.

（一）矩阵初步

首先，补充一些关于矩阵的基本概念.

定义　由 $m \times n$ 个数 $a_{ij}(i=1, 2, \cdots, m; j=1, 2, \cdots, n)$ 排成的 m 行 n 列的矩形数表（阵列）

$$\begin{pmatrix} a_{11} & a_{12} & \cdots & a_{1n} \\ a_{21} & a_{22} & \cdots & a_{2n} \\ \cdots & \cdots & \cdots & \cdots \\ a_{m1} & a_{m2} & \cdots & a_{mn} \end{pmatrix}$$

称为一个 $m \times n$ 的矩阵，其中 $(a_{i1} \quad a_{i2} \quad \cdots \quad a_{in})$ 是矩阵的行，$\begin{pmatrix} a_{j1} \\ a_{j2} \\ \vdots \\ a_{jm} \end{pmatrix}$ 是矩阵的列，a_{ij} 是矩阵第 i 行第 j 列的元素. 通常用大写字母 A，B，$\cdots$ 表示矩阵，简记为 $A = (a_{ij})$.

特别地，若 $A = (a_{ij})_{m \times n}$，$B = (b_{ij})_{m \times n}$，且 $a_{ij} = b_{ij}$，则称矩阵 A 与 B 相等，记作 $A = B$. 若矩阵的行数和列数相同（n 行 n 列），则称该矩阵为 n 阶方阵. 若方阵 $A =$

(a_{ij}) 中,当 $i \neq j$ 时,$a_{ij}=0$,则称方阵 A 为对角阵.若对角阵中,$a_{ii}=1$,则称之为单位阵.若矩阵 A 中,$a_{ij}=a_{ji}$ 对 i,$j=1$,2,$\cdots$,n 均成立,则称 A 为对称阵.

矩阵的运算 已知矩阵 $A=(a_{ij})_{m\times n}$,$B=(b_{ij})_{s\times t}$,当 $m=s$,$n=t$ 时,两矩阵可以做加法(减法),运算方法是 $(a_{ij})_{m\times n}+(b_{ij})_{m\times n}=(a_{ij}+b_{ij})_{m\times n}$,$(a_{ij})_{m\times n}-(b_{ij})_{m\times n}=(a_{ij}-b_{ij})_{m\times n}$.当 $n=s$ 时,两矩阵可以做乘法,记作 $A_{m\times s}B_{s\times t}=C_{m\times t}$,具体而言 $c_{ij}=a_{i1}b_{1j}+a_{i2}b_{2j}+\cdots a_{is}b_{sj}$,它是矩阵 A 的第 i 行的 s 个元素与矩阵 B 的第 j 列的相应的 s 个元素乘积之和.至于实数与矩阵相乘,称作矩阵的数乘,记作 kA,运算方法是 $k(a_{ij})=(ka_{ij})$.

值得一提的是,矩阵的加法满足交换律 $A+B=B+A$,结合律 $(A+B)+C=A+(B+C)$.矩阵的乘法是没有交换律的,一般地,$AB \neq BA$,因为 AB 有意义时,BA 不一定有意义.在理想状态下(矩阵可乘),矩阵乘法具有结合律 $(AB)C=A(BC)$,分配律 $A(B+C)=AB+AC$,$(B+C)A=BA+CA$.不难验证矩阵的数乘满足如下运算性质:$k(A+B)=kA+kB$,$(k+r)A=kA+rA$,$k(rA)=(kr)A$.

▫ **例** 计算 $\begin{pmatrix} 1 & 2 & 3 \\ -1 & 0 & 2 \end{pmatrix}\begin{pmatrix} 1 & 2 \\ 3 & 0 \\ -1 & 1 \end{pmatrix}+2\begin{pmatrix} 1 & 0 \\ 0 & 1 \end{pmatrix}$.

解 原式 $=\begin{pmatrix} 1\times1+2\times3+3\times(-1) & 1\times2+2\times0+3\times1 \\ -1\times1+0\times3+2\times(-1) & -1\times2+0\times0+2\times1 \end{pmatrix}+\begin{pmatrix} 2 & 0 \\ 0 & 2 \end{pmatrix}$

$=\begin{pmatrix} 4 & 5 \\ -3 & 0 \end{pmatrix}+\begin{pmatrix} 2 & 0 \\ 0 & 2 \end{pmatrix}$

$=\begin{pmatrix} 6 & 5 \\ -3 & 2 \end{pmatrix}$.

矩阵的转置 把矩阵 A 的行与列互换,所得到的矩阵:

$$\begin{bmatrix} a_{11} & a_{21} & \cdots & a_{m1} \\ a_{12} & a_{22} & \cdots & a_{m2} \\ \cdots & \cdots & \cdots & \cdots \\ a_{1n} & a_{2n} & \cdots & a_{mn} \end{bmatrix}$$

称为矩阵 $A=(a_{ij})_{m\times n}$ 的转置矩阵,记为 A^T 或 A',其中 $A^T=(a'_{ij})_{n\times m}$.转置矩阵具有性质:$(A^T)^T=A$,$(A+B)^T=A^T+B^T$,$(kA)^T=kA^T$,$(AB)^T=B^TA^T$.

逆矩阵　对于方阵 A 和单位矩阵 I，如果存在方阵 B，使得 $AB＝BA＝I$，那么称 A 为可逆的，称 B 为 A 的一个逆矩阵，A 的逆矩阵记作 A^{-1}.

由于本节内容是对矩阵概念的初步了解，所以还有很多与矩阵有关的知识，在本书中不做详述.

矩阵的初等行(列)变换　矩阵的的初等行(列)变换，主要有三种基本变换方式：

（1）用一个非零的数乘以矩阵的某一行(列)；

（2）把矩阵的某一行(列)的 k 倍加到另一行(列)；

（3）互换矩阵中的两行(列).

通常，矩阵的初等变换是求解线性方程组的工具，例如，在求解二元一次方程组 $\begin{cases} 3x - y = 2, \\ x + 4y = 3 \end{cases}$ 时，需要首先构造矩阵，我们称由系数构成 $\begin{pmatrix} 3 & -1 \\ 1 & 4 \end{pmatrix}$ 的矩阵为系数矩阵，由系数和常数项构成的矩阵 $\begin{pmatrix} 3 & -1 & 2 \\ 1 & 4 & 3 \end{pmatrix}$ 为增广矩阵. 利用矩阵，通过初等行变换求解上述二元一次方程组，步骤如下：

该方程组的增广矩阵为 $A = \begin{pmatrix} 3 & -1 & 2 \\ 1 & 4 & 3 \end{pmatrix}$，设 Ⅰ、Ⅱ 分别表示矩阵的第一行、第二行，

$$A = \begin{pmatrix} 3 & -1 & 2 \\ 1 & 4 & 3 \end{pmatrix} \xrightarrow[\text{和第二行}]{\text{交换第一行}} \begin{pmatrix} 1 & 4 & 3 \\ 3 & -1 & 2 \end{pmatrix} \xrightarrow{Ⅰ \times (-3) + Ⅱ} \begin{pmatrix} 1 & 4 & 3 \\ 0 & -13 & -7 \end{pmatrix}$$

$$\xrightarrow{Ⅱ \times \left(-\frac{1}{13}\right)} \begin{pmatrix} 1 & 4 & 3 \\ 0 & 1 & \frac{7}{13} \end{pmatrix} \xrightarrow{Ⅱ \times (-4) + Ⅰ} \begin{pmatrix} 1 & 0 & \frac{11}{13} \\ 0 & 1 & \frac{7}{13} \end{pmatrix}.$$

所以该方程组的解是 $\begin{cases} x = \dfrac{11}{13}, \\ y = \dfrac{7}{13}. \end{cases}$

（二）用矩阵表示实际问题

在实际情境中，经常会碰到需要处理很多数据的问题，如果逐一计算的话，那将是一个非常庞大的工程，因此需要我们从运算对象、运算策略、运算次数等多方

面进行优化.用矩阵表示实际问题,可以达成这一目的.

问题呈现 某班级 4 位学生在两次考试中答对题数如表 4-1-6 所示:

表 4-1-6

序号	期中考试			期末考试		
	填空题 (每题 3 分)	选择题 (每题 3 分)	解答题 (每题 8 分)	填空题 (每题 3 分)	选择题 (每题 3 分)	解答题 (每题 8 分)
1	10	3	2	11	4	4
2	9	5	3	7	3	3
3	10	2	4	8	4	3
4	7	4	3	10	3	4

请根据以上数据分析 2 次考试中这 4 位同学的考试情况,如果期中考试成绩占 40%,期末考试成绩占 60%,求他们的总评成绩.

问题分析 本问题展现的是 4 位同学的考试情况,虽然可以对每位同学逐一分析计算,但是这是没有必要的,因为 4 位同学的分析策略是相同的,逐一分析的话显然是在做"重复劳动".从另一个方面来看,如果全班同学甚至全年级同学的数学成绩都需要分析的话,那将是一个大"麻烦".观察到矩阵乘法 $\begin{pmatrix} a & b \\ c & d \end{pmatrix}\begin{pmatrix} x \\ y \end{pmatrix} = \begin{pmatrix} ax+by \\ cx+dy \end{pmatrix}$ 表示数据 (a,b)、(c,d) 分别与 (x,y) 做了乘积和,所以对于本题可以尝试构建矩阵乘法模型的方法加以解决.

问题解析 设矩阵 A、B 分别表示 4 位同学答对题的总数,则 $A = \begin{pmatrix} 10 & 3 & 2 \\ 9 & 5 & 3 \\ 10 & 2 & 4 \\ 7 & 4 & 3 \end{pmatrix}$,$B = \begin{pmatrix} 11 & 4 & 4 \\ 7 & 3 & 3 \\ 8 & 4 & 3 \\ 10 & 3 & 4 \end{pmatrix}$.

(1) 四位同学在 2 次考试中每类题型的答对题总数.

$$C = A + B = \begin{pmatrix} 10 & 3 & 2 \\ 9 & 5 & 3 \\ 10 & 2 & 4 \\ 7 & 4 & 3 \end{pmatrix} + \begin{pmatrix} 11 & 4 & 4 \\ 7 & 3 & 3 \\ 8 & 4 & 3 \\ 10 & 3 & 4 \end{pmatrix} = \begin{pmatrix} 21 & 7 & 6 \\ 16 & 8 & 6 \\ 18 & 6 & 7 \\ 17 & 7 & 7 \end{pmatrix}$$,矩阵第 i 行表示第 i 位

同学在 2 次考试中依次答对填空题、选择题、解答题的总题数.

（2）四位同学在 2 次考试中各题型平均答对题数.

$$D=\frac{1}{2}(A+B)=\frac{1}{2}\begin{pmatrix}21 & 7 & 6\\16 & 8 & 6\\18 & 6 & 7\\17 & 7 & 7\end{pmatrix}=\begin{pmatrix}10.5 & 3.5 & 3\\8 & 4 & 3\\9 & 3 & 3.5\\8.5 & 3.5 & 3.5\end{pmatrix}，矩阵第 i 行表示第 i 位$$

同学在 2 次考试中依次答对填空题、选择题、解答题的平均题数.

（3）四位同学在 2 次考试中的成绩.

记每大题的分值构成矩阵 $E=\begin{pmatrix}3\\3\\8\end{pmatrix}$，所以期中成绩 $F=AE=$

$$\begin{pmatrix}10 & 3 & 2\\9 & 5 & 3\\10 & 2 & 4\\7 & 4 & 3\end{pmatrix}\begin{pmatrix}3\\3\\8\end{pmatrix}=\begin{pmatrix}55\\66\\68\\57\end{pmatrix}，期末成绩 G=BE=\begin{pmatrix}11 & 4 & 4\\7 & 3 & 3\\8 & 4 & 3\\10 & 3 & 4\end{pmatrix}\begin{pmatrix}3\\3\\8\end{pmatrix}=\begin{pmatrix}77\\54\\60\\71\end{pmatrix}，矩阵第 i 行$$

表示第 i 位同学分别在第 2 次考试中的取得的成绩.

（4）四位同学的总评成绩.

$$H=40\%AE+60\%BE=40\%\begin{pmatrix}55\\66\\68\\57\end{pmatrix}+60\%\begin{pmatrix}77\\54\\60\\71\end{pmatrix}=\begin{pmatrix}68.2\\58.8\\63.2\\65.4\end{pmatrix}，矩阵第 i 行表示第$$

i 位同学的总评成绩.

（三）矩阵在数学建模问题中的简单应用

矩阵是求解实际问题的"利器". 利用矩阵模型，搜集整理实际问题中的信息，除了表达简洁明确之外，结合矩阵变换的特点还可以使人们直观感受到信息数据的变化和整合，从而为解决问题提供合理的方案，形成最优的决策. 例如，如果把每个城镇看作一个点，那么两个点之间有的有线段（也就是道路）直接相连，有的则没有，如果想从一个点到另一个点，应该如何选择路线呢？接下来，我们通过一道简化的城市道路问题，共同感受矩阵在数学建模问题中的应用.

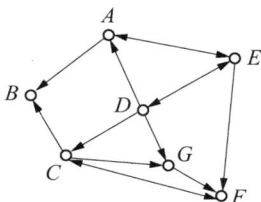

图 4-1-8

问题呈现 图 4-1-8 是城市之间的道路网,经测量发现城市之间的道路长度差异不大,道路按箭头指向单向行驶,A 市中某公司因业务扩展需要打算在 G 市设立办事处,你能帮该公司设计一个方案吗?

问题分析 根据情境,作出如下合情假设:

假设 1:道路的两端只要和城市的边界相连,就称这两座城市被连通了,忽略城市的面积;

假设 2:由于城市之间的道路长度差异不大,所以设城市道路长度为 1;

假设 3:城市之间的道路交通始终通畅,不会因为交通问题而更换道路;

假设 4:如果城市 i 和城市 j 有道路联通,则记 $A(i,j)=1$,否则 $A(i,j)=0$.

模型建构 矩阵 A_1 表示两座城市之间的联通状况,则

$$A_1 = \begin{array}{c} \\ A \\ B \\ C \\ D \\ E \\ F \\ G \end{array} \begin{pmatrix} A & B & C & D & E & F & G \\ 0 & 1 & 0 & 0 & 1 & 0 & 0 \\ 0 & 0 & 0 & 0 & 0 & 0 & 0 \\ 0 & 1 & 0 & 0 & 0 & 1 & 1 \\ 1 & 0 & 1 & 0 & 1 & 0 & 1 \\ 1 & 0 & 0 & 1 & 0 & 1 & 0 \\ 0 & 0 & 1 & 0 & 0 & 0 & 0 \\ 0 & 0 & 0 & 0 & 0 & 1 & 0 \end{pmatrix}.$$

可以发现 $A_1(1,7)=0$,说明 A 和 G 没有道路直接连通,需要先到其他省市,再由这座城市通往 G,所以构造矩阵 A_2 表示两座城市之间是否可以通过第三方城市而联通,其中 $A_2 = A_1 \times A_1 = A_1^2$,因此

$$A_2 = \begin{pmatrix} 0 & 1 & 0 & 0 & 1 & 0 & 0 \\ 0 & 0 & 0 & 0 & 0 & 0 & 0 \\ 0 & 1 & 0 & 0 & 0 & 1 & 1 \\ 1 & 0 & 1 & 0 & 1 & 0 & 1 \\ 1 & 0 & 0 & 1 & 0 & 1 & 0 \\ 0 & 0 & 1 & 0 & 0 & 0 & 0 \\ 0 & 0 & 0 & 0 & 0 & 1 & 0 \end{pmatrix} \begin{pmatrix} 0 & 1 & 0 & 0 & 1 & 0 & 0 \\ 0 & 0 & 0 & 0 & 0 & 0 & 0 \\ 0 & 1 & 0 & 0 & 0 & 1 & 1 \\ 1 & 0 & 1 & 0 & 1 & 0 & 1 \\ 1 & 0 & 0 & 1 & 0 & 1 & 0 \\ 0 & 0 & 1 & 0 & 0 & 0 & 0 \\ 0 & 0 & 0 & 0 & 0 & 1 & 0 \end{pmatrix} = \begin{array}{c} \\ A \\ B \\ C \\ D \\ E \\ F \\ G \end{array} \begin{pmatrix} A & B & C & D & E & F & G \\ 1 & 0 & 0 & 1 & 0 & 1 & 0 \\ 0 & 0 & 0 & 0 & 0 & 0 & 0 \\ 0 & 0 & 1 & 0 & 0 & 1 & 0 \\ 1 & 2 & 0 & 1 & 1 & 3 & 1 \\ 1 & 1 & 2 & 0 & 2 & 0 & 1 \\ 0 & 1 & 0 & 0 & 0 & 1 & 1 \\ 0 & 0 & 1 & 0 & 0 & 0 & 0 \end{pmatrix}.$$

由于 $A_2(1,7)=0$，可见从城市 A 到城市 G 只途径一座城市也是不够的，于是构造矩阵 A_3 表示两座城市之间通过 2 座城市联通，其中 $A_3=A_2A_1=A_1^3$，因此

$$
A_3 = \begin{pmatrix} 1 & 0 & 0 & 1 & 0 & 1 & 0 \\ 0 & 0 & 0 & 0 & 0 & 0 & 0 \\ 0 & 0 & 1 & 0 & 0 & 1 & 0 \\ 1 & 2 & 0 & 1 & 1 & 3 & 1 \\ 1 & 1 & 2 & 0 & 2 & 0 & 1 \\ 0 & 1 & 0 & 0 & 0 & 1 & 1 \\ 0 & 0 & 1 & 0 & 0 & 0 & 0 \end{pmatrix} \begin{pmatrix} 0 & 1 & 0 & 0 & 1 & 0 & 0 \\ 0 & 0 & 0 & 0 & 0 & 0 & 0 \\ 0 & 1 & 0 & 0 & 0 & 1 & 1 \\ 1 & 0 & 1 & 0 & 1 & 0 & 1 \\ 1 & 0 & 0 & 1 & 0 & 1 & 0 \\ 0 & 1 & 0 & 0 & 0 & 0 & 0 \end{pmatrix} = \begin{array}{c c} & \begin{array}{c c c c c c c} A & B & C & D & E & F & G \end{array} \\ \begin{array}{c} A \\ B \\ C \\ D \\ E \\ F \\ G \end{array} & \begin{pmatrix} 1 & 1 & 2 & 0 & 2 & 0 & 1 \\ 0 & 0 & 0 & 0 & 0 & 0 & 0 \\ 0 & 1 & 1 & 0 & 0 & 1 & 1 \\ 2 & 1 & 4 & 1 & 2 & 2 & 1 \\ 2 & 3 & 0 & 2 & 1 & 5 & 2 \\ 0 & 0 & 1 & 0 & 1 & 0 & 0 \\ 0 & 1 & 0 & 0 & 0 & 1 & 1 \end{pmatrix} \end{array}.
$$

此时 $A_3(1,7)=1$，说明从城市 A 到城市 G 可以通过途经两座城市而完成，也就是按照 $A\text{-}E\text{-}D\text{-}G$ 的路线行驶，这是最优化的路线，此时路程长度是 3。

反思　通过对本题的分析和求解，经历矩阵乘法在实际问题中的运用，感受矩阵带来的简约和便捷。从问题二度剖析的角度来看，以下问题值得我们继续思考：

① $A_3(1,7)=1$ 表示从城市 A 途经 2 座城市抵达 G 的可行性。那么如果从城市 G 返回城市 A 又可以怎样选择最优化的路线呢？

② 细心的同学一定发现了，矩阵 A_1、A_2、A_3 中的元素除了 1 和 0 之外还有 2 和 3 等其他数字，你能说说那些非 1 以及非 0 的数字表示什么意思吗？

③ 实际生活中，连接两座城市的道路长度是不相同的，如果把这个因素考虑进去，那么我们可以又应该怎样修正模型呢？

三、正态分布

正态分布是重要的概率分布之一，它是日常生活中常见的一种分布，例如：同质群体的身高、红细胞数、脉搏数、实验中的随机误差等，一般都会呈现正态分布或者近似正态分布。通常，如果影响某一数量指标的随机因素很多，而每个因素所起的作用都不太大，那么这个指标服从正态分布。

（一）几个重要的特征数

数理统计的理论和方法有它自己的体系结构，其中很多部分超出了中学课程的要求，但是学生在实践活动中会遇到有关数据分析的问题，这就需要他们具备一定的数据分析能力，掌握一些数据分析和处理的方法，正态分布就是其中的一种。但是由于中学的数学知识不足以完全理解其基本理论，因此接下来我们就不再纠结于术语和内容，而是了解分析过程的基本思路。

要分析整理数据，首先必须了解数据的属性。例如：1895 年，英国伦敦有 106 块男性头盖骨被挖掘出土，经考证，这些头盖骨的主人死于 1665—1666 年的大瘟疫。人类学家分别测量了这些头盖骨的宽度（单位：mm），数据如下：

146	141	139	140	145	141	142	131	142
140	144	140	138	139	147	139	141	137
141	132	140	140	141	143	134	146	134
142	133	149	140	140	143	143	149	136
141	143	143	141	138	136	138	144	136
145	143	137	142	146	140	148	140	140
139	139	144	138	146	153	158	135	132
148	142	145	145	121	129	143	148	138
148	152	143	140	141	145	148	139	136
141	140	139	149	146	141	142	144	137
153	148	144	138	150	148	138	145	135
142	143	143	148	141	145	141		

可以看出在同一年代下的男性头盖骨的宽度不完全相同，表现出一定的波动性。然而，数据虽然有波动，但并不是杂乱无章的，并且呈现出一定的规律性：这些数据介于 121 mm 到 158 mm 之间，头盖骨宽度在 131 mm 到 146 mm 之间的比较多，并且平均宽度约为 142 mm。

像这样，甚至更加细致的数据分析，在生活实践中是经常遇到的，这就需要我们能从波动的数据中发现其规律。为此，我们首先需要知道几个重要的特征数。

研究对象的全体叫做总体，其中的一个单位叫做个体。如研究这 106 个头盖骨宽度的全体就是总体，每一个头盖骨的宽度就是个体。总体的一部分叫做样本，如从上述头盖骨中列举的 50 个数据就是样本. 一个总体所包含的个体可能有很多, 甚至是无穷的, 以至于无法逐一考察, 我们只能通过统计的方法解决如何从样本来研究总体的问题.

我们从总体中抽取样本得到数据 x_1, x_2, $\cdots$, x_n, 出现次数最多的数叫做众数, 它是数据中占比最多的数值. 将数据按升序(或者降序)排列后, 中间一项(或者中间两项的平均值)叫做中位数, 是一种衡量集中趋势的方法. 记 $\bar{x} = \dfrac{1}{n} \sum\limits_{i=1}^{n} x_i$ 为样本的平均值, 平均值反映的是数据的一般水平, 是描述数据集中位置的一个统计量, 既可以反映数据的一般情况, 也可以用以进行不同数据的比较, 以看出组和组之间的差别.

数据中最大值和最小值之差叫做极差, 记为 $R = \max\{x_1, x_2, \cdots, x_n\} - \min\{x_1, x_2, \cdots, x_n\}$, 极差描述了数据波动的大小, 但是极差没有充分利用数据提供的情报, 因此反映实际情况的精度较差. 所以我们选定一个测度衡量数据的波动, 也就是样本的标准差, 记为 $s = \sqrt{\dfrac{1}{n-1} \sum\limits_{i=1}^{n} (x_i - \bar{x})}$, s^2 叫做方差, 方差(或者标准差)越大, 数据波动越大; 方差越小, 数据波动越小, 标准差比极差更加精确地反映数据的波动情况.

要弄清楚数据波动更全面且完整的规律, 还需要探寻频数的分布情况. 为此要将数据分组, 步骤可以设计如下:

① 找出最大值和最小值, 计算出极差;

② 决定组距和组数, 在样本比较多时, 通常分成 10～20 组, 当样本比较少时, 分成 5～6 组, 先决定组距, 然后定组数, 组距决定于极差, 值得说明的是, 并不是在所有情况下都采用等距分组, 要具体情况具体分析;

③ 决定分点. 为了避免产生临界数据值位于哪个组距中的困扰, 通常建议分点的设定比原测量精度高一位(这也是机器绘制频率分布直方图不可或缺的部分);

④ 数出频数, 画出直方图. 通常情况下, 直方图横轴表示随机变量的取值, 横轴上的每个小区间对应一个组距, 以纵轴不同分为频数分布直方图和频率分布直方图. 纵轴是频数的则是频数分布直方图, 而如图 4 - 1 - 9, 纵轴表示频率与组距之比的是频率分布直方图. 频率分布直方图中, 每一个小矩形的面积表示的是数据在对应组距中的频率, 因此所有小矩阵面积之和等于 1.

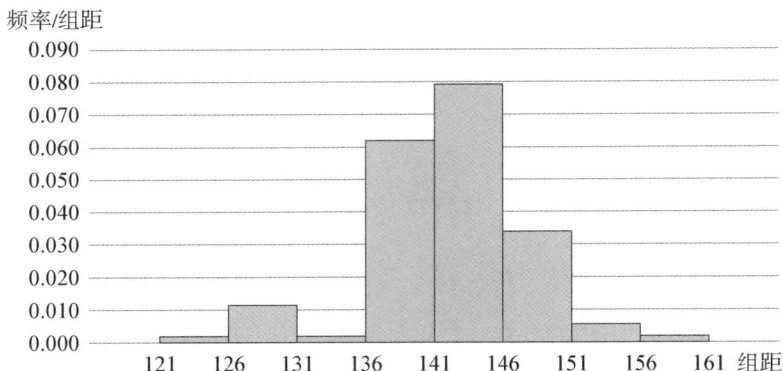

图 4 - 1 - 9

(二) 通过正态分布分析实验数据

具有不同数值的个体在总体中所占的比例,称为总体分布.总体分布有两种表示方法:列表法(频率分布表)和描图法(频率直方图).总体分布有很多类型,其中最重要、最常见的是正态分布.正态分布曲线由正态概率密度函数

$$f(x) = \frac{1}{\sigma\sqrt{2\pi}} e^{-\frac{(x-\mu)^2}{2\sigma^2}}$$

给出.这样的函数可以用来描述连续型随机变量的一种取值的概率分布规律,也就是正态分布的随机变量,记为 $X \sim N(\mu, \sigma^2)$,它的图像如图 4 - 1 - 10 所示.正态分布函数中,x 是从此分布抽出的随机样本值;$e \approx 2.7182$ 是自然对数的底;μ 是曲线最高点的横坐标,叫做正态分布的均值,也就是正态随机变量的期望值,$\mu = E(X)$,曲线关于 μ 对称;σ 是正态随机变量的标准差,它的大小表示曲线的"胖瘦"程度,$\sigma^2 = E(X - E(X))^2$.

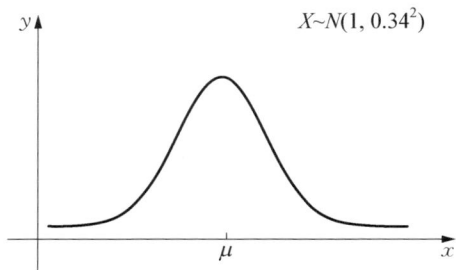

图 4 - 1 - 10

从上图中可以发现,正态分布曲线是定义在实数集上的正函数,关于 $x=\mu$ 对称,呈钟型,且在对称轴处取得最大值.当 $|x|\to+\infty$ 时,$f(x)$ 的图像趋向于 x 轴.如图 4-1-11 所示,标准差 σ 越大,图像距 x 轴越近.特别,当 $\mu=0$,$\sigma=1$ 时的正态分布叫做标准正态分布(如图 4-1-12).

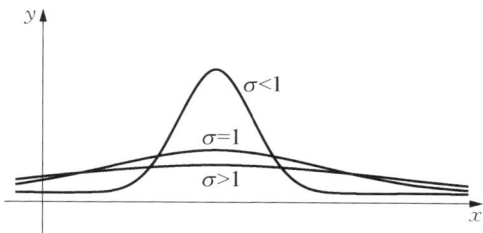

图 4-1-11

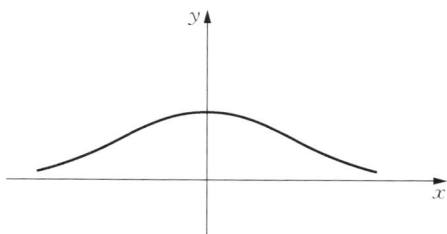

图 4-1-12

如图 4-1-13,正态曲线与 x 轴围成的图形面积为 1,曲线下面阴影部分的面积表示数值在 a 与 b 之间的个体在总体中所占的比例,即 $P(a<x<b)=\dfrac{1}{\sigma\sqrt{2\pi}}$

$\int_a^b \mathrm{e}^{-\frac{(x-\mu)^2}{2\sigma^2}}\,\mathrm{d}x$,易知位于区间 $[a,b]$ 上的图形面积 $S<1$.

以下我们利用标准正态分布 $X\sim N(0,1)$ 来分析个体在总体中的占比情况. 已知标准正态分布 $f(x)=\dfrac{1}{\sqrt{2\pi}}\mathrm{e}^{-\frac{x^2}{2}}$,记 $\phi(u)$ 为 $x\leqslant u$ 时曲线与 x 轴围成的面积(如图 4-1-14),那么在 -1 与 1 之间的面积为 $S_1=\phi(1)-\phi(-1)=\dfrac{1}{\sqrt{2\pi}}\int_{-1}^{1}\mathrm{e}^{-\frac{x^2}{2}}\,\mathrm{d}x\approx$

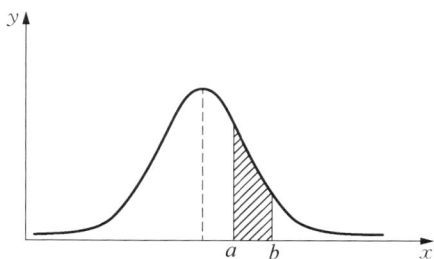

图 4-1-13

0.683,即数值在 -1 与 1 之间的占比为 68.3%;同样的,在 -2 与 2 之间的面积为 $S_2=\phi(2)-\phi(-2)=\dfrac{1}{\sqrt{2\pi}}\int_{-2}^{2}\mathrm{e}^{-\frac{x^2}{2}}\,\mathrm{d}x\approx0.954$,即数值在 -2 与 2 之间的占比,为 95.4%;在 -3 与 3 之间的面积为 $S_3=\phi(3)-\phi(-3)=\dfrac{1}{\sqrt{2\pi}}\int_{-3}^{3}\mathrm{e}^{-\frac{x^2}{2}}\,\mathrm{d}x\approx0.997$,即数值在 -3 与 3 之间的占比,为 99.7%.

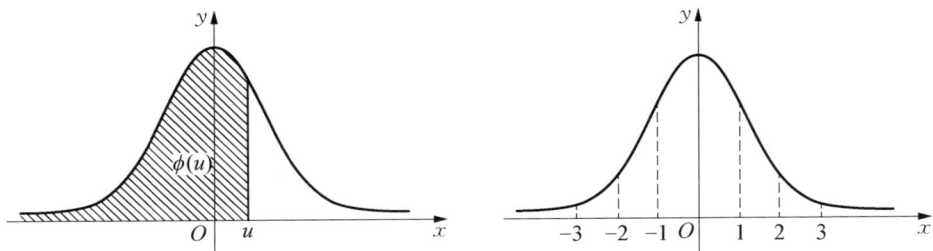

图 4-1-14

在一般的正态分布函数中，当 $X \sim N(\mu, \sigma^2)$ 时，只要令 $X^* = \dfrac{X - \mu}{\sigma}$ 就得到了标准正态分布 $X^* \sim N(0, 1)$，于是经计算可知，正态分布总体的样本：落在 $[\mu - \sigma, \mu + \sigma]$ 的概率是 68.3%；落在 $[\mu - 2\sigma, \mu + 2\sigma]$ 的概率是 95.4%；落在 $[\mu - 3\sigma, \mu + 3\sigma]$ 的概率是 99.7%；特别，落在 $[\mu - 1.96\sigma, \mu + 1.96\sigma]$ 的概率是 95%；落在 $[\mu - 2.58\sigma, \mu + 2.58\sigma]$ 的概率是 99%. 若一个正态分布的随机变量有 95% 的可能落在区间 $[\mu - 1.96\sigma, \mu + 1.96\sigma]$，则称这个区间为正态变量的 95% 置信区间，或者近似为 $[\mu - 2\sigma, \mu + 2\sigma]$ 更便于掌握. 类似地，可以给出 99% 的置信区间近似为 $[\mu - 3\sigma, \mu + 3\sigma]$.

举个例子，某质量检测部门为评估工厂某自动化设备生产零件 T 的性能情况，从该自动化设备生产零件 T 的流水线上随机抽取 100 件零件 T 为样本，测量其直径 d（单位：mm）后，整理得到如下表 4-1-7 所示：

表 4-1-7

直径	78	79	81	82	83	84	85
件数	1	1	3	5	6	19	33
直径	86	87	88	89	90	91	93
件数	18	4	4	3	1	1	1

用频率值作为概率的估计值. 一般地，根据下列不等式评估该自动化设备的性能：

① $P(\bar{x} - s < d \leqslant \bar{x} + s) \geqslant 0.68$；

② $P(\bar{x}-2s<d\leqslant\bar{x}+2s)\geqslant0.95$；

③ $P(\bar{x}-3s<d\leqslant\bar{x}+3s)\geqslant0.99$（$P$ 表示相应事件的概率）.

等级评估方法为：若同时满足上述三个式子，则自动化设备等级为 A；若仅满足其中两个，则自动化设备等级为 B；若仅满足其中一个，则自动化设备等级为 C；若全部都不满足，则自动化设备等级为 D.

请分析这批自动化设备的等级情况.

问题求解　经计算，样本的平均值 $\bar{x}=84.98$，标准差 $s=2.18$ 用频率值作为概率的估计值，则 $\bar{x}-s=82.80$，$\bar{x}+s=87.16$，$\bar{x}-2s=80.62$，$\bar{x}+2s=89.34$，$\bar{x}-3s=78.44$，$\bar{x}+3s=91.52$，由图表数据可知：

$$P(\bar{x}-s<d\leqslant\bar{x}+s)=\frac{80}{100}=0.80>0.68,$$

$$P(\bar{x}-2s<d\leqslant\bar{x}+2s)=\frac{95}{100}=0.95\geqslant0.95,$$

$$P(\bar{x}-3s<d\leqslant\bar{x}+3s)=\frac{98}{100}=0.98<0.99,$$

所以该自动化设备的等级为 B.

第二节　高中数学建模活动的评价建议

2020 年中共中央、国务院印发《深化新时代教育评价改革总体方案》（以下简称《总体方案》）对教育评价提出具体要求，指出教育评价的主要原则是坚持立德树人、为国育才的使命，充分发挥教学评价的指挥棒作用，引导确立科学的育人目标，坚持问题导向，从党中央关心、群众关切、社会关注的问题入手，破立并举，推进教育评价关键领域改革取得实质性突破.《总体方案》还提出：要"改进结果评价，强化过程评价，探索增值评价，健全综合评价"，全面全程关注学生成长，牢记为党育人、为国育才，着力提高教育评价的科学性、专业性和客观性.

结合新课程、新教材和新高考的特点与要求，围绕高中数学建模展开的教学活动，于高中教师而言是全新的教学目标、教学内容和教学手段、教学方法的尝试，于学生而言是则全新的、与以往不同的学习活动体验. 这样的教学和体验是否科学、合理、有效,是否对提升学生的学习能力、培养他们的学科素养起到作用呢?这就需要设计合理的评价体系.

《标准》从学业质量、学科素养层面依次提出高中毕业应当达到的要求(水平一)、高考的要求(水平二)和大学自主招生的要求(水平三),三个层面对数学建模学习要求和学习水平分级都有具体的阐述.指出数学建模核心素养划分成三个水平(事实上,每一个核心素养都划分为三个水平),每一个水平都是通过"情境与问题""知识与技能""思维与表达""交流与反思"这四个方面进行表述的.《课程标准》中还强调,学业质量是学生完成本学科课程学习后的学业成就表现,是以本学科核心素养及其表现水平为主要维度,结合课程内容,对学生学业成就表现的总体刻画.相应地,数学建模学业质量评估就是学生完成数学建模活动后的学习情况表现,结合数学建模学科素养的集体表现与课程目标的要求,设计了如下的评价量表,为师生展开数学建模活动提供评价的基础和建议.

一、高中数学建模活动的过程性评价

数学建模活动不同于求解数学题目,学生在数学建模活动中所采用的方式,是一种动态的表现,采用总结性的或者传统意义上的形成性评价方式都难以测量和评价,需要在活动过程中同时了解反映学生学习质量的资料后再加以评价.对于数学建模活动的评价,应引导每个学生都积极参加,可以是个体活动,也可以是小组活动.通过现场观察、作品上交或研究报告撰写开展评价活动.并且依据数学建模活动的特点,注重过程性的评价和交流.

以数学建模活动的特点作为参考依据,我们可以从以下几个角度进行评价设计:

角度 1:选题,亦或是提出问题.数学建模活动的选题有时是既定的,例如建模竞赛的题目,有时也会由学生自己根据对实际情境的观察而制定,例如数学建模论文撰写活动.通常,对于没有建模经验的中学生而言,最初是需要教师提供素材,创设合适的情境,与学生共同经历建模的过程.在学生有了一定基础之后,可以鼓励学生自己去发现问题、提出问题、分析问题、解决问题,并将其作为评价的指标之一.在数学建模活动中,选题是关键的环节,好的选题是学生感兴趣的问题,无论是制定问题还是自选问题,要能贴近生活、可以实现,它们都应该符合学生的认知水平.

角度 2：数学知识的运用. 数学建模活动不可避免地要运用数学知识解决问题, 因此对数学知识的理解, 通过横向比较、纵向深入的整合与探究, 将数学知识的运用从广度和深度方面加以展现, 最终使问题得以解决.

角度 3：数据分析和处理. 由于数学建模高度开放性的特点, 经常会需要学生查找数据, 分析与处理数据, 于是学生要学会选择数据, 选择合适方法和手段加工数据, 并从中能汲取所需要的信息. 其中, 会涉及数学来源的真实性、数据处理的可靠性、数据分析的合理性等, 它们甚至会直接影响到模型的构建和问题的解决.

角度 4：信息技术等工具的使用. 计算机软件的使用为数学模型的求解和运算带来了很大的便利, 也为绘制图表, 分析数据、乃至模型检验提供了诸多帮助. 当然, 除了信息技术之外, 有时还需要动手实验来获取建模数据. 运用技术和工具的过程, 也在培养学生的创新能力, 以及获取信息和资料收集的能力.

角度 5：交流和表达. 数学建模活动通常是以团队形式开展的数学探究活动, 在活动过程中与他人的交流合作必不可少, 合作能力也是现代社会对人才要求的一个重要素质. 除此之外, 学生在数学建模活动中, 通常以活动研究报告或者小论文的形式呈现, 因此, 要会用数学语言表达世界, 将求解问题、分析问题、构建模型、确定参数、计算求解等过程清晰、准确、流畅地表达出来.

角度 6：数学建模的结果. 建模活动的结果应合理, 具有科学性, 不可随意编造. 结果呈现的方式是否图文并茂、清晰明了, 所得结果是否具有实用价值. 在数学建模活动中, 高中生容易受到知识水平、环境条件、使用设备等局限, 所以教师在评价时, 可以给出评价或建议, 也可以提出问题的延伸, 针对性地对学生研究的问题提出一些相关的问题, 开拓学生视野.

结合《标准》四个方面对数学核心素养的描述：情境与问题、知识与技能、思维与表达、交流与反思, 将数学建模活动的过程逐一分解并与上述四个方面相融合, 生成过程性的评价标准：

	评价指标	指标说明	评分
情境与问题	提出问题（10 分）	选题来自于生活实践, 问题表述简洁准确, 能明确指向所要解决的问题.	

	评价指标	指标说明	评分
知识与技能	数学知识应用(10分)	正确判断模型类型,合理选择数学知识,并将其运用于模型构建之中,所用的数学知识是为了解决问题,不是为了用数学而用数学.	
	计算求解(5分)	算法选择恰当,计算结果准确,恰当使用计算工具或软件.根据检验,改进模型,优化结果.	
	数据分析与处理(10分)	数据收集、整理的方法科学、手段多样,建模活动中使用的数据真实可靠,没有编造数据等行为.能灵活正确地使用信息技术对数据进行分析处理.	
	技术与工具(10分)	自主设计研发数学实验工具,利用数学软件进行绘图、统计、运算、编程等工作.所使用的信息技术和实验工具能为数学建模活动带来有益的帮助.	
思维与表达	提出假设(10分)	根据实际需要提出合情假设,所做出的假设叙述简洁、易于理解、切实可行、容易达到,同一类假设不要重复叙述.在求解问题的过程中,根据实际情况对模型假设做出修改和补充.	
	确定变量与参数(5分)	正确区分变量和参数,并有具体的说明,对于选择的变量和参数需要设置单位.	
	问题解决(10分)	流畅、清晰且富有条理地阐述建模的结果与解决问题的方案,能对模型的可行性和可靠性做出合理的解释.	
交流与反思	口头表达(10分)	观点表达准确,语言流畅,配以幻灯片或其他形式辅助讲解说明,举止大方得体,体现出小组合作的智慧.	
	团队合作(10分)	小组成员分工明确,活动过程中有沟通和交流,每一位成员都能发挥作用.	
	研究报告、论文(5分)	文本内容完整,格式正确,图文并茂,清晰明了,易于理解.	
	问题探究与延拓(5分)	将研究结果运用于实践之中,对结果有进一步的探究,能提出相关问题或者猜想,并加以解决.	

二、高中数学建模活动的综合性评价

上节中主要探讨的是数学建模活动的过程性评价.我们知道,当学生参与数学建模活动时,除了数学学科知识的运用之外,更重要的是通过数学建模活动提升学生的综合素养和能力,其中包括:高中数学六大核心素养的培养,创新能力的提升、探究与类比习惯的生成、团队合作与交流的意识、人际交往与沟通的方式、调查报告和论文撰写的方法、跨学科知识的融合等等.总之,需要我们综合地,多角度地评估数学建模活动.

同时,《标准》中还指出,对于评价需要遵守的原则有:重视学生数学学科素养的达成,以数学学科核心素养的达成作为评价的基本要素;重视评价的整体性和阶段性,把教学评价的总目标合理分解到日常教学评价的各个阶段.所以,我们可以分阶段、多维度地对数学建模活动展开评价,从形式上看,除了教师评价之外,还可以是学生的互评或自评.对于自评或互评,有两种运用方式:第一种方式是在学生完成数学建模活动后开展,学生根据实际情况,对照量表进行评价,反思本次活动得失,并为下次活动的开始做好准备;第二种方式则是提前告知学生评价内容,让学生带着任务去探究,目标指向明确,开展建模活动时更具针对性和集中性.无论采取哪种形式,目的都是一致的:通过数学建模活动提升学生综合素养,为学生终生发展奠定基础.基于此,参考《标准》中对数学建模学业质量水平的要求,设计如下量表,为学生自评或互评提供参考依据.

评价量表一(素养达成评价)

	序号	评 测 项 目	A	B	C	D
水平一	1	你能用数学语言描述所涉及的数学模型及其实际背景吗?				
	2	你理解数学模型中的参数和所得结论的实际意义吗?				
	3	在数学建模的活动中,你求解问题的过程是:提出问题、建立模型、求解模型、检验结果、完善模型吗?				
水平二	4	你能从所给的情境中发现问题并转化为数学问题吗?				
	5	通过思考和分析,你能选择合适的数学模型表达所要解决的数学问题吗?				
	6	你能根据实际情境合理确定参数、建立模型、求解模型吗?				
	7	你能根据问题的实际意义检验结果、完善模型,从而解决问题吗?				
	8	你能形成研究报告,并展示所研究的成果吗?				

	序号	评 测 项 目	A	B	C	D
水平三	9	你能运用数学思维对综合情境展开分析,发现情境中的数学关系吗?				
	10	你能在综合的情境中,提出数学问题吗?				
	11	你能运用数学建模的一般方法和相关知识,创造性地建立数学模型,从而解决问题吗?				
	12	你能运用数学语言清晰准确地表达数学建模的过程和结果吗?				

说明:

1. 关于三类水平的说明:

水平一是高中毕业应当达到的要求,也是高中毕业的数学学业水平考试的命题依据;

水平二是高考的要求,也是数学高考的命题依据;

水平三是基于必修、选择性必修和选修课程的某些内容对数学学科核心素养达成提出的要求,可以作为大学自主招生的参考.

2. 按照目标达成情况分为:达成(A 档);基本达成或有少部分未达成(B 档);有近一半的要求未达成(C 档);大多数或者全部未达成(D 档).

评价量表二(数学建模活动综合评价)

	是(请回答 1～16,21～22 题)	否(请回答 11～19,21～22 题)
本次活动是以小组合作的形式展开的		

	评 测 项 目	A	B	C	D	E
1	我在本次数学建模活动中承担了问题分析的工作,并且卓有成效地完成了					
2	我在本次数学建模活动中承担了模型建立的工作,并且卓有成效地完成了					
3	我在本次数学建模活动中承担了数据收集和分析的工作,并且卓有成效地完成了					
4	我在本次数学建模活动中承担了算法设计的工作,并且卓有成效地完成了					
5	我在本次数学建模活动中承担了程序实现的工作,并且卓有成效地完成了					
6	我在本次数学建模活动中承担了论文撰写的工作,并且卓有成效地完成了					

续 表

	评 测 项 目	A	B	C	D	E
7	我们小组本次在建模过程中的每一份图表结果,都经过了组内成员的审查					
8	我们小组的成员在本次建模活动中愿意主动表达自己的想法,分享自己的成果					
9	当遇到瓶颈或困难时,我能及时鼓励并协调团队共同推进					
10	我在本次建模活动中表现良好,获得组内成员的认可					
11	我愿意在同一个问题上投入精力,深度挖掘					
12	在本次数学建模活动中,我找到了传统问题解决的新途径					
13	在本次数学建模活动中,我对一个具体的问题提出了多种思路或算法					
14	在本次数学建模活动中,我能够借助或引用已有数学建模的结果说明问题					
15	在本次数学建模活动中,我能用数学模型的思想说明问题					
16	在本次数学建模活动中,我能用数学建模的结论和思想阐述科学规律和现象					
17	我觉得自己足以胜任数学建模的要求,不需要组建团队					
18	由于本次建模问题不算复杂,自己可以完成,所以没有组建团队					
19	我知道数学建模的过程和各个环节,并能够按照每个环节开展数学建模活动					
20	本次建模活动,我遇到的困难是:＿＿＿＿＿＿＿＿＿＿＿＿＿＿＿＿＿＿＿＿＿＿＿＿＿＿					
21	通过本次建模活动,我希望能得到的帮助是:＿＿＿＿＿＿＿＿＿＿＿＿＿＿＿＿＿＿＿＿					

说明:

1. 本量表是学生在完成一次数学建模活动后自我评价的量表,目的在于对本次数学建模活动进行评价;

2. 按照建模活动参与和完成情况分为:很符合(A级)、符合(B级)、一般(C级)、不符合(D级)、很不符合(E级).

三、学生建模活动案例与评价分享

本节将与大家分享几个数学建模活动的案例及其评价. 需要说明的是,这些案例并非参加数学建模竞赛的案例,而是学生在平时的数学建模活动中的真实情况,质量虽然参差不齐,可是却很好地反映出不同学生的层次水平. 于是,针对学生在数学建模方面的不同需求,以及能力的差异性,教师需要"心中有数",采取分层次教学、分层次布置任务等多种教学手段,逐步提升学生数学建模的兴趣和能力,形成数学建模素养.

案例 1　　高度测量

情境与问题　　上海浦东陆家嘴地区高楼林立,尤其是东方明珠周边的建筑物似乎一幢比一幢高. 当你从不同角度观察,发现建筑物的相对高度似乎有变化,这说明,仅靠目测可能会对建筑物高度产生误判. 同学们也许在思考,如何去测量这样的建筑物的高度? 让我们回到自己的校园,面对高度各异的教学楼,一定希望了解:哪幢楼最高? 如何知道它的高度?

请同学们行动起来,完成如下测量任务:

① 测量本校一座教学楼的高度;

② 测量学校院墙外一座虽不可及,但从操场上可以看得见的建筑物的高度.

建议 2 至 3 位同学为一个测量小组,以小组为单位完成上述任务;填写测量模型及相应的实施报告表.

活动设计说明　　本案例选自上教版《普通高中教科书数学》必修四"数学建模活动 B". 目前学生已经学习过的知识有:集合不等式、幂指对函数、函数的基本性质以及三角函数的相关概念、公式和利用正余弦定理解三角形. 因此本次建模活动中,期待学生能运用已学知识对实际问题进行数学抽象,选择合适的工具、探寻解决问题的策略和方法,并能做出合理地判断,从而得出答案.

本次高度测量活动是学生第一次真正意义上的数学建模活动尝试,虽然在数学建模起始课中已经和学生介绍了数学建模的相关内容,学生也已经知道数学建模的步骤,但"纸上谈兵终觉浅",所以利用本次建模活动的机会,学生既经历了数学建模的全过程,又对照评价量表反思存在的问题. 同时教师也可以借此机会,了解学生的不足之处,改进高中数学建模教学,为全面发展学生的学习能力和学科素养做好支持和准备工作.

学生活动实施报告

项目名称：测量小区里高层建筑的高度

1. 成员与分工	
姓名	分工
仇韵清	组长,制定方案,数据采集,建立模型,撰写报告
张歆悦	器材准备,数据记录,图表绘制
蔡润叶	数据搜集,数据分析与计算,模型检验

2. 测量对象

学校宝林九村高层建筑的高度(如图 4-2-1)

图 4-2-1

3. 测量方法

实验器材:简易测角仪(纸板、量角器、细绳、橡皮)、皮尺(如图 4-2-2)

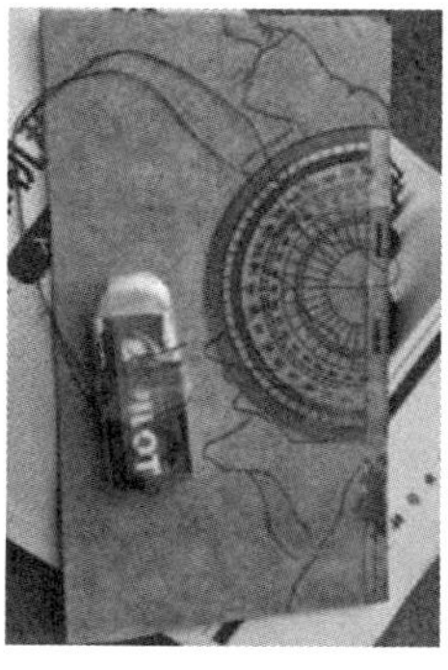

图 4-2-2(简易测角仪)

测量原理:如图 4-2-3,欲测出建筑物的高度 H,需要得知实验者的身高 h,计算出人眼到楼顶的垂直距离 L,当实验者站立在 A 点或 B 点时,可以借助简易的测角仪测量出相应的 $\angle 1$ 和 $\angle 2$,借助皮尺量出 a 的大小,列出方程即可解出 L:

$$a = \frac{L}{\tan\angle 1} - \frac{L}{\tan\angle 2}.$$

又 $H = L + h$,

即可求出 H,对于观察者处于 C、D、E 点时的数据,同理可得 H,多次计算,取平均值,减小误差.

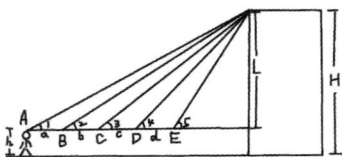

图 4-2-3

创新点:用自制简易测角仪测量仰角,通过对多次测量取平均值的方法减小误差.

4. 测量数据、计算过程和结果

测量步骤:

① 将纸板的上沿对准楼顶,同时读出量角器上的度数 $\alpha(0° \leqslant \alpha \leqslant 180°)$,$\angle 1 = |90° - \alpha|$;

② 向前走动 a 米,将纸板的上边线对准楼顶,再次读数并计算;

③ 通过等式 $a = \frac{L}{\tan\angle 1} - \frac{L}{\tan\angle 2}$,计算得出高层建筑的高度 H;

④ 重复 2、3 步骤,将求出的高度 H 的平均值作为最终的答案.

测量数据:

依次测得图 4-2-3 所标识的数据,并记录在下表中.

测量数据	测得结果
a、b、c、d	11.04 m
$\angle 1$	33°
$\angle 2$	39°
$\angle 3$	51°
$\angle 4$	60°
$\angle 5$	71°
h	1.67 m

计算结果:

分别取相邻两点的数据进行计算,并记录在下表中.

测量次数	高度
H_1	37.87 m
H_2	27.67 m
H_3	49.17 m
H_4	49.04 m
取平均值	40.94 m

5. 研究结果

通过查阅资料可知,宝林九村的高层建筑共有 18 层,每层的层高 2.8 米,如果忽略其他因素,所需测量的建筑物高度约为 50.4 米.

观察数据发现,H_3 和 H_4 的数值较为准确,H_1 和 H_2 的数值误差较大,可能的原因有:

① 在测量角度的时候,视线低于纸板上沿,导致测出的角度偏小. 为了解决这一问题,可以在量角器上方固定一根吸管作为瞄准的工具;

② 在按照一定距离前进时,前进距离没有达到预设的 11.4 米,距离偏小;

③测量当天的天气不理想,风较大,导致铅锤的棉线摆动,对读取数据产生了一定的影响.

6. 工作感受

蒙蒙细雨中,小伙伴们通力合作,完成了建筑物高度测量的数学建模活动,大家都很开心,很有成就感,小组中的每位小伙伴在参与中相互帮助相互学习,共同进步.

仰角和距离的测量提高了我们的专注力,数据分析和计算锻炼了我们的计算能力,数学建模真是一个非常有意思的、从生活中学习数学的好方法.

评价、反思和改进

1. 活动评价

结合设计的量表,以学生自评和小组互评的方式,针对本次的建模活动展开评价,如下表:

评价量表一(素养达成自评表)

	序号	评 测 项 目	A	B	C	D
水平一	1	你能用数学语言描述所涉及的数学模型及其实际背景吗?	✓			
	2	你理解数学模型中的参数和所得结论的实际意义吗?	✓			
	3	在数学建模的活动中,你求解问题的过程是:提出问题、建立模型、求解模型、检验结果、完善模型吗?		✓		

	序号	评　测　项　目	A	B	C	D
水平二	4	你能从所给的情境中发现问题并转化为数学问题吗?	✓			
	5	通过思考和分析,你能选择合适的数学模型表达所要解决的数学问题吗?	✓			
	6	你能根据实际情境合理确定参数,建立模型,求解模型吗?	✓			
	7	你能根据问题的实际意义检验结果,完善模型,从而解决问题吗?			✓	
	8	你能形成研究报告,并展示所研究的成果吗?		✓		
水平三	9	你能运用数学思维对综合情境展开分析,发现情境中的数学关系吗?	✓			
	10	你能在综合的情境中,提出数学问题吗?		✓		
	11	你能运用数学建模的一般方法和相关知识,创造性的建立数学模型,从而解决问题吗?		✓		
	12	你能运用数学语言清晰准确地表达数学建模的过程和结果吗?		✓		

说明:

1. 关于三类水平的说明:

水平一是高中不毕业应当达到的要求,也是高中毕业的数学学业水平考试的命题依据;

水平二是高考的要求,也是数学高考的命题依据;

水平三是基于必修、选择性必修和选修课程的某些内容对数学学科核心素养达成提出的要求,可以作为大学自主招生的参考.

2. 按照目标达成情况分为:达成(A 档);基本达成,有少部分未完成(B 档);有近一半的要求未完成(C 档);大多数或者全部要求未完成(D 档).

评价量表二(数学建模活动自评表)

	是(请回答 1~16,21~22 题)	否(请回答 11~19,21~22 题)
本次活动是以小组合作的形式展开的	✓	

	评　测　项　目	A	B	C	D	E
1	我在本次数学建模活动中承担了问题分析的工作,并且著有成效地完成了		✓			
2	我在本次数学建模活动中承担了模型建立的工作,并且著有成效地完成了		✓			
3	我在本次数学建模活动中承担了数据收集和分析的工作,并且著有成效地完成了			✓		
4	我在本次数学建模活动中承担了算法设计的工作,并且著有成效地完成了			✓		

	评 测 项 目	A	B	C	D	E
5	我在本次数学建模活动中承担了程序实现的工作,并且著有成效地完成了				✓	
6	我在本次数学建模活动中承担了论文撰写的工作,并且著有成效地完成了			✓		
7	我们小组本次在建模过程中的每一份图表结果,都经过了组内成员的审查	✓				
8	我们小组的成员在本次建模活动中愿意主动表达自己的想法,分享自己的成果	✓				
9	当遇到瓶颈或困难时,我能及时鼓励并协调团队共同推进	✓				
10	我在本次建模活动中表现良好,获得组内成员的认可		✓			
11	我愿意在同一个问题上投入精力,深度挖掘			✓		
12	在本次数学建模活动中,我找到了传统问题解决的新途径		✓			
13	在本次数学建模活动中,我对一个具体的问题提出了多种思路或算法			✓		
14	在本次数学建模活动中,我能够借助或引用已有数学建模的结果说明问题		✓			
15	在本次数学建模活动中,我能用数学模型的思想说明问题		✓			
16	在本次数学建模活动中,我能用数学建模的结论和思想阐述科学规律和现象		✓			
17	我觉得自己足以胜任数学建模的要求,不需要组建团队					
18	由于本次建模问题不算复杂,自己可以完成,所以没有组建团队					
19	我知道数学建模的过程和各个环节,并能够按照每个环节开展数学建模活动					
20	本次建模活动,我遇到的困难是:测角时误差过大,模型选择较单一。					
21	通过本次建模活动,我希望能得到的帮助是:我应该怎么减少误差呢? 还有什么办法建立数学模型吗?					

说明:

1. 本量表是学生在完成一次数学建模活动后自我评价的量表,目的在于对本次数学建模活动进行评价;

2. 按照建模活动参与和完成情况分为:很符合(A 级),符合(B 级),一般(C 级),不符合(D级),很不符合(E 级)。

上表只是这一组同学的自我评价,在整理所有同学的评价后发现,学生对数学建模活动的热情高,敷衍完成的现象较少,他们知道什么是数学建模,了解数学建模的全过程,并基本能按照过程完成建模活动.但是,在模型的建立方面,受所学知识限制,大多数都显得比较简单和单一,在问题解决和探究方面固化思考的现象较为严重,缺少创造性的想法,如大多数同学选择测量学校的旗杆、塑像或者教学楼的高度,80%的小组选择构造直角三角形测量建筑物的高度.还有,对于误差的分析,模型检验和改进还需要进一步加强,统计显示只有这一组同学用通过多次测量取平均的方法减小误差,其余同学仅仅测量一次得出结论,说明还缺少检验纠偏的意识.

2. 活动反思与改进

在本次数学建模活动中,学生从确定问题,选择方法、制作工具,到整理数据、模型建立、求解计算,再到误差分析、调整模型、得出结论,全程都是协作交流完成,教师的角色从学生活动的开始就转变成为一名"观察员".通过观察学生在实践中出现的问题,在总结讲评时有针对性地设计教学内容,以本次活动为例,发现学生的测量方法主要集中在构建直角三角形模型中,因此,在交流学生活动报告时,可以整合重组学生的测量模型和方法,师生共同思考,根据已有知识进行点评和补充.

场景与模型 1:建筑物和观测者位于同一水平面上,两者之间没有障碍物,且观测者和物体之间的距离易测.这个场景的基本假设是:所测物体在空旷水平的场地中,建筑物垂直于平面且和观测者位于同一基准平面上,并且它们之间的距离可以被直接测出.

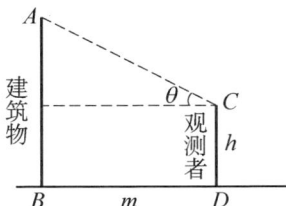

如图 4 - 2 - 4,将建筑物的顶端目标点记为 A,观测者测得 A 处的仰角为 θ,测得和建筑物之间的距离为 m,易求得建筑物的高度 $AB = h + m\tan\theta$.

图 4 - 2 - 4

场景与模型 2:建筑物和观测者位于同一水平面上,两者之间存在障碍物或者直接测量距离较困难,需要选择两个观测点进行测量.这个场景的基本假设是:所测物体在空旷水平的场地中,建筑物顶端目标点在基准平面上的正投影和两次观测点在同一条直线上.

如图 $4-2-5$,记建筑物顶端目标点为 A,在两观测点观测顶点 A 处的仰角分别为 α、β,两观测点之间的距离为 m,可求得建筑物的高度 $AB = h + \dfrac{m\sin\alpha\sin\beta}{\sin(\beta-\alpha)}$.

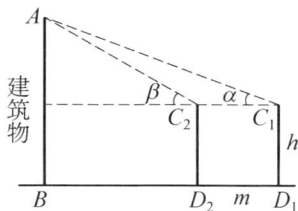

图 $4-2-5$

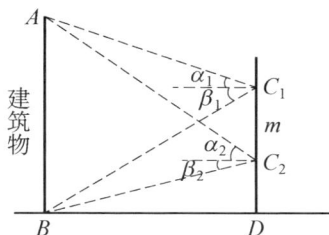

图 $4-2-6$

场景与模型 3:观测者站在房间窗口(二楼及以上),测量对面建筑物的高度,可以通过选择两个不同的楼层作为观测点进行测量.这个场景的基本假设是:建筑物与观测点所在的楼房皆竖直于地面,观测点位于不同楼层.

如图 $4-2-6$,记建筑物顶端目标点为 A,在两观测点观测建筑物 AB 的张角分别为 $\alpha_1+\beta_1$、$\alpha_2+\beta_2$,两观测点之间的距离是 m,综合运用正弦定理和余弦定理,可求得建筑物的高度

$$AB = m \cdot \sqrt{\dfrac{\cos^2\alpha_2}{\sin^2(\alpha_2-\alpha_1)} + \dfrac{\cos^2\beta_2}{\sin^2(\beta_1-\beta_2)} + \dfrac{2\cos\alpha_2\cos\beta_2\cos(\alpha_1+\beta_1)}{\sin(\alpha_2-\alpha_1)\sin(\beta_1-\beta_2)}}.$$

场景与模型 4:测量河对岸建筑物的高度,在河这边的平地处选择两个观测点,它们的连线不指向建筑物,并且两观测点之间的距离可测.这个场景的基本假设是:建筑物底部基本平面上有两个不在建筑物上的观测点,建筑物顶端目标点在底部基准平面的投影和两个观测点不在一直线上.

如图 $4-2-7$,记建筑物顶端目标点为 A,两观测点之间的距离 DC 为 m,在观测点 C 处测量点 A 的仰角为 α.欲求建筑的高度 AB,可以将 AB 放置在 $\mathrm{Rt}\triangle ABC$ 中利用 $BC \cdot \tan\alpha$ 计算,而 BC 则在 $\triangle BCD$ 中运用正余弦定

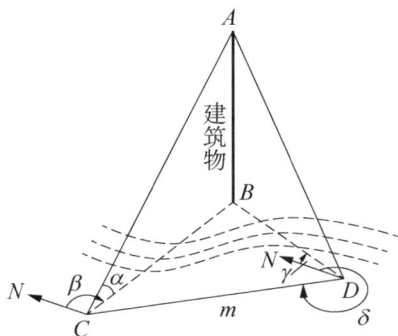

图 4-2-7

理求解,可是在实际测量中,受视线等多方面因素影响,直接测量 $\triangle BCD$ 的角的大小有一定困难,所以我们需要借助方位角.设点 C 与 D 测得的目标顶点 A 的方位角分别为 β、γ,在点 D 测得点 C 的方位角为 δ,所以 $\angle BDC = 2\pi + \gamma - \delta$,$\angle BCD = \delta - \beta - \pi$,解三角形可得建筑物的高度

$$AB = \left| \frac{m \sin(\gamma - \delta) \tan\alpha}{\sin(\beta - \gamma)} \right|.$$

模型检验:学生在设计测量建筑物高度的方案时,还有很多奇思妙想,尤其是在检验模型的阶段.比如在测量国旗旗杆高度的时候,为了检验所得结果的正确性,有的学生通过记录国歌播放的时间和升国旗时的速度,从中算出旗杆的高度;还有的同学,从窗口竖直抛下一重物(抛物时观测了周围环境,做到安全实验),通过记录物体下落时间,再结合物理学知识得出建筑物高度;甚至还有同学利用无人机测高;等等(如图 4-2-8).虽然这些检验的手段也会存在受阻力、风速、计时有误差、测量仪器等影响,但是同学们的这股探索精神和创新意识值得表扬和鼓励.

◎研究结果

测得旗杆高度大约为 7 米,国歌时长约为 50 秒,升旗时按 0.14 米/秒左右的速度升旗,正好是国歌演奏完成时国旗升到旗杆顶部.

◎工作感受:

蒙蒙细雨中,小伙伴们通力合作,完成了制作国旗升旗旗杆高度测量的数学建模,大家都很开心,很有成就感,小组中的每位小伙伴在参与中相互帮助相互学习,共同进步.

(验证旗杆的实际高度)

使用原理

- 使用激光笔进行瞄准，相对吸管来校准精更精准。
- 扇形板为自制量角器，上有细绳来标出角度，激光笔与细绳结合在一起，在激光笔校准转动的时候，细绳也随之转动，在量角器上标出角度。
- 背面放置了两根铅笔并贴有橡皮筋，用一排订书钉在橡皮筋中间滑动，将订书钉与扇形板粘在一起，使订书钉带动扇形板滑动代替人位移进行多次测量，尽可能保证了第一次测数据的点、第二次测数据的点和测量物最高点在同一竖直面内，减小误差。

实际成品

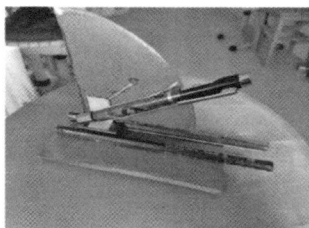

总结分析

　　此次测量在操作过程中发现因为滑动距离有限，导致实验误差会较大，在此方面还可以进一步改进。激光笔的使用确实使瞄准更方便，不过应考虑到笔 ✐ 的重量过大会带动扇形板倾斜，造成误差。为避免可使用薄铁板等结实材料代替纸板。总的来说，此次测量不仅锻炼了动手实践能力，还可使巩固数学知识，是个很不错的活动👍。

(用激光笔代替简易测角仪中的吸管)

由左下角H: 19.5可知旗杆的实际高度为19.5m左右 误差为1m 符合实际

(利用无人机验证实际高度)

图 4‑2‑8

案例2　关于提出问题的评价——以削菠萝为例

　　活动设计说明　本案例选自上教版普通高中教科书数学必修第四册"数学建模活动B".选择"削菠萝"作为学生的数学建模活动,原因有二:一是学生对此情境比较熟悉,调查发现,在教材里提及的数学建模活动中,学生对"削菠萝"最感兴趣;二是因为削菠萝主要涉及的数学知识是平面图形的展开和解三角形,属于学生已掌握的范畴.

尽管教材中对"削菠萝"有情境描述,学生依旧需要针对现象"提出问题"或者称之为"问题重述",提出好问题是数学建模的关键环节,好的问题要有意义,能促使学生积极思考,促使他们找到问题的答案.接下来,本案例将就一些典型的"提出问题"展开分析和评价.

问题重述

小组	提出问题	意见与评价
第一小组	四月是菠萝上市的季节,大家都知道,吃菠萝前要削皮去籽.削皮去籽的方法有多种,比如横切、竖切、斜切、精切.经过观察,水果店的员工一般是斜着削,削完后菠萝上留下的是一条条螺线.那么,为什么大家都选择这种削皮去籽的方法呢? 我们以什么为标准作为方法选择的依据呢?	评分:10分.选题源于生活,所提问题指向明确,条理清晰,且具有可操作性,对情境的概括精炼简洁,且有举例补充说明,为问题解决提供了方向.
第二小组	菠萝,属凤梨科凤梨属,原产热带和亚热带,为多年生草本植物.菠萝果肉中含有丰富的营养物质,以及对人体有益的钙、铁、镁等微量元素,有着极好的药用价值和经济价值.菠萝作为鲜食,肉色金黄,香味浓郁,甜酸适口,清脆多汁,因而也是生活中最为常见的水果之一. 菠萝去皮是加工菠萝使之可以食用的最重要环节,菠萝的去皮处理可防止叶子上的小刺对食用者造成伤害,也是防止皮中残留农药危害人体健康的一种行之有效办法.去皮过程通常由手工使用去皮工具完成,显然,将菠萝斜着削出一道道凹槽对操作者的技能有着较高要求. 请对为何选择用这种螺旋的方法削菠萝进行探究.	评分:7分.相较于之前的问题,从篇幅上看,本组同学"长了很多".然而,前半部分和实际想要解决的问题关联度低,显得比较冗长.所提的问题指向明确,但是围绕该问题展开的情境描述不够精炼.
第三小组	鉴于如今社会对于食物浪费问题的指控越来越严格,作为中学生的我们,自然有义务要去运用在课堂上学习的知识来研究相关问题,我们小组聚焦的问题是:"如何快速且损失果肉最少地削菠萝".	评分:6分.有提出的问题,背景是食物浪费,问题聚焦的着眼点是"如何快速且损失少?"所以从问题中可以看出,该组同学认为研究如何削菠萝是为了减少浪费,这样的话,该组同学对问题的理解层度略浅,还需要多做思考.

小组	提出问题	意见与评价
第四小组	削菠萝时常常先用峨眉月形刀(符合菠萝椭圆形外型,单次覆盖更大面积)或多刃式铲刀(保证一次除去表皮)去除菠萝表皮(菠萝花萼,苞片,残余柱头和雄蕊结构),然后左手把住菠萝叶,右手用带凹槽状刀按螺旋顺序剔去菠萝眼. 　　为探其原因,先从菠萝结构说起.一颗菠萝并不是一个单独的果实,而是很多朵花发育成的很多果实聚在一起形成的果序,在植物学上叫它聚花果,菠萝的果实是由肉质肥厚的中轴肉质的苞片和螺旋状的不发育的子房共同形成的球果状体. 　　菠萝表面的每一个"格",都是一个果实(此称之为分果),中间的那个硬芯就是花序轴,如果把菠萝横切,能看到辐射状,一片切片辐射状分瓣一般有六到九个.一个分瓣对应一朵菠萝花形成的果实,即一个分果.	评分:0分.该组同学更像是在写说明文.他们并没有针对生活实际提出亟待解决的问题,而是对菠萝的生长环境、形态、削皮时的习惯展开具体的描述.究竟要围绕哪些方面提出问题,为什么要选择螺旋的方法削菠萝,这些都需要本组同学仔细考虑.

案例 3　关于模型构建的评价——日出日落时间的计算（林正浩　庄家丰）

　　活动设计说明　随着数学建模活动的深入,学生正在经历根据所给情境重述问题到从生活中自选问题的蜕变.学习能力较强的学生初步具备了用数学的眼光发现世界的能力.然而学生的选题是否合适,是否可以构建适合的数学模型解决所提的问题? 于是,我们尝试对学生根据自由选题所建立的模型展开评价,提出合理化建议.

　　情境与问题　日升日落乃自然不变之规律,看似寻常的日出、日落现象其实也与各学科有着紧密的联系.日出、日落的时间也影响着方方面面,从旅行社的观日出活动到马路两边光控灯的开与关,无不与这一自然规律息息相关.通过人们的研究和探索,已经有很多软件程序能计算得到日出日落时间,在使用之余,我们也不免有些疑问,能否从中学生的认知出发,从数学的角度、用数学的方法来计算日出日落的时间呢?

构建模型

过程与步骤	意见与评价
问题分析: 通过在地理上的学习,我们知道日出日落时间与某一地的昼夜长有关,而昼夜长又与晨昏线,太阳直射点有关.此外,对于观测者来说,所处的位置也可能是影响要素之一.建立这些因素之间的桥梁,正是建立此模型的意义.	对问题有一定的剖析,指明了学科之间的联系以及本问题的研究方向.但是缺少解法介绍与分析.
变量与假设: 假设 1:地球是一个标准的球体; 假设 2:每个月有 30 天; 假设 3:观测者可以测得所处位置的经度、纬度等数据; 假设 4:将观测者看作一个质点; 假设 5:观测者的视线不受干扰,天气等环境因素处于理想状态. 变量: Ta:日出时间 Tb:日落时间 $T0$:某日某地的昼长 X:晨昏线与赤道的夹角(度) $90°-X$:太阳直射点纬度 α:观测者所处纬度 n:当日日期于一年中的天数	优点: 1. 模型构建的过程比较完整,书写格式比较规范,语言简练,图文并茂,条理清晰. 2. 所做假设合理,变量设置清晰明确. 3. 模型的建立具有层次,从日出日落与昼夜长、晨昏线与赤道夹角以及昼长、夜长三个角度,通过灵活运用数学知识,得出合理化模型,以解决问题.
模型构建: 1. 日出日落时间与昼夜长模型 由赤道上昼夜始终平分这一点,在赤道上日出时间与日落时间,他们之间的和恰好为 24 小时.以填补法的思想考虑,可知在同一纬度上的某个地点,其在某一天上的日出日落时间之和等于 24 小时. 取正午 12 点为昼长的中点(为什么正午 12:00 是昼长的中点),则日出、日落时间之间存在如下函数关系:$T_a = 12 - \dfrac{T_0}{2}$, $T_b = 12 + \dfrac{T_0}{2}$(*). 2. 晨昏线与赤道的夹角模型 对于不同半球、不同纬度、不同经度的地点,昼长都不尽相同.根据现有的技术条件,观察者可通过全球定位系统(GPS)来获取地处位置的空间坐标,即经纬度信息. 同时,观察者所选择的日期也是计算中的一个重要变量.根据不同的日期,便可以确定那一天晨昏线的变化,而晨昏线的变化与太阳直射点的位置又息息相关. 在地理上,我们已了解到一年中 4 个特殊的时间:春分(3 月 21 日),夏至(6 月 22 日),秋分(9 月 23 日),冬至(12 月 22 日).	4. 可以看出,小组成员在数据搜集方面做的努力,这些数据主要涉及自然常识等地理知识. 5. 从选题上看,值得赞赏的是,尽管现在网络上已经能很便捷地查出日出日落的时间,但是该组同学并没有"坐享其成",而是通过用数学方法展开探究,其中涉及立体几何、三角函数和地理等跨学科的知识.这对学生综合素养的培养起到显著的作用.

过程与步骤	意见与评价

3.21 和 9.23——昼夜平分,太阳直射点在赤道;

3.21～6.22——昼长夜短,太阳直射点在北回归线及其以北地区;

9.23～12.22——昼短夜长,太阳直射点在南回归线及其以南地区.

设上图中晨昏线与赤道的夹角为 x,太阳直射点即纬度为 $90°-x$,夹角大于等于此纬度时出现极昼现象.(注:此时为北半球的情况)

由于知道四个特殊时间的太阳直射点位置,且太阳直射点每天跨越 0.25 纬度值,我们便可以以这四个特殊值为临界点,得到 x 与日期的函数关系式.

将日期转为一年中的第 n 天(注:以下转换以每个月 30 天为基础).即:

春分:3 月 21 日即 81 天;

夏至:6 月 22 日即 172 天;

秋分:9 月 23 日即 263 天;

冬至:12 月 22 日即 352 天.

通过分类讨论得:

① 当 $n \leqslant 81$ 时,$x = 90° - (81-n) \times 0.25$;

② 当 $81 < n \leqslant 172$ 时,$x = 90° - (n-81) \times 0.25$;

③ 当 $172 < n \leqslant 263$ 时,$x = 66.6° + (n-172) \times 0.25$;

④ 当 $263 < n \leqslant 352$ 时,$x = 90° - (n-263) \times 0.25$;

⑤ 当 $n > 352$ 时,$x = 66.6° + (n-352) \times 0.25$.

至此,我们就获得了晨昏线与赤道的夹角的数据.

3. 昼夜长的模型

接下来便是计算某一纬度的昼长了,假设这个纬度为 α.

如图 4 - 2 - 9,Rt$\triangle PQO$ 中,$\dfrac{PQ}{OQ} = \tan(90° - x)$;

意见与评价

不足:

1. 模型建构时只考虑了提出假设、涉及变量、模型建立三个方面,如果能对所求模型进行检验并加以修正的话会更理想.对于模型检验有很多方法,例如实地观测,也可以利用互联网查阅数据和模型计算得到的数据加以比较等等,建议补充与修改.

2. 报告撰写时要注意图文的规范性,文中出现的图像应有标识,并且和文字相对应.

3. 数学中,反三角函数一般和弧度制相对应,如果用弧度表达会更加简洁.

引申与思考:

日出日落的时间是客观的自然现象,有时和观测者主观上感受到的日出日落时间不一样,这是因为观测者所处位置的海拔高度不同,而海拔高度会影响观测者的视野.你能从这个角度计算日出日落的时间吗?

过程与步骤	意见与评价

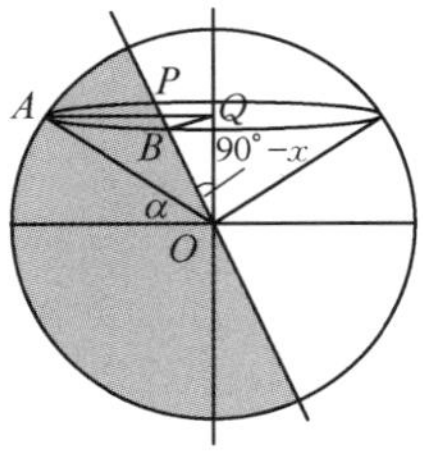

图 4 - 2 - 9

Rt△OAQ 中，$\dfrac{OQ}{AQ} = \tan\alpha$；又因为同一纬度近似为一个圆面，$AQ = BQ$；

所以 $\tan\alpha = \dfrac{OQ}{BQ}$，从而 $\dfrac{PQ}{BQ} = \tan(90^\circ - x) \cdot \tan\alpha$.

从俯视图（图 4 - 2 - 10）观察，可得 $\sin\angle PBQ = \dfrac{PQ}{BQ}$，

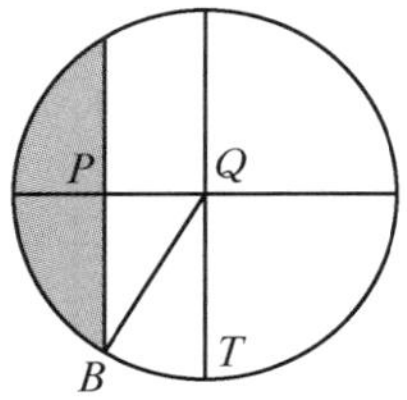

图 4 - 2 - 10

所以 $\angle PQT = \angle PBQ = \arcsin[\tan(90^\circ - x)\tan\alpha]$.

所以昼长等于：

$$\dfrac{24\arcsin[\tan(90^\circ - x)\tan\alpha] + 90^\circ}{180^\circ} = 12 +$$

$$\dfrac{\arcsin[\tan(90^\circ - x)\tan\alpha]}{2}.$$

于是，夜长等于：$12 - \dfrac{\arcsin[\tan(90^\circ - x)\tan\alpha]}{2}$.

若直射点在南半球，则

昼长为 $12 - \dfrac{\arcsin[\tan(90^\circ - x)\tan\alpha]}{2}$.

夜长为 $12 + \dfrac{\arcsin[\tan(90^\circ - x)\tan\alpha]}{2}$.

接下来，只需将计算获得的昼长代入（ * ）计算即可得出日出日落的时间.

第三节　高中数学建模怎么考

目前对于数学建模的考察主要集中于竞赛方面,如全国大学生数学建模竞赛、美国大学生数学建模竞赛、国际数学建模挑战赛,中学方面则有全国中学生数学建模竞赛、美国高中生数学建模竞赛等. 无论是上述的哪一种竞赛,都需要以3～4人为一组,经过36～72小时的工作,最终形成建模报告或者论文. 然而,这一形式并不适合于时间只有120分钟的高中数学考试. 那么,对于数学建模的测试,应以什么方式开展,既能考察学生的数学建模意识,又能兼顾学生各素养的综合. 接下来,我们将从以下几个方面进行实践探究.

一、利用既定模型命制试题

此处,所谓既定模型是指常见的数学模型,例如函数模型、存款利息问题、三角函数模型、古典概型、数列问题、回归分析模型等. 对于模型,可以是给出的,也可以是在情境的指引下逐渐建立的.

▢ **例1**　有关数据显示,中国快递行业产生的包装垃圾在2019年约为3 000万吨,2020年的年增长率约为50%,有专家预测,如果不采取措施,未来包装垃圾还将以此增长率增长,试分析从哪一年开始,快递业产生的包装垃圾超过30 000万吨.

设计意图　本题充分发挥数学学科特色,以"环保"入题,旨在构建指数函数模型,结合指对数运算,求解模型. 通过对本问题的思考和求解,突出数学的实际应用,提升学生的环保意识.

试题解析　设第 n 年快递业产生的包装垃圾为 y 万吨,则 $y = 3\,000 \times (1 + 50\%)^{n-2\,019}$,

由 $y > 30\,000$ 得 $3\,000 \times (1 + 50\%)^{n-2\,019} > 30\,000$,即 $1.5^{n-2\,019} > 10$,

所以 $(n - 2\,019)\lg 1.5 > \lg 10$,所以 $n - 2\,019 > \dfrac{1}{\lg 3 - \lg 2} \approx \dfrac{1}{0.477\,1 - 0.301\,0} \approx 5.68$,

所以 $n > 2\,024.68$,所以从2025年开始,快递业产生的包装垃圾超过30 000万吨.

□ **例1变式** 一支长为 L m 的队伍,以速率 v m/h 匀速前进,排尾的传令兵因传达命令赶赴排头,到达排头后立即返回,往返的速率不变. 若传令兵回到排尾时,全队正好前进了 L m,那么传令兵行走的路程是多少呢?

设计意图 利用物理学中的运动模型 $s=vt$,分析情境可知,队伍与传令兵行进的时间相等,因此队伍与传令兵行进的距离之比等于他们速度之比. 本题是数学物理跨学科的问题,有助于提升学生多学科知识的迁移类比的能力,以及从生活情境中抽象问题、构建模型、求解模型的能力.

试题解析 假设队伍与传令兵行进的速度分别为 v_1、v_2,则传令兵从排尾到排头的时间为 $\dfrac{L}{v_2-v_1}$,从排头到排尾的时间为 $\dfrac{L}{v_2+v_1}$,由题意可得方程 $v_1\left(\dfrac{L}{v_2-v_1}+\dfrac{L}{v_2+v_1}\right)=L$,解得 $\dfrac{v_2}{v_1}=\sqrt{2}+1$,所以传令兵所走的路程为:$(\sqrt{2}+1)L$.

二、从模型假设的环节来命制试题

实际问题通常比较复杂,在不影响整体的情况下,为了简化建立的数学模型,需要进行模型假设,忽略一些次要的因素,抓住主要因素,使得要解决的问题变得简化,模型也更加合理化."提出假设"是学生数学抽象、逻辑推理等多种能力的体现,因此从"提出假设"的角度命制试题,不失为一个好的尝试.

□ **例2**(本书第三章案例5灯塔问题)

情境简述:灯塔是高塔形建筑物,在塔顶装设灯光设备,为船舶提供定位参考、航路指引,保证航海安全. 南海华阳礁灯塔塔高为 50 m,为航经该水域的船舶提供了航路指引,在一定程度上保障了船舶的安全,试分析南海中的船舶在距离华阳礁灯塔多远时,可以看到灯塔发出的光?

针对以上问题做出了如下假设,其中合理的有_____.

(1) 假设地球为一个标准的圆,半径约为 6 371 km;

(2) 假设船只与灯塔都是矩形;

(3) 假设忽略一切影响光的传播的因素,仅考虑光线沿直线传播,忽略光束叠加;

(4) 假设灯塔垂直于海平面,其延长线贯穿过地心;

（5）假设船是一个质点.

设计意图　"假设"是数学建模中不能缺少的环节,合情假设的目的是在不改变问题本质的情形下简化问题,就像修剪枝叶保留主干.不适当的或者过度的假设易导致求解过程发生偏差,甚至失败,因此本题命制旨在对模型假设做合理性的判断,提升学生数学建模的能力.

试题解析　地球是一个两极稍扁、赤道略鼓的不规则球体,属于空间图形.光源是从灯塔顶端发出,传播过程会受到外界因素的干扰,因此构建模型时应考虑光源等因素.观察者在船上的位置,船的高度等情况的预设也会影响模型建构.由此,本题中合理的有(3)(4)(5).

□ **例 3**(利用模型假设,尝试分层检测)

情境简述:一巡逻艇在 A 处发现了正东海面 B 处有一艘走私船,走私船正向停泊在公海上接应的走私海轮 C 航行,以便上海轮后逃窜.经测量发现,A 与公海相距约 20 海里,走私船逃窜方向任意,巡逻船要在走私船进入公海前截获走私船.

模型建构与求解:根据上述情境,请选择以下合适的假设,按要求建立并求解模型.

假设 1:公海与领海的分界线是直线,走私海轮始终停泊在 C 处;

假设 2:巡逻艇沿直线航行追赶走私船;

假设 3:走私船沿直线逃离;

假设 4:巡逻艇和走私船始终以匀速航行,不受天气、水流方向和水流速度等其他因素影响;

假设 5:巡逻艇的速度约是走私船航速的 2 倍;

假设 6:巡逻艇的速度是走私船速度的 $\lambda(\lambda > 0)$ 倍.

假设 7:AB 两地之间的距离为定值 $2a(a > 0)$.

我选择＿＿＿＿＿＿,

我所提出的问题是＿＿＿＿＿＿＿＿＿＿＿＿＿＿＿＿＿＿＿＿＿＿,

我建立的模型如下:

设计意图 从某种程度来看,数学建模问题是开放的,建模的答案取决于假设的设置、模型的选择等多种因素,当然也和学生的建模能力分不开.所以本题的设计旨在针对不同层次的学生,根据自己的情况,选择适合的角度,提出问题并解决问题.

试题解析 层次一:选择假设1、2、3、4、5、7,提出的问题是:走私船在哪里能被截获?

求解模型:如图4-3-1,以 AB 中点为原点,以正东方向为 x 轴正方向,并以海里为单位,建立平面直角坐标系,设走私船在点 $P(x,y)$ 处被截获.

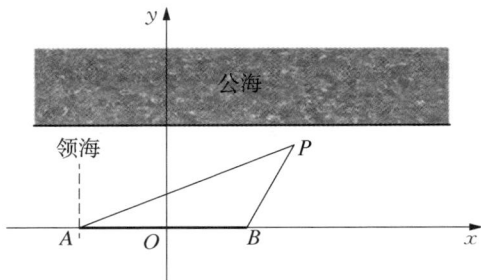

图 4-3-1

由情境可知 $|PA| \geqslant 2|PB|$,所以 $\sqrt{(x+a)^2+y^2} \geqslant 2\sqrt{(x-a)^2+y^2}$,化简得 $\left(x-\dfrac{5}{3}a\right)^2+y^2 \leqslant \dfrac{16}{9}a^2$.

所以,走私船能在以 $\left(\dfrac{5a}{3},0\right)$ 为圆心,$\dfrac{4}{3}a$ 为半径的圆及其内部,且在领海以内的部分被截获.

层次二:选择假设1、2、3、4、5、7,提出的问题是:判断可截获和非截获的区域.

分析:相较于层次一,层次二融入了分类讨论,对情境中所抽象出的数学问题剖析地更加全面.

解析:由层次一可知,走私船能在以 $\left(\dfrac{5a}{3},0\right)$ 为圆心,$\dfrac{4}{3}a$ 为半径的圆及其内部,且在领海以内的部分为可截获区域,其他区域为非截获区域.

层次三:选择假设1、2、3、4、6、7,提出的问题是:判断可截获和非截获的区域.

如图4-3-1,以 AB 中点为原点,以正东方向为 x 轴正方向,并以海里为单位,建立平面直角坐标系,设走私船在点 $P(x,y)$ 处被截获.

由情境可知 $|PA|\geqslant\lambda|PB|$,所以 $\sqrt{(x+a)^2+y^2}\geqslant\lambda\sqrt{(x-a)^2+y^2}(\lambda>0)$.

化简得 $(\lambda^2-1)x^2+(\lambda^2-1)y^2-2a(\lambda^2+1)x+a^2(\lambda^2-1)\leqslant0.$ $(*)$

① 当 $\lambda=1$ 时,$(*)$式变形为 $x\geqslant0$,即 AB 中垂线右侧(含中垂线)领海内的区域为可截获区域,其他区域为非截获区域;

② 当 $\lambda>1$ 时,$(*)$式变形为 $\left[x-\dfrac{a(\lambda^2+1)}{\lambda^2-1}\right]^2+y^2\leqslant\dfrac{4a^2\lambda^2}{(\lambda^2-1)^2}$,即以 $\left(\dfrac{a(\lambda^2+1)}{\lambda^2-1},0\right)$ 为圆心,$\dfrac{2a\lambda}{(\lambda^2-1)}$ 为半径的圆(及其内部)且在领海内的区域为可截获区域,其他区域为非截获区域;

③ 当 $\lambda<1$ 时,$(*)$式变形为 $\left[x-\dfrac{a(\lambda^2+1)}{\lambda^2-1}\right]^2+y^2\geqslant\dfrac{4a^2\lambda^2}{(\lambda^2-1)^2}$,即以 $\left(\dfrac{a(\lambda^2+1)}{\lambda^2-1},0\right)$ 为圆心,$\dfrac{2a\lambda}{(\lambda^2-1)}$ 为半径的圆(及其外部)且在领海内的区域为可截获区域,其他区域为非截获区域.

解题反思　本题的解答不唯一,除了上述提供的三种层次的解答之外,还可以有很多其他的求解方案,应鼓励学生合作探究、集思广益.此外,不必拘泥于条件中所给出的 7 种假设,鼓励学生提出更多的合理假设,并根据这些假设建立模型、求解模型.

三、从模型的解读和检验角度命制试题

对于数学建模的学习,一方面要学习从实际情境中抽象出数学问题,然后建立数学模型、求解数学模型;另一方面,我们也需要具备模型解读的能力,解读已知的方程、图像、表格等信息,为生活实践提供数学理论的依据和支持.当然我们还需要判断这些数学模型是否合理,是否对实际有指导意义.因此,数学模型的解读和检验数学模型的优劣都可以作为试题命制的切入点.

▫ 例 4　药物吸收后在血浆内的总浓度叫做血药浓度(Plasma Concentration).药物作用的强度与药物在血浆中的浓度成正比,药物在体内的浓度随着时间而变化.临床实践中常常发现这样一种现象,同样剂量的药物用于患同种疾病的不同

病人,其疗效往往相差很大,有的表现为药到病除,恰到好处;有的疗效一般,病况稍见好转;而有的却疗效不好.其毒副作用表现也不一样,有的几乎无副作用或轻微;有的却严重中毒.这是因为存在着个体差异(年龄、性别、机体状况、遗传、种族等).为了做到合理用药,科学家们做了大量实验,发现:药物在人体内发挥治疗作用时,该药物的血药浓度应介于最低有效浓度和最低中毒浓度之间.图4-3-2表示成人单次服用1单位某药物后,体内血药浓度及相关信息:

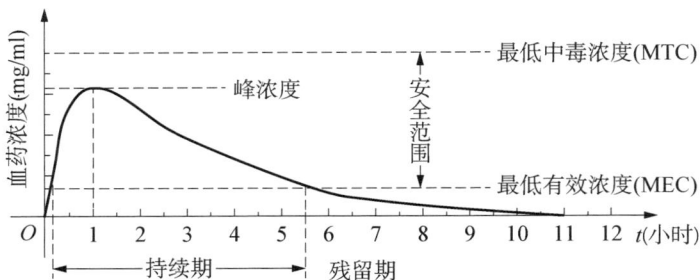

图 4 - 3 - 2

根据图中提供的信息,请写出 2 条能与药效有关的结论:

(1) _____

(2) _____

设计意图 根据实际情境建立数学模型和读懂所给的模型、图表等信息都属于数学建模素养的范畴,本题的设计也是在考察学生数学分析的能力,同时这也是学生终身发展所需的必备能力.

试题解析 (1)由图像中最低有效浓度与体内血药浓度的第一个交点坐标可知:首次服用该药物1单位约10分钟后,药物发挥治疗作用;

(2)当第二个单位的药服用一小时后血药浓度为峰浓度,此时第一个单位的药物已服用三小时,此时血药浓度必超过最低中毒浓度,因此每次服用该药物1单位,两次服药间隔小于2小时,一定会产生药物中毒;

(3)由图像可知,每间隔5.5小时服用该药物,血药浓度都在最低有效浓度之上,因此每间隔5.5小时服用该药物1单位,可使药物持续发挥治疗作用;

(4)首次服用该药物1单位3小时后,再次服用该药物1单位,过一个小时之后,第二个单位的药物的血药浓度达到峰浓度,两个单位的药物的血药浓度仍超过最低中毒浓度,因此首次服用该药物 1 单位 3 小时后,再次服用该药物 1 单位,也会发生药物中毒.

□ **例 4 变式** 新能源汽车以使用成本低,行驶稳定,更加环保的特点受到广大消费者的青睐.《2020 中国新能源汽车行业年度价值报告》中指出我国新能源汽车市场将呈现:电动化与网联化、智能化协同发展,预测 2021 年销量有望实现 30% 以上增长. 消费者在购买新能源汽车时,除了外观、性能、技术等因素之外,还非常看重电池的续航能力. 通常用百公里的耗电量作为其中的一个评判标准. 某新能源车"行车数据"的两次记录如下:

表 4 - 3 - 1

记录时间	累计里程 (单位:公里)	平均耗电量 (单位:kW·h/公里)	剩余续航里程 (单位:公里)
2020 年 1 月 1 日	4 000	0.125	280
2021 年 1 月 2 日	4 100	0.126	146

请根据上述信息,将下列内容补充完整:

概念界定:累计里程指汽车从出厂开始累计行驶的路程,累计耗电量指汽车从出厂开始累计消耗的电量. 平均耗电量 $=\dfrac{累计耗电量}{累计里程}$,剩余续航里程 $=\dfrac{剩余电量}{平均耗电量}$.

提出问题:估计该车在两次记录时间段内百公里的耗电量.

模型假设:

假设 1:该新能源车在这两天中正常行驶,没有发生任何故障、事故,没有进行无故耗电的操作;

假设 2:在行驶过程中没有为了减少电量消耗而故意节电的操作.

模型建立与求解:

(1) 2020 年 1 月 1 日的累积耗电量 = _____

(2) 2020 年 1 月 2 日的累积耗电量 = _____

(3) 该车在两次记录时间段内百公里的耗电量为 _____

设计意图 本题以填空的形式设置问题,旨在辅助学生读懂图表信息,理解题意,并且经历数学建模的过程.

试题解析 2020 年 1 月 1 日的累积耗电量＝4 000×0.125＝500 KW,

2020 年 1 月 2 日的累积耗电量＝4 100×0.126＝516.6 KW,

所以,该车在两次记录时间段内百公里的耗电量为 516.6－500＝16.6 KW.

▫**例 5** 某工厂常年生产红木家具,根据预测可知,该产品近 10 年的产量平稳增长.记 2017 年为第 1 年,且前 4 年中,第 x 年与年产量 $f(x)$（单位:万件）之间的关系如下表 4－3－2 所示:

表 4－3－2

x	1	2	3	4
f(x)	4.00	5.61	7.00	8.87

若 $f(x)$ 近似符合以下三种函数模型之一:① $f(x)=ax+b$;② $f(x)=2^x+a$;③ $f(x)=\log_{\frac{1}{2}}x+a$.则你认为最适合的函数模型的序号为_____.

设计意图 结合函数图像和数据,对三个模型分别验证,从中找出一个最合适的模型.本题旨在考察学生通过数据分析选择和建立数学模型的能力,经历检验模型、修正模型的过程.

试题分析 符合条件的是① $f(x)=ax+b$,

若模型为 $f(x)=2^x+a$,则由 $f(1)=2+a=4$,得 $a=2$,即 $f(x)=2^x+2$,此时 $f(2)=6$,$f(3)=10$,$f(4)=18$,与已知相差太大,不符合.

若模型为 $f(x)=\log_{\frac{1}{2}}x+a$,则 $f(x)$ 是减函数,与已知不符合.

设计反思 如果将年份和年产量分别作为横纵坐标描点于坐标系中的话,容易发现一次函数更加合适.但事实上,实际生活中可能碰到更加复杂的数据关系,这就需要我们学会检验.例如对于回归模型的优劣,可以用散点图、相关系数、回归指数、残差分析等方式进行检验和解释;对于决策模型,可以用数字特征(众数、中位数、平均数、方差)、期望与方差、概率的大小等进行检验.对于此类问题,要熟悉常见的需要解释的模型,并能够建立模型进行检验.

▫**例 6** 红铃虫是棉花的主要害虫之一,一只红铃虫的产卵数和温度有关.现收集了 7 组观测数据.用 4 种模型分别进行拟合.由此得到相应的回归方程并进行残差分析,进一步得到 4 幅残差图(如图 4 - 3 - 3),根据残差图,拟合效果最好的模型是( ).

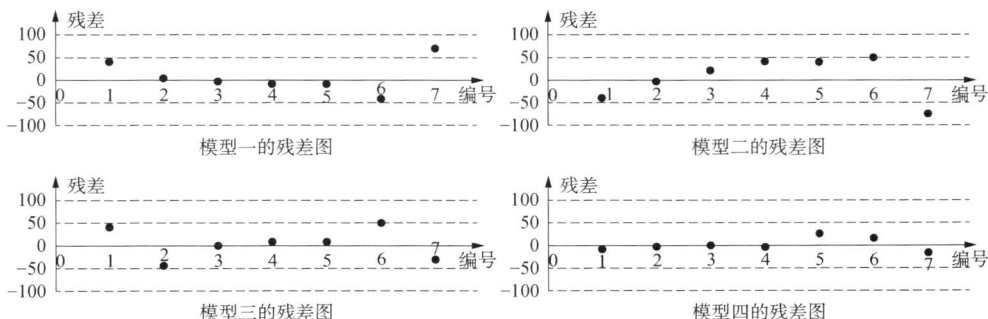

图 4 - 3 - 3

A. 模型一   B. 模型二   C. 模型三   D. 模型四

设计意图 残差是指观测值与理论值之间的差,也就是实际观察值与回归估计值的差.如果回归模型正确的话,我们可以将残差看作误差的观测值,作为模型检验的方法之一.本题旨在考察选择模型、检验模型的意识和方法.

试题解析 当残差点比较均匀地落在水平的带状区域中,说明选用的模型比较合适,这样的带状区域的宽度越窄,说明拟合精度越高,拟合效果越好,对比 4 个残差图,可知模型四的图对应的带状区域的宽度最窄.所以本题的答案选 D.

四、从跨学科融合中开发试题

"跨学科融合",顾名思义就是不同学科资源的介入,有效地化解问题,更好地达成目标.数学建模不仅仅用以解决数学问题、培养建模的意识和方法、完善模型的过程等等,在很多领域中它们是问题解决的基础,是思维生成的生长点、问题推进的附着点.因此,在数学建模的考查中还可以从跨学科融合的角度加以思考和尝试.

◻ **例 7**(改编自上教版《普通高中教科书数学必修第一册》第 53 页课后阅读)

情境与问题:船速一定的汽船,在静水中和有流速的河中往返航行同样的距离.当河水有流速时,汽船逆流上行虽然速度要减慢,但回来时顺流下行的速度会加快,二者互相补偿,航行时间就应和在静水中往返一次所需的时间一样.

你能用所学的知识对上述内容加以判断并说理吗?

设计意图 本题涉及的知识点分布于数学和物理学科,属于跨学科问题,旨在考察学生利用物理中的运动学知识,通过数学建模的方法达到解释现象、解决问题的目的.

试题解析 ① 汽船在水中的实际航行速度与船在静水中的速度 $v_{静}$ 和水流速度 $v_{水}$ 有关.一般地,当船在水中正常行驶时,$v_{静} > v_{水}$;

② 汽船实际速度:逆流而上时 $v_{上} = v_{静} - v_{水}$,顺流而下时 $v_{下} = v_{静} + v_{水}$;

③ 汽船往返一次所需总时间模型:$t = \dfrac{L}{v_{上}} + \dfrac{L}{v_{下}} = \dfrac{L}{v_{静} - v_{水}} + \dfrac{L}{v_{静} + v_{水}} = \dfrac{2Lv_{静}}{v_{静}^2 - v_{水}^2}$;

④ 汽船在有流速的河流中平均行驶速度模型:$\bar{v} = \dfrac{2L}{t} = \dfrac{2L}{\dfrac{L}{v_{上}} + \dfrac{L}{v_{下}}} = \dfrac{2v_{上}v_{下}}{v_{上} + v_{下}}$;

⑤ 汽船在静水中的平均速度模型:$\bar{v}' = \dfrac{v_{上} + v_{下}}{2}$;

⑥ 汽船在静水中行驶的总时间:$t' = \dfrac{2L}{\bar{v}'} = \dfrac{4L}{v_{上} + v_{下}} = \dfrac{2L}{v_{静}}$.

因为 $t - t' = 2L\left(\dfrac{v_{静}}{v_{静}^2 - v_{水}^2} - \dfrac{1}{v_{静}}\right) = 2L \cdot \dfrac{v_{水}^2}{(v_{静}^2 - v_{水}^2)v_{静}} > 0$,即 $t > t'$,

所以,情境中的判断有误,汽船在非静水中往返航行一次所需的时间比在静水中往返一次所需的时间长.

试题反思 以上分析的是汽船在静水中和非静水中的航行时间差异,在行驶相同距离的状态下,耗时不同意味着速度的差异,所以对于上述问题,学生还可以从航行速度的角度展开研究:汽船在静水中的航行速度 $\dfrac{2}{\dfrac{1}{v_{上}} + \dfrac{1}{v_{下}}} = v_{静}\left(1 - \dfrac{v_{水}^2}{v_{静}^2}\right) \leqslant v_{静} = \dfrac{v_{上} + v_{下}}{2}$,从而说明调和平均值不大于算术平均值.

▫ **例8** 假设某氯化钠颗粒形状为立方体,边长为氯化钠晶胞边长的 10 倍,试估算表面原子数占总原子数的百分比.

设计意图 本题是以化学学科为背景,旨在用构建立体几何模型的方法,结合数学归纳法等学科知识求解化学问题.考察学生的数学抽象、类比想象、模型建构等多方面的能力.

　　试题解析　1个氯化钠晶胞,每边有 3 个原子,该晶胞全部原子数为 27 个,此时边长为 1 个氯化钠晶胞边长(即 $n=1$),而非表面原子只有 1 个,位于立方体的中心.

　　运用数学归纳法建立模型,可得到:当 $n=1$ 时,每边有 3 个原子;当 $n=2$ 时,每边有 5 个原子;当颗粒边长为 n 个氯化钠晶胞边长时,每边有 $2n+1$ 个原子,则颗粒原子总数为 $9(2n+1)$,同理可推出非表面原子数为 $(2n-1)$. 故该颗粒的表面原子数占总原子数的百分比为:$\dfrac{2(8n+5)}{9(2n+1)}$.

　　试题反思　随着课程改革的深入,"提升学生的数学素养,培养学生可持续发展的能力"已经成为数学教学的目标和追求. 并且,随着时代的进步,我们所遇到的早已不再是单学科之间的问题,取而代之的是多学科之间的互相关联,因此通过数学建模培养跨学科意识、探究求解跨学科问题的方法是非常有必要的. 除了物理化学问题与数学联系紧密之外,还有非常多的学科与数学有着密切的联系,这需要我们多观察、多思考,真正发挥数学的价值和意义.

附录　学生作品

削菠萝

摘要　削菠萝的方式多种多样,以生活中看到的店员呈螺线型斜着削菠萝为起点,对这样削菠萝的原因进行探究.首先,为了方便研究将菠萝视作圆柱体进行研究.其次,对削菠萝方式进行研究,分为三个情况:横向,纵向和斜向.考虑到划痕深度相同,就把问题转化为比较削菠萝的不同方式经过的路程的长度比较,便可以将圆柱形展开成一个矩形平面,将相邻 4 根刺围成的图形看作菱形方便计算,将削菠萝的时候所经过的路径标识出来,运用勾股定理和求和列出表达式:

$$S = \left[\frac{2i \cdot j}{u} - 1\right] \cdot x \cdot u, \ x \in \left\{m, n, \frac{1}{2}\sqrt{m^2 + n^2}\right\}.$$

将不同情况下的数据代入表达式得到横向路径长度 S_1、纵向路径长度 S_2 和斜向路径长度 S_3,再根据菠萝形状和相邻 4 根刺围成的菱形形状的不同情况,讨论三者之间的大小关系,经过计算,在大部分的情况下,S_3 是三者之间的最小值,即斜向呈螺线型削菠萝通过的路径在大多数情况下是三种方法中最短的,也就是损失果肉最少的,从而得出结论.

关键词　最短路径;勾股定理;求和;分类讨论

一、问题重述

在菠萝上市的季节,为方便消费者品尝到新鲜的菠萝,水果店通常有专人帮助大家削皮去籽,方法多样.其中一种刨削方法很有艺术感,削完后,菠萝上留下的是一条条螺线形的凹槽.然而削菠萝的方式多种多样,有人选择一粒一粒挖,有人选择从上到下一圈圈削,还有人选择斜着削,呈螺线型.

既然削菠萝的方式有那么多种,为什么店员都选择得是斜着削?

原因猜想

① 斜着削便于操作;

② 斜着削,削得快,节省削的时间;

③ 斜着削成品美观;

④ 斜着削最经济,少浪费,节省果肉.

经过亲手实践,确定第 1 个猜想成立,而对于第 3 个猜想,每个人都有各自的观点,无法进行绝对的统一,因此,此论文接下来的内容围绕第 2、4 个猜想展开.

二、模型构建

在购买菠萝削菠萝的时候,店员的目的是削得尽可能快而省事,消费者的目的是能得到尽可能多的果肉. 要同时满足店员和消费者的需求,即求如何削菠萝削掉的果肉最少.

(一) 模型假设

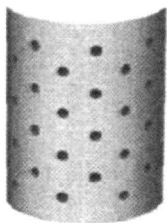

图 1

经实际观察,菠萝的形状为不规则,为了方便研究,将菠萝视为圆柱体(如图 1),且削一次就可以去除路径上的所有刺. 由于用来去刺的削菠萝工具为 V 形刀,削过痕迹深度相等,宽度相等,由此此问题可转化为求怎么削菠萝通过的路径最短. 所以我们可以忽略菠萝刺的长度,将它看作一个点,均匀的分布在菠萝(圆柱体侧面)上,于是便得到了如图 1 所示的模型.

将我们所做的假设完整地列出来,如下:

假设 1:菠萝形状为圆柱体;

假设 2:削一次就可以去刺即无失误;

假设 3:忽略深度对体积的影响;

假设 4:刺均匀分布;

假设 5:店员各个方法削菠萝速度相等.

(二) 符号说明

符号	意义	量纲
i	矩形面一行点的个数	个
j	矩形面一列点的个数	个
m	菱形对角线 AC 的长度	厘米
n	菱形对角线 BD 的长度	厘米
S	削菠萝通过路径长度和	厘米

符号	意义	量纲
u	路径数量	个
x	每条路径上点的个数	个

（三）模型建立

当把圆柱体侧面展开，便可以得到如图 2 所示的矩形.

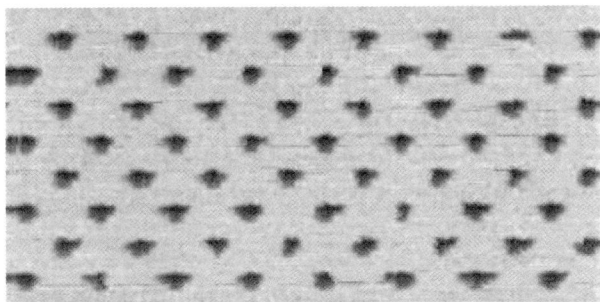

图 2

同时，为了方便研究，我们将菠萝的相邻 4 个刺围成的图形看作菱形，即图 3 所示，四边形 $ABCD$ 为菱形.

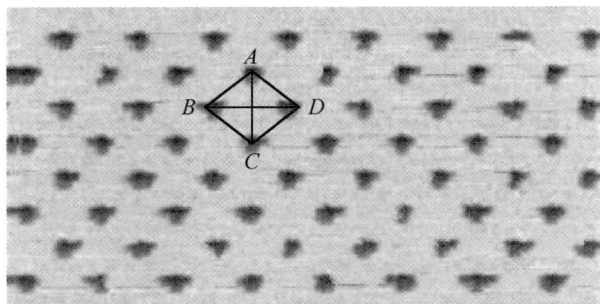

图 3

设路径长度为 S，路径数量为 u，则有

$$S = \left[\frac{2i \cdot j}{u} - 1\right] \cdot x \cdot u,\ x \in \left\{m,\ n,\ \frac{1}{2}\sqrt{m^2 + n^2}\right\}.$$

(四) 模型求解

1. 横向一圈一圈削(如图 4)

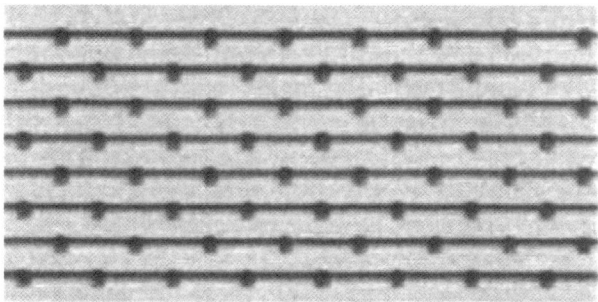

图 4

当横向削菠萝时,总共有 $2j$ 条路径,在同一路径上相邻两点的距离为 n,代入公式,得:

$$S_1 = \left[\frac{2i \cdot j}{2j} - 1\right] \cdot n \cdot 2j = 2n \cdot j \cdot (i-1). \qquad ①$$

2. 纵向一条一条削(如图 5)

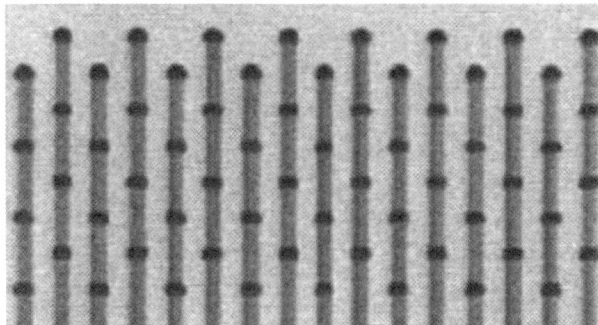

图 5

当纵向削菠萝时,总共有 $2i$ 条路径,在同一路径上相邻两点的距离为 m,代入公式,得:

$$S_2 = \left[\frac{2i \cdot j}{2i} - 1\right] \cdot m \cdot 2i = 2m \cdot i \cdot (j-1). \qquad ②$$

③ 斜着削,呈螺线形(如图 6)

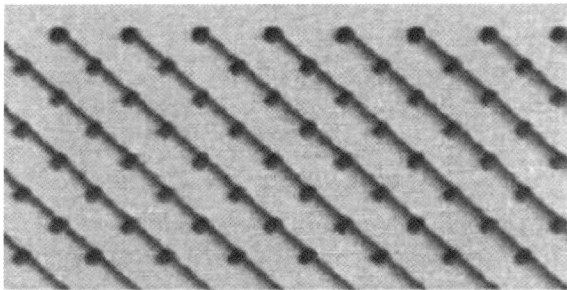

图 6

当斜着削菠萝时,总共有 i 条路径,在同一位置上相邻两点的距离为 $\sqrt{m^2+n^2}$,代入公式,得:

$$S_3 = \left[\frac{2i \cdot j}{2i} - 1\right] \cdot \frac{1}{2}\sqrt{m^2+n^2} \cdot 2i = \sqrt{m^2+n^2} \cdot i \cdot (j-1). \qquad ③$$

三、模型检验

1. 当 $i > j$ 时,

∵ $i > j > 1$,

∴ $j(i-1) > i(j-1)$.

当 $n > m$ 时,$S_1 > S_2$.

当 $\sqrt{2}\,n \leqslant \sqrt{2}\,m$ 时,$\sqrt{m^2+n^2} \in (\sqrt{2}\,m, \sqrt{2}\,n)$.

∴ $2m \cdot i \cdot (j-1) > \sqrt{m^2+n^2} \cdot i \cdot (j-1)$.

∴ $S_2 > S_3$.

∴ $S_1 > S_2 > S_3$.

当 $\sqrt{2}\,n > 2m$ 时,

(1) $\sqrt{m^2+n^2} \in (\sqrt{2}\,m, 2n]$

∴ $2m \cdot i \cdot (j-1) \geqslant \sqrt{m^2+n^2} \cdot i \cdot (j-1)$,

∴ $S_2 \geqslant S_3$,

∴ $S_1 > S_2 \geqslant S_3$.

$(2)\sqrt{m^2+n^2}\in[2m,\sqrt{2}n)$

$\therefore 2m\cdot i\cdot(j-1)\leqslant\sqrt{m^2+n^2}\cdot i\cdot(j-1)$,

$\therefore S_2\leqslant S_3$,

$\therefore S_2$ 为最小值.

当 $n<m$ 时,

a. $S_1<S_2$, $i(j-1)<j(i-1)$.

当 $\sqrt{2}m\leqslant 2n$ 时, $\sqrt{m^2+n^2}\in(\sqrt{2}n,\sqrt{2}m)$.

$\therefore 2n\cdot i\cdot(j-1)<\sqrt{m^2+n^2}\cdot i\cdot(j-1)$,

$\therefore S_1<S_3$,

$\therefore S_1$ 为最小值.

当 $\sqrt{2}m>2n$ 时,

$(1)\sqrt{m^2+n^2}\in(\sqrt{2}n,2n]$

$\therefore 2n\cdot j\cdot(i-1)>\sqrt{m^2+n^2}\cdot i\cdot(j-1)$,

$\therefore S_1>S_3$,

$\therefore S_2>S_1>S_3$.

$(2)\sqrt{m^2+n^2}\in[2n,\sqrt{2}m)$

无法判断 S_1 与 S_3 大小关系.

b. $S_1=S_2$.

$2mi(j-1)=2nj(i-1)$,

$2mi(j-1)>\sqrt{m^2+n^2}i(j-1)$,

$\therefore S_2=S_1>S_3$.

c. $S_1>S_2$.

$2mi(j-1)>\sqrt{m^2+n^2}i(j-1)$,

$\therefore S_1>S_2>S_3$.

2. 当 $j>i$ 时

$\because j>i>1$,

$\therefore i(j-1)>j(i-1)$,

当 $n<m$ 时, $\sqrt{m^2+n^2}\in(\sqrt{2}n,\sqrt{2}m)$.

$S_1 < S_2$.

当 $2n > \sqrt{2}\,m$ 时,无法判断 S_1 与 S_3 大小.

当 $2n < \sqrt{2}\,m$ 时,

(1) $\sqrt{m^2 + n^2} \in (\sqrt{2}\,n,\ 2n)$

无法判断 S_1 与 S_3 大小.

(2) $\sqrt{m^2 + n^2} \in [2n,\ \sqrt{2}\,m)$,

$S_3 \geqslant S_1$,S_1 为最小值.

当 $n > m$ 时,$\sqrt{m^2 + n^2} \in (\sqrt{2}\,m,\ \sqrt{2}\,n)$.

a. $S_1 > S_2$.

当 $\sqrt{2}\,n > 2m$ 时,

(1) $\sqrt{m^2 + n^2} \in (\sqrt{2}\,m,\ 2m]$

$2m \cdot i \cdot (j - 1) \geqslant \sqrt{m^2 + n^2} \cdot i \cdot (j - 1)$,

$S_2 \geqslant S_3$.

$S_1 > S_2 \geqslant S_3$.

(2) $\sqrt{m^2 + n^2} \in [2m,\ \sqrt{2}\,n)$

$2m \cdot i \cdot (j - 1) \leqslant \sqrt{m^2 + n^2} \cdot i \cdot (j - 1)$,

$S_2 \leqslant S_3$,

S_2 为最小值.

当 $2m \geqslant \sqrt{2}\,n$ 时,

$2m \cdot i \cdot (j - 1) > \sqrt{m^2 + n^2} \cdot i \cdot (j - 1)$,

$S_2 > S_3$,

$S_1 > S_2 > S_3$.

b. $S_1 = S_2$.

当 $\sqrt{2}\,n > 2m$ 时,

(1) $\sqrt{m^2 + n^2} \in (\sqrt{2}\,m,\ 2m]$

$2m \cdot i \cdot (j - 1) \geqslant \sqrt{m^2 + n^2} \cdot i \cdot (j - 1)$,

$S_2 \geqslant S_3$.

$S_1 = S_2 \geqslant S_3$.

(2) $\sqrt{m^2 + n^2} \in [2m, \sqrt{2}n)$

$2m \cdot i \cdot (j-1) \leqslant \sqrt{m^2 + n^2} \cdot i \cdot (j-1)$,

$S_2 \leqslant S_3$,

$S_3 > S_2 = S_1$.

当 $2m \geqslant \sqrt{2}n$ 时,

$2m \cdot i \cdot (j-1) > \sqrt{m^2 + n^2} \cdot i \cdot (j-1)$,

$S_2 > S_3$,

$S_1 = S_2 > S_3$.

c. $S_1 < S_2$.

无法判断 S_1 与 S_3 大小关系.

四、结论

经计算得知,在大部分情况下,S_3 是最小值,即斜着呈螺线型削菠萝通过的路程最少,也就是这样削菠萝损失的果肉最少,而且,在店员削菠萝速度始终相等的假设下,斜向削菠萝所用的时间最短. 通过这个计算比较结果,我们知道了为什么在水果店里,店员会选择斜着呈螺线型削菠萝而不是用另外两种方法.

五、模型分析

模型优点:(1)考虑问题较全面,假设较充分;(2)简化问题,化繁为易;(3)讨论全面.

模型缺点:建模方法较单一,对于同一问题没有建立多个模型,无法进行多种方法的分析比较.

六、小结与反思

在进行"削菠萝"这一题目的时候,我们小组同学对此有十足的热情且感觉到了新鲜感,但却不知道从哪里开始入手,通过讲座和书本初步了解了数学建模后,大胆地提出了各种假设,一步步地去解决我们刚开始感觉不可能完成的任务,从感觉无头绪可寻,到惊喜地发现熟悉的数学内容,虽说中途历经坎坷,但最终我们还是完成了. 在数学建模的过程中,我们不仅回顾了基础的数学知识,还发现其实生活中处处都有数学、处处都是数学,学会了如何运用数学知识解决生活问题.

削菠萝这个课题对于刚开始接触数学建模的我们是还有一些难度,它要求我们能通过生活中的现象看到它本质的内容,由难化为易,积极思考,大胆发挥想象,在失败中不断学习. 通过这个课题提高了我们的数学素养,更锻炼了我们灵活应变的能力,不仅是在数学中,在生活中也会有很大的帮助.

七、成员分工

组长:尹明宇

小组成员:李乐轩,叶瑾暄,常海岳,张宇豪,汪顺宇

分工、撰写报告:尹明宇

提供思路、报告修改:张宇豪,常海岳,汪顺宇

数据分析:李乐轩

文献查找:叶瑾暄

八、附录

使用工具对比:

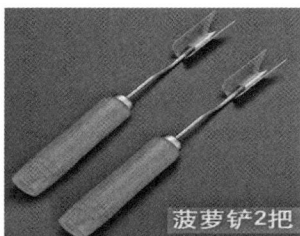

菠萝铲(方便,可铲刺,损失果肉较少)	菠萝夹(较菠萝铲更快,损失果肉更少,但只能挑刺)
菠萝刀(快,但只能削皮)	小弯刀(可削皮可去刺,速度较快)

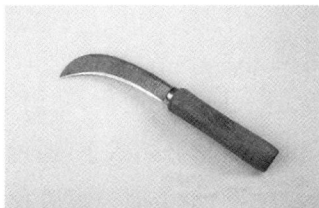

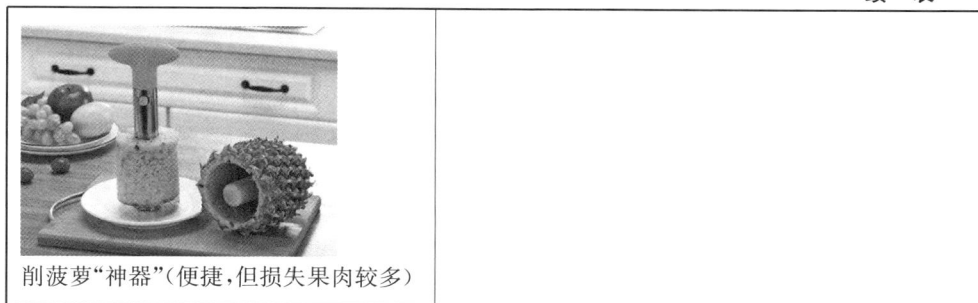

削菠萝"神器"(便捷,但损失果肉较多)

公共场合指示标志合理性的评分标准

上海市行知中学　高一2班　仇韵清

摘要

在生活中,指示标志起到的是指示、引导的作用.但很遗憾,大多数指示标志的设置并不合理.尽管一些指示标志的设置有所规定,但这样的规定也仅仅只考虑了指示标志的位置,并没有考虑更多的因素,更何况一般的指示标志都是各放各的,没有一个统一的标准.

本课题旨在通过数学建模的方式,对关乎指示标志合理性的六大因素进行评分,并通过这些评分有针对性地提高指示标志的合理性.

创新点:本课题考虑了角度与距离、颜色、美观度、受众契合度、遮挡、频闪六个因素,多角度地评价一个指示标志的合理性,且该评价公式可以应用于一般的指示标志上,并不仅限于交通指示标志.

关键词:指示标志;合理性;数学建模

一、研究背景和意义

来到一个不熟悉的公共场合,如果没有明显的指示标志,就很容易迷路;在公共场合突发了紧急情况,如果逃生路线的标识不够清晰,就有可能发生人员伤亡;开车行驶在一条不熟悉的道路上,如果指示标志不够醒目,就有可能忽略重要的路况信息,小则耽误行程,大则殃及自己和他人的生命安全.可见,指示标志的合理性十分重要.

指示标志的安装标准,前人已经制定过,如《道路交通标志的高度设置》和《消防安全标志设置要求》，但这些标准仅仅考虑了指示标志的位置，并没有考虑其他因素，更何况生活中还有其他各式各样的标志，这些标志都没有统一标准，都是各放各的.

本课题旨在通过数学建模的方法，从视觉角度对各类指示标志的合理性进行评分，并通过评分有针对性地改进指示标志，使其更加合理.

二、研究思路与方法

为了使我们的研究更有针对性，我们先通过问卷调查的方式得出影响指示标志合理性的主要因素，并对这些因素一一设计评分公式，由公式得出的评分只要有一项评分过低，那这个标志就是不合理的标志.

为了使我们的研究更具有实际意义，我们会进行实地考察，对生活中的几个指示标志进行评分，通过评分有针对性地提出对指示标志的改进建议.

三、问卷调查

在进行研究之前，我们先进行了问卷调查，使得后续的研究更有针对性.

首先需要了解指示标志不够醒目的原因来自于哪里：

问1　通常造成看不清或者忽略标志牌的原因是什么？

选项	百分比
有阻挡	70%
距离不当	68%
陈旧或损坏	62%
颜色不醒目	54%
角度不当	54%
高度不当	48%
字体或图案不当	44%

由此可见，以上7个因素是指示标志未起到有效作用的主要原因，其中，指示标志被阻挡是指示标志被忽略的最主要因素.由于"陈旧或损坏"产生的效果与被

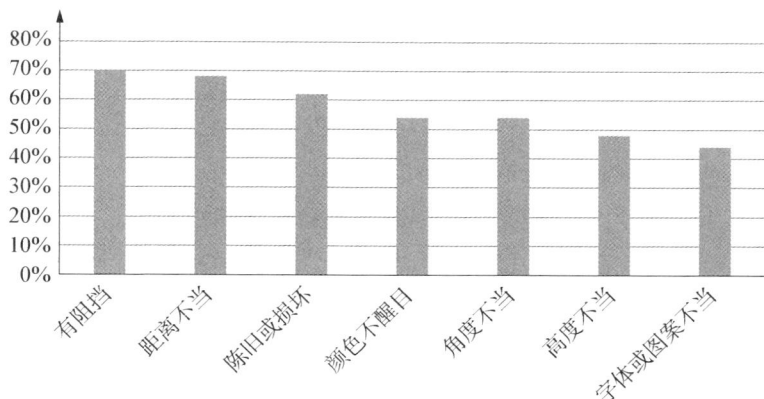

遮挡效果相似,我们将其归为一项因素,而角度和高度二者可以在计算中通过三角比相互联系,我们将角度与距离归为一项.

从以上图表中我们还可以看出,"颜色不醒目"也会导致指示标志起不到有效作用,因此颜色也是影响指示标志合理性的因素之一.

对于"问 1"中"字体或图案大小不当"这一选项,我们又进行了追问:

问 2 您觉得指示标志内容的呈现方式应该是怎样的?

	文字简洁	文字详细	没有文字
有图片	66%	22%	12%
无图片	54%	44%	/

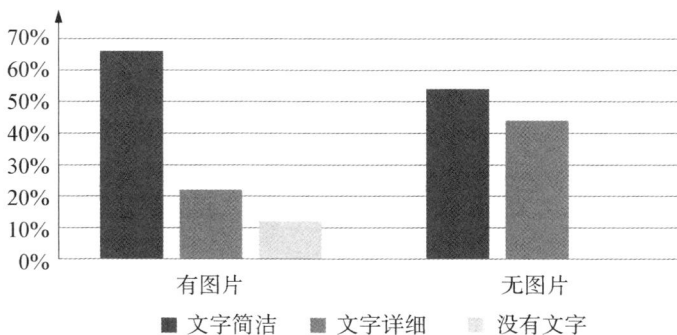

由此可见,无论指示标志有无图片作为辅助,人们都更倾向于认同文字简洁的指示标志.而指示标志内容的呈现方式取决于其受众,因此受众契合度也会影

响其合理性.

考虑到指示标志的位置还会与标志所处的环境有关,尤其是公园景区的指示标志可能需要与环境相匹配,需要美观,美观可能会成为影响指示标志合理性的一个新因素,我们又设计了以下问题:

问3　公园景区内的标识是否必须兼顾醒目和美观?

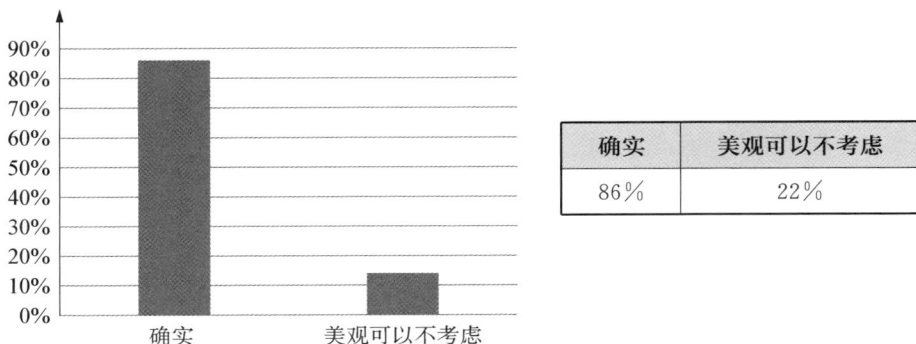

确实	美观可以不考虑
86%	22%

结果如我们所料,大部分人都认为公园景区之类的指示标志需要兼顾醒目和美观,因此,我们将美观也列为了因素之一.

除此之外,我们还观察到一些特殊的指示标志是通过频闪的方式来提高醒目度的,比如高架桥上闪烁的"慢"字,所以我们将频闪也列为一个因素.

由此,我们得出了,影响指示标志合理性的因素有:角度与距离、颜色、美观度、受众契合度、遮挡、频闪.

四、建模

(一)建模流程

我们将对于指示标志的角度与距离、颜色、美观度、受众契合度、遮挡、频闪这六个因素分别设置一个评分标准,最终得出一个总评分:

（二）变量表

D	标志的实际观察距离
θ	仰角或俯角
δ	偏移角
l	观察者身高
h	标志高度
a	标志的观察距离
v	观察者行进速度
t_0	观察者的反应时间
S	标志面积
S_0	标志内容未被遮挡面积
$C(L, a, b)$	待评价指示标志色坐标
$C_i(L_i, a_i, b_i)(i = 1, 2, 3, 4)$	标准指示标志色坐标
$C_0(L_0, a_0, b_0)$	环境色坐标
T	频闪周期
T_1	标志出现时间
T_2	标志消失时间

（三）具体因素的计算公式

1. 角度与距离

设角度与距离评分为 F，垂直方向上评分为 F_1，水平方向上评分为 F_2．F_1 和 F_2 的最大值分别为 50：

$$F = F_1 + F_2.$$

（1）指示标志的实际观察距离

考虑到在一些情况下，观察者会以难以忽略的速度经过标志，因此，标志的实际观察 D 距离取决于水平方向上标志的观察距离 a、观察者的反应时间 t_0 和观察者行进速度 v，即

$$D = a - vt_0.$$

正常人的反应时间约为 300 毫秒,阅读速度平均为 300～500 字/分钟,即 5～8.33 字/秒,行走速度约为 1.3 m/s,而车行速度依照具体道路限速而定,如果没有限速指示标志,我国的法定限速为 40 km/h.

(2)垂直方向

实际上,人视觉在 $\left[0, \dfrac{\pi}{18}\right]$ 是敏感区,$\left(\dfrac{\pi}{18}, \dfrac{\pi}{9}\right]$ 可以正确识别信息,$\left(\dfrac{\pi}{9}, \dfrac{\pi}{6}\right]$ 对动态东西比较敏感,可辨别字的视线角度为 $\left[0, \dfrac{\pi}{9}\right]$,辨别字母的视线角度为 $\left[0, \dfrac{\pi}{6}\right]$.考虑到第一眼看见标志并不需要完全分辨标志信息,只需要注意到标志的存在即可,我们就把标志的最佳可视范围定为 $\left[0, \dfrac{\pi}{6}\right]$.

垂直方向上,人眼的视角极限大约为垂直方向 $\dfrac{5\pi}{6}$,当仰角或俯角大于 $\dfrac{5\pi}{12}$ 部分完全不可见,垂直方向上标志的最差可视范围为 $\left[\dfrac{5\pi}{12}, \dfrac{\pi}{2}\right]$.

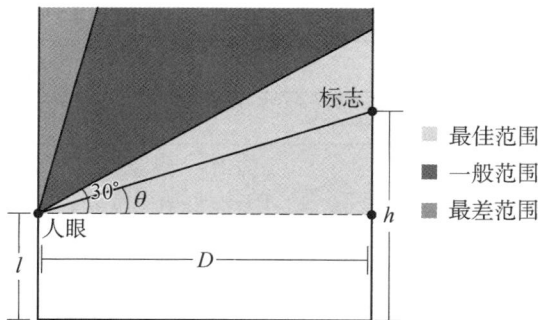

垂直视角示意图

如图所示,我们可以得出分段函数 F_1 的三段定义域,分别代表着最佳视角(即 $\left[0, \dfrac{\pi}{6}\right]$)、一般视角(即 $\left(\dfrac{\pi}{6}, \dfrac{5\pi}{12}\right)$)和最差视角(即 $\left[\dfrac{5\pi}{12}, \dfrac{\pi}{2}\right]$).

为了将角度和距离结合在一起,我使用三角函数来制定评分公式.

在角度和距离方面,垂直方向上,指示标志的评分标准如下:

$$F_1 = \begin{cases} 50, & 0 \leqslant \theta \leqslant \dfrac{\pi}{6}, \\[2em] 50 - \dfrac{50\tan(\theta) - 50\tan\left(\dfrac{\pi}{6}\right)}{\tan\left(\dfrac{5\pi}{12}\right) - \tan\left(\dfrac{\pi}{6}\right)}, & \dfrac{\pi}{6} < \theta < \dfrac{5\pi}{12}, \\[2em] 0, & \dfrac{5\pi}{12} \leqslant \theta \leqslant \dfrac{\pi}{2}. \end{cases}$$

其中，常数 50 的作用是进行归一化处理，使得 F_1 的最大值为 50，$50\tan(\theta) - 50\tan\left(\dfrac{\pi}{6}\right)$ 的处理是将标志的视线夹角与 $\dfrac{\pi}{6}$ 进行比较，差值越大，评分越低，除以 $\left[\tan\left(\dfrac{5\pi}{12}\right) - \tan\left(\dfrac{\pi}{6}\right)\right]$ 的处理是为了使整个函数连续.

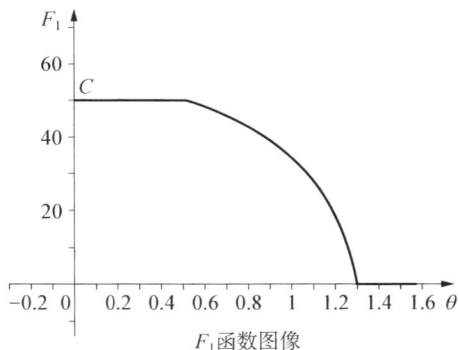

F_1 函数图像

而角度与距离可以在三角函数中相互转化：

$$\theta = \arctan\left(\frac{|h-l|}{D}\right) = \arctan\left(\frac{|h-l|}{a - vt_0}\right).$$

F_1 可以推导为：

$$F_1 = \begin{cases} 50, & 0 < \theta \leqslant \dfrac{\pi}{6}, \\[2em] 50 - \dfrac{50\dfrac{|h-l|}{a-vt_0} - 25}{\tan\left(\dfrac{5\pi}{12}\right) - \dfrac{1}{2}}, & \dfrac{\pi}{6} < \theta < \dfrac{5\pi}{12}, \\[2em] 0, & \dfrac{5\pi}{12} \leqslant \theta \leqslant \dfrac{\pi}{2}. \end{cases}$$

（3）水平方向

水平方向上，最佳观察视角仍为 $\left[0,\dfrac{\pi}{6}\right]$，人眼的视角极限大约为 $\dfrac{23\pi}{18}$，当偏移角 δ 大于 $\dfrac{23\pi}{36}$ 时，标志完全不可见，水平方向上标志的最差可视范围为 $\left[\dfrac{23\pi}{6},\pi\right]$.

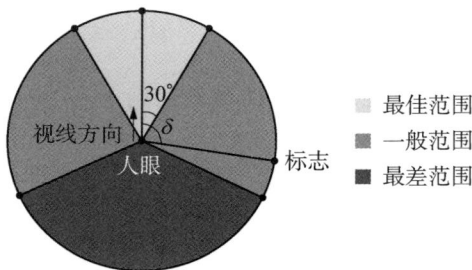

水平视角示意图

如图所示，我们得出了分段函数 F_2 的三段定义域，它们分别对应最佳视角（即 $\left[0,\dfrac{\pi}{6}\right]$）、一般视角（即 $\left(\dfrac{\pi}{6},\dfrac{23\pi}{36}\right)$）和最差视角（即 $\left[\dfrac{23\pi}{36},\pi\right]$）.

在角度与距离方面，水平方向上，指示标志的评分标准为：

$$F_2=\begin{cases}50, & 0\leqslant\delta\leqslant\dfrac{\pi}{6},\\[4mm] 50-\dfrac{50\tan\dfrac{\delta}{2}-50\tan\dfrac{\pi}{12}}{\tan\dfrac{23\pi}{72}-\tan\dfrac{\pi}{12}}, & \dfrac{\pi}{6}<\delta<\dfrac{23\pi}{36},\\[4mm] 0, & \dfrac{23\pi}{36}\leqslant\delta\leqslant\pi.\end{cases}$$

其中，常数 50 的作用是进行归一化处理，使得 F_2 的最大值为 50，$\tan\dfrac{\delta}{2}$ 的处理是为了使 $\tan\dfrac{\delta}{2}$ 的值域均为正数，$50\tan\dfrac{\delta}{2}-50\tan\dfrac{\pi}{12}$ 的处理是进行偏移角与 $\dfrac{\pi}{6}$ 的比较，差值越大，评分越低，除以 $\left[\tan\dfrac{23\pi}{72}-\tan\dfrac{\pi}{12}\right]$ 的处理是为了使函数连续.

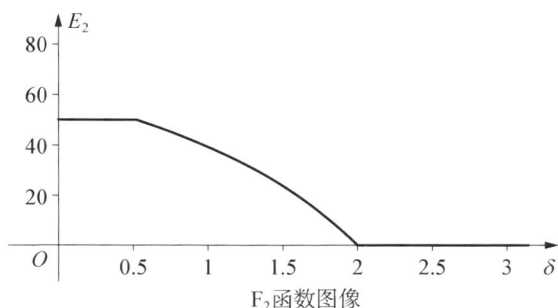

F₂函数图像

2. 颜色

对标志的醒目度进行评价,需要表示出环境主颜色和标志主颜色的色差,而色差可以在色彩空间中表示出来,色彩有多种颜色空间表现方式,例如:RGB，HSV，Lab,等等.

RGB 分为三个颜色通道,分别是红色、绿色和蓝色,将这三个颜色按照一定比例混合,就成为一种颜色,但是 RGB 颜色空间并不利于比较色彩的差异,因为 RGB 中的一个通道产生了微小改变,会导致最终融合出的颜色发生巨大变化,而如果要让最终融合出来的颜色的明暗产生微小变化,则需要三个通道同时改变,RGB 颜色空间的均匀性并不好. 因此,这里不选用 RGB 色彩空间进行颜色比较.

HSV 模型以色调、饱和度和明度作为颜色的参数,是一个六棱锥模型:

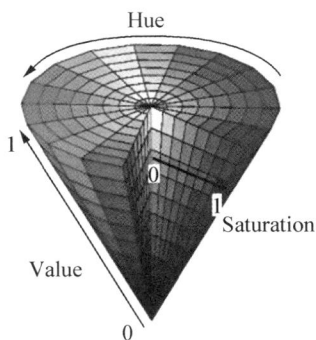

HSV 色彩空间的六棱锥模型

如图所示,这样的模型也不利于颜色比较,顶点处的色调对于颜色并没有较大影响,而当饱和度和亮度较大时,色调的微小变化也会引起颜色的巨大变化.

Lab 是一种用数字化的方法来描述人的视觉感应的颜色空间,它是一种与设备无关的颜色系统,利用的是对立色理论,均匀度较好.

最终,我们选用了 Lab 作为颜色空间进行颜色比较,使用 $C(L, a, b)$ 表示标志的主要颜色,使用 $C_0(L_0, a_0, b_0)$ 表示指示标志周围环境的主要颜色. C 和 C_0 的色差越大,标志越醒目,颜色评分就越高. 即:

$$\Delta E = \sqrt{(L-L_0)^2 + (a-a_0)^2 + (b-b_0)^2}.$$

为了使得颜色方面的评分满分为 100,我们需要对之前的色差公式进行归一化处理,由计算可知,ΔE 的最大值是 $\sqrt{140\,050}$,但如果直接乘以 $\dfrac{100\sqrt{140\,050}}{140\,050}$ 来对公式进行归一化处理的话,这样设计出来的公式有一个缺点,当指示标志的评分为满分 100 时,指示标志与环境的色差值是 $\sqrt{140\,050}$,而现实情况下,人眼能有效识别的色差值并不需要这么大.

指示标志标准图

在指示标志投入使用之前,这些指示标志的颜色设计是全国统一的,在醒目度上面基本没有问题,上图中是指示标志的四种标准配色,我们可以用之前的公式对它们与待评价指示标志的环境计算 ΔE,并以 4 个 ΔE 的最小值作为满分,把这个最小值称为颜色标准值 K,一般来说,待评价的指示标志与环境的色差会比指示标志标准图低,如果待评价指示标志与环境的色差大于颜色标准值 K,那么指示标志颜色的评分直接为满分.

$$\Delta E_i = \sqrt{(L_i-L_0)^2 + (a_i-a_0)^2 + (b_i-b_0)^2} \quad (i=1, 2, 3, 4),$$

$$K = \min\{\Delta E_1, \Delta E_2, \Delta E_3, \Delta E_4\},$$

$$G = \begin{cases} \dfrac{100\Delta E}{K}, & \Delta E < K, \\ 100, & \Delta E \geqslant K. \end{cases}$$

通过取色可以得出标准指示标志颜色的色坐标,如下表所示:

标准指示标志	变量名	色坐标
蓝白	$C_{11}(L_{11},a_{11},b_{11})$	$(32,19,-66)$
	$C_{12}(L_{12},a_{12},b_{12})$	$(100,0,0)$
黄黑	$C_{21}(L_{21},a_{21},b_{21})$	$(95,-11,91)$
	$C_{22}(L_{22},a_{22},b_{22})$	$(0,0,0)$
红白	$C_{31}(L_{31},a_{31},b_{31})$	$(49,66,53)$
	$C_{32}(L_{32},a_{32},b_{32})$	$(100,0,0)$
绿白	$C_{41}(L_{41},a_{41},b_{41})$	$(54,-43,12)$
	$C_{42}(L_{42},a_{42},b_{42})$	$(100,0,0)$

如果指示标志或环境的主颜色较多,那么可以多次取色,取平均值.

3. 美观度

对于道路交通指示牌、紧急疏散指示牌、危险区域提示牌等,美观度可以不作考虑. 但在公园景区或居民区内,指示标志的美观度很重要,显然,这两种场合中的指示标志,对于美观的要求是不同的,评分标准也必须区别对待.

由于美观主要还是来自人们的主观感觉,不能转化为一个函数,所以对于美观度的评分,我们制定了一个表格,如下表所示:

标志种类	标准	评分(H)
无需考虑美观度	/	100
需要考虑美观度	和周边环境能很好融合,很有创意	100
	和周边环境能较好融合	75
	在环境中有些突兀,但不影响正常工作	50
	对正常工作有较小影响	25
	对正常工作有严重影响	0

4. 受众契合度

指示标志针对的群体有所不同,一些群体,如学龄前儿童、高龄老人,对于指示标志的内容识别可能有一些障碍,除此之外,如果指示标志迷惑性太大,其合理性也会相应降低,举个例子,春节时,在红绿灯旁边设置过多的花灯,驾驶员就会忽略红绿灯了.

受众契合度也是根据观察者主观感受得出的,同样,对于受众契合度的评分,我们也制定了一个表格,如下表所示:

标　　准	评分（Ⅰ）
观察者完全可以迅速独立看懂	100
观察者需要略微思考后才能独立看懂	75
观察者需要在他人帮助下看懂	50
观察者难以看懂	25
观察者无法看懂	0

5. 遮挡

指示标志被遮挡也是一个导致指示标志被忽略的重要因素,无论被遮挡部分包不包含指示标志的内容,遮挡都会对指示标志的醒目度有一定的影响,对于遮挡的评分,我们用未被遮挡部分 S_0 与整个指示标志的面积 S 的比值来表示,常数 100 是用于归一化处理,使得评分的满分为 100.

$$J = \frac{S_0}{S} \times 100.$$

6. 频闪

设频闪角度评分为 M.

$$M = M_1 + M_2.$$

频闪的目的是让指示标志更加醒目,因此无频闪的指示标志相较于完美的频闪标志醒目度不高,所以当指示标志无频闪时:

$$M = 80.$$

而一些指示标志则是采用了频闪与不频闪相结合的方式,即在一个不频闪的指示标志旁边设置一个频闪的灯来提高醒目度,而灯并不起到提供指示标志应有的信息的作用,由于这种指示标志信息与频闪并不为一体,相较于信息频闪一体的完美频闪标志合理性略差,对于这种标志:

$$M = 90.$$

一些指示标志使用闪烁的方式使标志更加醒目,设闪烁的指示标志从标志出现到标志消失的这段时间为频闪周期 T，标志出现时间为 T_1，标志消失时间为 T_2.

为了让闪烁到的标志更容易被关注到，闪烁标志的出现时间和消失时间的比值应该越大越好，所以：

$$M_1 = \frac{50T_1}{T_2}.$$

其中，常数 50 是对公式进行归一化处理，使得 M_1 最大值为 50.

但是，如果人们并不能在指示标志闪烁的时间内明白指示标志写了什么，闪烁标志再醒目也没有用，为了指示标志在频闪周期内被观察者注意到，频闪周期 T 不能长于观察者通过实际观察距离 D 的时间，即

$$T \leqslant \frac{D}{v}.$$

由此，我们可以得到 M_2 函数的定义域，满足以上条件时，则为满分 50，若不满足，则为一个在定义域内严格单调递减的函数，公式为：

$$M_2 = \begin{cases} 50, & T \leqslant \dfrac{D}{v}, \\[2ex] \dfrac{D}{vT} \times 50, & T > \dfrac{D}{v}. \end{cases}$$

(四) 总分计算

通过这些评分公式，我们可以求得一个指示标志在各个因素上的评分，而这些因素都是缺一不可的，因此，如果一个指示标志只要有一项的评分过低，那么它就是不合理的. 对于这个不合理的因素，就需要有针对性地改进.

若各项因素中有一个因素的评分低于 60，那么就称这个指示标志不合格，总分为 0，如果所有因素的评分都大于等于 60，那么指示标志的总分就是各因素评分之和.

五、实例分析

(一) 取样方法

变量名	变量	取样方法
θ	仰角或俯角	使用手机指南针测量

变量名	变量	取样方法
δ	水平视线夹角	使用手机指南针测量
l	观察者身高	皮尺测量
h	标志高度	皮尺测量或根据已有规定确定
a	标志的观察距离	直接测量或根据观察者行进速度计算
v	观察者行进速度	查询特定对象的数据或根据实际情况而定
t_0	观察者的反应时间	查询特定对象的数据
S	标志面积	测量或查询特定对象的数据
S_0	标志内容未被遮挡面积	根据 S 按比例估算
$C(L, a, b)$	指示标志色坐标	使用 Mycolor 在图片上取色
$C_0(L_0, a_0, b_0)$	环境色坐标	使用 Mycolor 在图片上取色
T	频闪周期	秒表测量
T_1	标志出现时间	秒表测量
T_2	标志消失时间	秒表测量

（二）说明

由于角度与距离是影响指示标志合理性的原因之一,而角度与距离又会根据人视角的变化而变化,因此,所有实例中所取的视角均为该情境下人们最常用的视角.

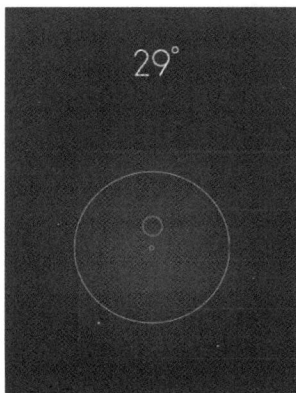

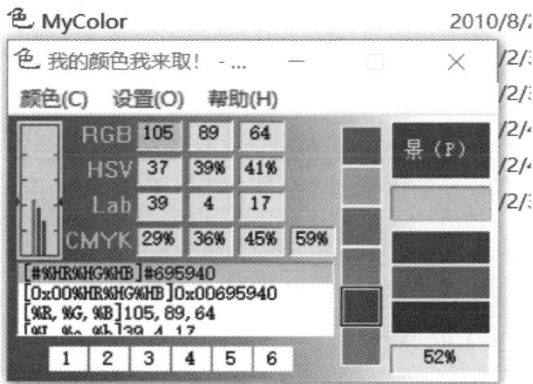

手机指南针　　　　　　　　　　　MyColor 取色器

　　而仰角或俯角的取样方法如下：将手机中的应用指南针打开到以上界面，把手机置于鼻梁上，使手机与视线指向同一方向后确定度数并转化为弧度制即可。由于手机与眼睛的距离对角度的测量影响不大，所以这样的误差忽略不计。对于水平视角，则是直接使用指南针，分别测出正前方和标志所在位置的方向角，并作差。

　　而取色则是使用了上图中的 MyColor 取色器，这里使用 Lab 一行的数据。

（三）实际操作

我在周边的街区内选取了一些典型的指示标志，来看看它们是否合理。

样本 1

地点：某餐厅

视角选取：坐在餐桌前的食客所看到的视角

说明：由于本实例中有 4 个指示牌，为了便于计算，就将这些指示标志看作在它们中间的点 P，如下图所示。

测量得：

变量名	变量	数据
l	观察者身高	1.07 m（坐姿）
h	标志高度	2.67 m
a	标志的观察距离	0.89 m
v	观察者行进速度	0 m/s
t_0	观察者的反应时间	0.3 s

变量名	变量	数据
δ	水平视线夹角	$\dfrac{13}{45}\pi$ rad
S	标志面积	0.65 m²
S_0	标志内容未被遮挡面积	0.65 m²
$C(L, a, b)$	指示标志色坐标	(39, 4, 17)
$C_0(L_0, a_0, b_0)$	环境色坐标	(62, 2, 29)

因为：

$$\theta = \arctan\left(\frac{|h-l|}{D}\right) = \arctan\left(\frac{|2.67-1.07|}{0.89-0\times0.3}\right) = 1.06,$$

所以：

$$F_1 = 50 - \frac{50\tan\theta-25}{\tan\left(\dfrac{5\pi}{12}\right)-\dfrac{1}{2}} = 50 - \frac{50\tan1.06-25}{\tan\left(\dfrac{5\pi}{12}\right)-\dfrac{1}{2}} = 30.13.$$

同理：

$$F_2 = 50 - \frac{50\tan\dfrac{\delta}{2}-50\tan\dfrac{\pi}{12}}{\tan\dfrac{23\pi}{72}-\tan\dfrac{\pi}{12}} = 50 - \frac{50\tan\dfrac{13\pi}{90}-50\tan\dfrac{\pi}{12}}{\tan\dfrac{23\pi}{72}-\tan\dfrac{\pi}{12}} = 41.56,$$

所以：

$$F = F_1 + F_2 = 30.13 + 41.56 = 71.69.$$

对于颜色：

$$\Delta E_1 = 148.90,$$
$$\Delta E_2 = 69.96,$$
$$\Delta E_3 = 58.21,$$
$$\Delta E_4 = 48.30,$$

所以：

$$K = 48.30,$$

$$\Delta E = \sqrt{(39-62)^2 + (4-2)^2 + (17-29)^2} = 26.02,$$

$$G = \frac{100 \times 26.02}{48.30} = 53.87.$$

对于美观度和受众契合度,根据实际情况判断得:

$$H = 100,$$

$$I = 100.$$

根据面积计算得:

$$J = \frac{S_0}{S} \times 100 = \frac{0.65}{0.65} \times 100 = 100,$$

而此标志没有频闪,则:

$$M = 80.$$

计算得:

因素	评分
角度与距离	71.69
颜色	53.87
美观度	100
受众契合度	100
遮挡	100
频闪	80
总分	0

从这个样本我们可以看出,该餐厅在设计时为了让这些指示标志更美观,并没有使用醒目的颜色,而是通过墙面凸起来的部分增加标志的醒目度,但是收效甚微.这样的结论是难以通过肉眼观察直接得出,可见使用公式进行评分的必要性.

样本 2

地点:密山东路子青路丁字路口

视角选取:机动车驾驶员

说明:正对着丁字路口的地方有一个小区,观察者所处位置为该小区的出口.

测量得:

变量名	变量	数据
θ	仰角	$\dfrac{2}{45}\pi$ rad
δ	水平视线夹角	$\dfrac{11}{90}\pi$ rad
S	标志面积	1.34 m²
S_0	标志内容未被遮挡面积	1.34 m²
$C(L, a, b)$	指示标志色坐标	$(43, 5, 2)$
$C_0(L_0, a_0, b_0)$	环境色坐标	$(20, -6, 9)$

计算得:

因素	评分
角度与距离	100
颜色	40.34
美观度	100
受众契合度	100
遮挡	100
频闪	80
总分	0

样本 3

地点:子青路宝林路路口

视角选取:非机动车驾驶员

测量得：

变量名	变量	数据
θ	仰角	$\dfrac{11}{180}\pi$ rad
δ	水平视线夹角	$\dfrac{7}{30}\pi$ rad
S	标志面积	1.34 m²
S_0	标志内容未被遮挡面积	1.34 m²
$C(L, a, b)$	指示标志色坐标	(34, 33, 12)
$C_0(L_0, a_0, b_0)$	环境色坐标	(5, -2, 5)

计算得：

因素	评分
角度与距离	95.54
颜色	71.03
美观度	100
受众契合度	100
遮挡	100
频闪	80

样本 4

地点：东林路

视角选取：机动车驾驶员

测量得：

变量名	变量	数据
θ	仰角	$\frac{1}{9}\pi$ rad
δ	水平视线夹角	$\frac{7}{180}\pi$ rad
S	标志面积	1.34 m^2
S_0	标志内容未被遮挡面积	0.43 m^2
$C(L, a, b)$	指示标志色坐标	(34, 28, 0)
$C_0(L_0, a_0, b_0)$	环境色坐标	(38, -11, 25)

计算得：

因素	评分
角度与距离	100
颜色	87.89
美观度	100
受众契合度	100
遮挡	32.1
频闪	90

样本 5

地点：厂区主干道

视角选取：机动车驾驶员

说明：该指示标志旁边有一个会闪烁的灯，所以灯也作为指示标志的一部分.

测量得：

变量名	变量	数据
l	观察者身高	1.5 m
h	标志高度	4.8 m
a	标志的观察距离	27 m
v	观察者行进速度	30 m/s(该路段的最高限速)
t_0	观察者的反应时间	0.3 s
δ	水平视线夹角	$\frac{1}{20}\pi$ rad
S	标志面积	0.35 m²
S_0	标志内容未被遮挡面积	0.35 m²
$C(L,a,b)$	指示标志色坐标	(34，−6，5)
$C_0(L_0,a_0,b_0)$	环境色坐标	(27，−8，1)

计算得：

因素	评分
角度与距离	100
颜色	13.97
美观度	100

因素	评分
受众契合度	100
遮挡	100
频闪	90

（四）案例分析

我们可以从以上案例中看出一些共性的问题，这些指示标志的颜色或遮挡评分都不高，说明它们在这两个方面有不合理之处。从照片中我们可以看出，案例所处的道路树木茂盛，这些茂盛的树木会或多或少地遮挡住指示标志，即使没有被遮挡，指示标志处于阴影之中，原有的颜色醒目度就没有被体现出来。

因此，通过修剪树枝来使指示标志不再处于阴影中的措施是有效的。但是，修剪树枝这一方法并不能够一劳永逸，对此，我思考了另外两个调整方案：

（1）改变指示标志的位置

这种方案的优点是，它可以从根本上解决问题，但同时，不太可能应用于所有被遮挡的指示标志，成本较高。

（2）增加发光描边：

这种方案也从根本上解决了问题，而且主动发光的指示标志即使被遮挡了一点也能保证其醒目性，但这种方案可能不是特别环保。

而事实上，以上方案都是在指示标志已经被设置好之后的对策，在指示标志设置之前，交通部门应当与绿化部门进行协商，达到既保证了交通安全，又能美化城市的效果。

对于不合理指示标志的调整方案，还需要结合实际情况进一步研究。

六、展望

这套公式从视觉角度对指示标志的合理性进行了评价，但是这套公式依然有待提高：

（1）在做实例分析的时候，我们所拍摄的照片并不能很好地代表这个指示标志的全部情况，尤其是户外的指示标志，天气、时间、流动人群等因素均会影响到指示标志的评分，对于一个评分公式来说，使用会不方便。

（2）本公式只能找到问题所在，并不能够提出改进指示标志的方案，这仍有待后续的研究.

七、小结

本课题从视觉角度对指示标志的合理性进行了评分，通过这些评分也确实可以有针对性地改进指示标志以及指示标志周围的环境，从而提高指示标志的合理性.

八、参考文献

［1］李大潜，王建磐. 普通高中教科书数学必修第四册［M］. 上海：上海教育出版社，2020.

［2］李大潜，王建磐. 普通高中数学教学参考资料必修第四册［M］. 上海：上海教育出版社，2020.

［3］中华人民共和国教育部. 普通高中数学课程标准（2017 年版 2020 年修订）［M］. 北京：人民教育出版社，2020.

［4］姜启源，谢金星，叶俊. 数学模型［M］. 北京：高等教育出版社，2018.

［5］梁进，陈雄达，张华隆，等. 数学建模讲义［M］. 上海：上海科学技术出版社，2014.

［6］刘来福. 高中数学建模［M］. 北京：北京师范大学出版社，2019.

［7］张思明. 从课程标准到课堂教学：中学数学建模与探究［M］，北京：高等教育出版社，2018.

［8］梁建秀. 数学建模教学对学生能力的培养［J］. 晋中学院学报，2007（3）.

［9］赵冬歌. 关于"高中学生数学建模"的评价［D］. 北京：首都师范大学，2005：23—38.

后 记

　　本书的灵感来自于高中一线教学的实践、思考、探索与感悟. 对于数学建模的教学实践经历了从最开始选拔指导优秀学生参加建模竞赛,到针对有兴趣的学生开设数学建模选修课程,再到现在随着"双新"(新课程、新教材)的落地,数学建模教学全面展开. 从某种程度上说,数学建模的教与学正逐步从精英数学转向大众数学. 回首这些年的数学建模教学实践,从感性到理性,从实际需要出发,以新课程、新教材为基础,理论与实践相结合,探索高中数学建模教与学的新思路,这应该是一件很有意义的事情.

　　数学建模是学生数学素养外化的标志. 由于数学建模的过程是对问题情境进行数学抽象,提出数学问题,建立数学模型,并运用数学方法解决模型问题,再将问题结果应用于实际的过程,所以数学建模素养不能和其他素养割裂开,相反,数学建模素养的提升会带动其余五大素养的共同进步. 可是,当数学建模进入必修课程时,我们又应该如何开展数学建模教学,才能使学生真正受益呢? 本书从数学建模基本理论入手,根据高中数学学科特点、学生学习习惯以及考试要求,并结合平时教学的操作和体会,分层次、分类别、分栏目设计编写. 如果本书能为高中数学建模的教与学提供新视角,赋予数学建模教学与传播新认知,使读者有一点点收获的话,这就是我的目的和用心所在了.

　　从多年教学实践中汇聚了大量一线课堂生动的案例,成为本书的材料与认知的源泉,促成了我的写作冲动和灵感. 因此,我要首先感谢杨浦教育学院正高级、特级教师王国江和上海市行知中学张建国老师对我的指导与帮助. 还要感谢为我提供案例的中学数学教学同行们,感谢华东师范大学出版社的副总编辑李文革老师,以及参与本书出版的各位编辑. 除此之外,本书的写作和出版还得到了很多专家的关心与支持. 在此,要特别感谢上海大学王卿文教授为本书作序并提出了许多宝贵建议,使本书增色添辉.

　　数学建模在高中教学领域中还处于刚起步的状态,有可能很多教师对其也不熟悉,我也正在边学习、边实践. 无论是作为高中数学学科知识,还是作为高中数学学科素养的培育内容,对数学建模的探索和创新是无止境的,记录探索者的足迹、盘点进行中的成果,本身就是我们教师的岗位职责.

2021 年 9 月于上海

张倬霖